PIZZA
PERFETTA

Ken Forkish
Fotografie: Alan Weiner

PIZZA PERFETTA

Die Geheimrezepte der besten Pizzabäcker

CHRISTIAN

INHALT

ITALIENISCH & ITALIENISCH INSPIRIERT

NEW-YORK-STYLE & NEW-YORK-STYLE INSPIRIERT

KENS HANDWERKLICHE PIZZAKLASSIKER

TRIFECTA-FLADENBROTE

GEMÜSE & EINFACH SO

LEGEA
L'ANTICA PIZZERIA
Da Michele

EINLEITUNG

Es liegt wirklich an Ihnen!

Was oft verkannt wird, ist die Tatsache, dass es viel leichter ist, sich zu Hause eine Pizza zu backen, anstatt sich eine in irgendeiner der besten Qualitätspizzerien zu kaufen! Alles, was Sie brauchen, sind gute Zutaten – Mehl, Tomaten aus der Dose und Käse – plus ein paar Küchentools, ein Standardherd und eine gute Schritt-für-Schritt-Anleitung! Selbst wenn Sie in einer Gegend wohnen, wo es tolle Pizzerien gibt, stellen Sie sich vor, Sie backen sich selbst – ganz nach Ihren Wünschen – eine Pizza, die Sie mit Stolz erfüllt. Entdecken Sie, wie verschiedene Käsesorten auf Pizza schmecken: Gönnen Sie sich Büffelmozzarella, seien Sie gespannt auf geschmolzenen Caciocavallo-Käse oder versuchen Sie es mal mit frisch geriebenem Pecorino Romano. Lernen Sie, wie die dünne Kruste der Pizza Napoletana gelingt. Zaubern Sie ein paar superfluffige Pan-Pizzas aus dem Handgelenk, perfekt zum Snacken an einem Soccer Sunday und souverän serviert für Ihre Familie und Freunde! Wenn Sie die Pizza selbst machen, wissen Sie das Handwerk der *Pizzaioli* in Ihrer Lieblingspizzeria noch besser zu schätzen: Sie werden wahrscheinlich beim Teigformen etwas genauer hinschauen bzw. welche Art von Teig und Textur verwendet wird, und beobachten, wie die Pizza belegt, in den Ofen geschoben und gebacken wird. Beim Selberbacken werden Sie damit vertrauter. Es ist verführerisch. Mit diesem Insiderwissen schmeckt jede Pizza besser, und Sie können sie mit großer Freude und voller Stolz servieren.

Ich bin in Maryland aufgewachsen und lebe jetzt in Portland, Oregon, wo ich 2001 nach einer Karriere im Silicon Valley – zuerst als Ingenieur und dann als Verkäufer – die Ken's Artisan Bakery eröffnete. Im Jahr 2005 begannen wir, in unserem großen Brotbackofen einmal pro Woche die Monday-Night-Pizza zu backen. Dann, im Jahr 2006, fiel der Startschuss für Ken's Artisan Pizza, eine Holzofen-Pizzeria. Mein Bäckermeister Alan Maniscalco übernahm dort das Zepter als Küchenchef. Mein drittes Projekt ist ein Full-Service-Restaurant, die Trifecta Tavern & Bakery (seit 2013), in dem wir auf der Abendkarte Fladenbrote aus dem Holzofen anbieten. Ich war viele Male in Italien. Bereits in meinem Erstlingswerk, dem Backbuch *Mehl, Wasser, Salz, Hefe – Alles über gutes Brot* habe ich über Pizza geschrieben. Was wusste ich also über Pizza? Sagen wir es so: Je mehr man weiß, desto mehr weiß man, dass man nichts weiß. Wie sich herausstellte, hatte ich noch viel zu lernen.

Die Pizzarecherche für dieses Buch führte mich zum ersten Mal nach Neapel, um die dortigen Pizzerien zu besuchen. Viele der Lektionen, die ich dort lernte, waren augenöffnend, um über eine andere Art des Pizzabackens nachzudenken – insbesondere darüber, wie man den Teig herstellt. Es dauerte eine Weile, bis es in mir klick machte: Denke wie ein *Pizzaiolo*, nicht wie ein Brotbäcker!

Pizzaioli im Da Michele in Neapel

Pizzateig und Brotteig haben unterschiedliche Anforderungen. Brot möchte sich volumenmäßig größtmöglich ausdehnen, Pizza nicht. Pizzateig hat strukturelle Anforderungen – er sollte beim Ausziehen nicht brechen, darf aber auch nicht zu elastisch sein. Ich wusste das vorher, aber ich dachte immer noch an Pizza als eine Art Brot. Das Brot, das ich gerne backe, entsteht aus feuchten Teigen – die mit viel mehr Wasser hergestellt werden, als Sie es wahrscheinlich gewohnt sind –, Pizzateige aber dürfen nicht zu wässrig sein, sonst werden sie klebrig.

Und wer hätte gedacht, dass ich darüber nachdenken sollte, die Teigfeuchtigkeit je nach Pizzaofen-Typ anzupassen? In meiner Pizzeria haben wir längst den richtigen Teig für unseren Ofen gefunden. Den perfekten Teig und die entsprechende Backtechnik mit einem Standardherd herauszufinden, so wurde mir klar, ist eine ganz andere Geschichte. Außerdem hängt es von der Art der Pizza ab, die Sie zubereiten möchten.

Das Beste an meinem Neapel-Trip war, einmal mehr zu erkennen, dass gute Pizza in der häuslichen Küche nicht kompliziert ist. Es ist wirklich sehr einfach. Auf den folgenden Seiten nehme ich Sie bei der Hand und erkläre Ihnen die guten Gründe dahinter, damit Sie den gleichen Lernprozess durchlaufen wie ich.

Sogar in Italien wird in mehr als 25 Prozent der Haushalte die Pizza gelegentlich selbst gebacken. Es ist ein einfaches Soulfood – Pizza, die in einer Backpfanne oder auf einem Pizzablech gebacken wird. Ich garantiere Ihnen, dass Sie zu Hause eine bessere Pizza hinbekommen als eine, wie es sie in jeder Gastrokette gibt, und das für weniger Geld und mit mehr Herz! Ein solider Herd mit Backfunktion (nicht unbedingt ein teurer), ein Pizzastein, oder noch besser ein Pizzastahl, ein paar Backutensilien, gute Zutaten und Schritt-für-Schritt-Anleitungen bringen Sie dorthin. (Vertrauen Sie mir, Sie können erschwingliche und weitaus bessere Zutaten kaufen als jene, die jede Pizzeria für den Belag verwendet.) Pizza zu machen, kann ein Soloerlebnis sein, bei dem die Freude am Tun genauso groß ist wie anschließende Genuss des Ergebnisses (und mit jedem Mal werden Sie darin besser!), oder es kann eine Sitte sein, die Sie mit Ihrer Familie oder in einer Hausgemeinschaft teilen.

Großartige Pizza, wie wir sie kennen, gibt es in Italien seit etwa 150 Jahren, insbesondere in der Region um den Golf von Neapel. Zweierlei Pizzen der feinsten Art gibt es auch in Amerika, mit einer landesweit rasanten Qualitätszunahme im 21. Jahrhundert. Das klingt nicht gerade nach großen Neuigkeiten, aber in den letzten Jahren ist eine Bewegung gewachsen, die traditionelle Techniken und Zutaten wertschätzt und die Messlatte immer höher setzt. So ist der Zeitgeist. Die Menschen reisen weit, um Pizza von Franco Pepe bei Pepe in Grani in dem kleinen Dorf Caiazzo zu essen, etwa 45 Autominuten von Neapel entfernt. Die Schlangen in der Pizzeria Bianco in Phoenix sind legendär. Die von Nancy Silvertons Zutaten inspirierte Pizzeria Mozza in Los Angeles macht von sich reden und zeichnet sich zudem durch herrlich knusprige Pizza aus. Die Gebrüder Salvo in Neapel verwenden passend zu ihren Pizzen sieben ausgesuchte Olivenöle. Enzo Coccia von der Pizzaria La Notizia in Neapel füllt das Haus mit einem fantastischen TSG-Pizzateig (siehe Seite 47), perfekt gebacken und nur aus traditionellen landwirtschaftlichen Produkten. Das Qualitätskennzeichen TSG bzw. g. t. S. steht für garantiert traditionelle Spezialität. Zudem bezieht er besondere Mehle und Zutaten für seine Beläge. »Es gibt zwei Säulen der Pizza: die Zutaten und den *Pizzaiolo*«, sagt ein Neapolitaner, den ich getroffen habe. Paulie Gee's, Roberta's und Franny's bringen es in Brooklyn auf den Punkt und machen ihre eigenen New Yorker Versionen der Pizza Napoletana, und Pierre Luigi Roscioli in Rom gibt auf seiner Speisekarte auch die Herkunft der Zutaten an; so etwa stehen dort Piennolo- und Datterini-Tomaten,

Pizzaioli Franco Pepe (oben links) und Enzo Coccia (Mitte rechts)

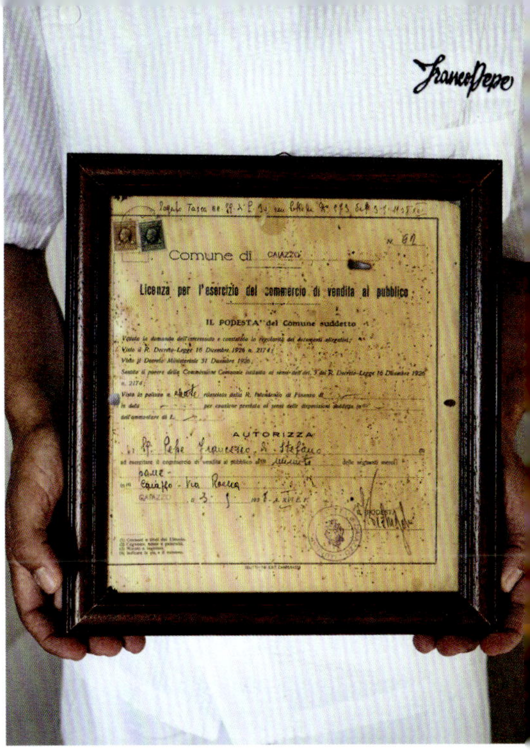
Comune di CAIAZZO
Licenza per l'esercizio del commercio di vendita al pubblico
IL PODESTA' del Comune suddetto
AUTORIZZA

Culatello von Podere Cadassa und Mozzarella di Bufala aus Paestum.

All diese Menschen inspirieren mich enorm. Die Pizzen von jedem dieser Orte sind alle individuell und spiegeln eine Vielzahl von Backstilen wider. Sollte der Pizzaboden am Rand und an der Unterseite holzkohlengefleckt sein? Sollte er – an einem Ende gehalten – starr oder labbrig sein? Was ist die beste Käsesorte? Brotmehl oder italienisches Tipo 00? Die Antwort auf alle diese Fragen ist: Es kommt ganz darauf an, welche Art von Pizza Sie backen, und selbst dann gibt es noch viel individuellen Spielraum. Eins sei vorweggesagt: Es gibt kein Richtig oder Falsch, kein allgemeingültiges, platonisches Pizzaideal. Die Pizza von Di Fara an der Avenue J in Brooklyn ist nicht wie die von La Notizia, Salvo oder Da Michele in Neapel, die wiederum nicht wie die von Frank Pepe in New Haven, Patsy's in Harlem, Buddy's in Detroit, Totonno's auf Coney Island, Delancey in Seattle, Anthony Mangieris Una Pizza Napoletana in San Francisco oder die von der Pizzeria Bianco in Phoenix ist. Es sind durch die Bank hervorragende Pizzen! Das ist das Tolle an Pizza, denn je nachdem, woher man kommt und welche Art von Pizza einem besonders in Erinnerung geblieben ist, gibt es auf all diese Fragen meist nur eine richtige Antwort. Pizza ist ein urpersönliches Erlebnis! Und Sie werden Ihre Meinung wahrscheinlich vehement verteidigen, denn hier lässt sich gar nicht groß herumdiskutieren – es ist ein klares Statement der individuellen Art, und etwas anderes zu behaupten, wäre dumm von mir.

In diesem Buch erfahren Sie, wie Sie zu Hause wirklich tolle Pizza auf *vielerlei* Art zubereiten können – Pizza Napoletana, römische Pizza, amerikanische Pfannenpizza, New-York-Style-Pizza, kreatives Fladenbrot und glutenfreie Pizza. In meinem ersten Buch schrieb ich, wie ich meinem Hund Gomez ein High-Five gegeben habe, als ich entdeckte, wie gut Pizza aus meinem heimischen Standardherd sein kann. Gute hausgemachte Pizza ist möglich und wird Ihnen weder Kopfzerbrechen bereiten noch Ihren Tagesablauf durcheinanderwirbeln. Alles beginnt mit einem guten Teig, und hier informiere ich Sie rund um die Kunst des Pizzabackens.

Das seelische Zuhause der Pizza ist und bleibt Napoli! Dort wurde sie geboren und ist bis heute ein kulturelles Aushängeschild. Und nach neun Jahren professionellen Pizzabackens hatte ich das Glück, nach Neapel zu reisen, stets darauf bedacht, Inspirationen und Wissen zu sammeln, um dieses Buch zu schreiben. Dabei besuchte ich einige der besten *Pizzaioli* Italiens, eine Mozzarella-di-Bufala-Wasserbüffelfarm mit Molkerei, eine Tomatenfabrik und die Getreidemühle, die einen Großteil der Pizzerien in Neapel mit Mehl beliefert. Als ich mich mit Leuten zusammensetzte, deren Familien in den letzten 100 Jahren Pizza gemacht hatten, musste ich mich geschlagen geben – meist hat man es mir durch die Blume gesagt –, und ich fragte mich: Wer bin ich überhaupt, dass ich glauben könnte zu wissen, worum es bei Pizza geht? Aber wissen Sie was? Ich stellte fest, dass es eine tiefe Tradition gibt, die diese Kultur, diese Menschen und ihr Essen prägt, und wir können uns glücklich schätzen, dass sie auch in unser Leben Einzug gehalten hat. Neapel ist nicht im Alleinbesitz der Pizza, aber die Stadt lebt und atmet die Pizzakultur wie kein anderer Ort. Es ist, als hätte ich die letzten zehn Jahre schöne Musik gemacht, und dann begegne ich Beethoven oder Mozart höchstpersönlich. Und die Neapolitaner sind wunderbare Menschen, die bereit sind, ihr Wissen und ihre Erfahrung aus Generationen harter Arbeit und Liebe zum Detail weiterzugeben. Die Kunst des Pizzabackens ist eine Lebensart und liegt ihnen im Blut. Überall aber werden Menschen emotional, wenn es um die Pizza geht, die sie lieben, sei es aus Rom, Detroit, New Jersey, St. Louis, Old Forge, Portland oder den fünf New Yorker Stadtteilen. Mein Ziel in diesem Buch ist es, die Pizzabäcker (und -bäckerinnen!) allerorts zu ehren, aber dazu musste ich in Neapel anfangen. Neapel ist die Wiege der Pizza.

In meinem ersten Buch *Mehl, Wasser, Salz, Hefe – Alles über gutes Brot* ging es darum, die hohe

Kunst des Bäckerhandwerks in die heimische Küche zu bringen, um Brot in professioneller Qualität herzustellen (mit ein paar Pizzen obendrein!). Dieses Buch verfolgt ein ähnliches Ziel, aber diesmal liegt mein Fokus ausschließlich auf Pizza, und ich lasse mich von mehreren der besten Pizzabäcker Italiens und der USA inspirieren.

Natürlich habe ich auch meine eigene Pizzeria, aber anstatt eines engstirnigen »Hier ist die Pizza, die wir backen«-Ansatzes möchte ich Ihnen etwas bieten, das repräsentativer ist für das Spektrum an Pizzastyles und Traditionen, die mich inspirieren. Es sind echte Praktiker, für die Pizza der wichtigste Ausdruck ihres Lebens ist, und in Neapel ist die Kunst des Pizzabackens ein wesentlicher Teil regionaler Identität. Ich bin ein großer Fan von allen.

Ich frage mich, was ich von ihnen lernen kann und wie ich meine Version dessen kreieren kann, was sie am besten können. Kopieren ist nicht der Punkt. Was ihnen gehört, gehört ihnen, und jede ihrer Pizzen ist zeit- und ortsspezifisch. Aber ich kann mir eine Detroiter Pizza anschauen und eine Pfannenpizza nach meiner Art machen, die sich daran orientiert. Deshalb gebe ich Ihnen hier in diesem Buch meine Interpretation von Pizzastyles weiter, die ich bewundere.

Wenn Sie mein erstes Buch *Mehl, Wasser, Salz, Hefe – Alles über gutes Brot*, kurz MWSH, bereits gelesen und verwendet haben, finden Sie hier die gleichen Methoden zum Abmessen von Zutaten mit einer Waage, zum Kneten von Hand in einer kleinen Teigwanne und zum Herstellen Ihrer eigenen Wildhefekultur.

Ich habe auch einige Verfeinerungen vorgenommen, mit Rezepten für kleinere Teigmengen als in meinem ersten Buch und für kleinere Mehlmengen, um einen Levain anzusetzen und zu züchten. Die Pizzateigrezepte in diesem Buch sind optimiert, und ihre Herstellung nimmt weniger Zeit in Anspruch als die Pizzateige in MWSH – aber sie ergeben eine bessere Pizza. Ich beschloss, meine Brotbäcker-Denke aufzugeben und stattdessen die von mir erlernten Pizzateigmethoden anzuwenden, die in Italien weitverbreitet sind.

Außerdem habe ich – wie schon in meinem Erstlingswerk – versucht, mit dem Verständnis zu schreiben, dass Sie einige Teigrezepte brauchen, die innerhalb einer, wie ich annehme, normalen Arbeitswoche funktionieren, in der Sie wahrscheinlich von früh bis spät arbeiten und nicht viel Zeit haben, um das Abendessen zuzubereiten. Meine Pizzateige haben eine lange Teigführung, weil man

»Man hat immer Freude daran, seine Sache gut zu machen. Es sollte einen aus dem Irrenhaus befreien, in das wir hineingeboren wurden.«

Albert Einstein

so die besten Aromen und Texturen erhält – gute Aromen bauen sich über Nacht auf. Das ist optimal. Wie in MWSH wird die Zeit also wie eine Zutat behandelt, und so habe ich die Teigruhe am Anfang eines jeden Rezepts hervorgehoben: Am Abend einen Teig kneten, ein paar Stunden später zu Kugeln formen (5 Minuten), in den Kühlschrank stellen, und wenn Sie am nächsten Abend nach Hause kommen, drehen Sie den Ofen auf, und eine gute Stunde danach haben Sie eine tolle Abendpizza! Das waren insgesamt 30–40 Minuten Arbeit. Oder vielleicht ist es ein Wochenende, und Sie stehen am Samstagmorgen auf und beschließen, dass Sie am Abend Pizza essen möchten, aber Sie waren am Freitagabend zu angeschlagen, um überhaupt an das Essen am nächsten Abend zu denken. Machen Sie morgens als Erstes einen Teig, formen Sie den Teig 2 Stunden später zu zwei Kugeln, drehen Sie abends den Ofen auf, öffnen Sie eine Flasche Wein, legen Sie *La Traviata* auf, und die Welt gehört Ihnen! Erledigen Sie in der Zwischenzeit Ihren Samstagskram. Übertreffen Sie sich selbst!

Sie müssen nur die Methode lernen, und wenn Sie es ein paar Mal gemacht haben, werden Sie nicht einmal mehr auf die Anweisungen schauen. Sie werden vielleicht einfach das Rezept auf die Zutatenmengen hin überprüfen.

Wenn Sie mehr Ehrgeiz verspüren, habe ich ein Teigrezept, das einen Biga (etwas festerer Vorteig mit ca. 40–60 Prozent Hydratation) verwendet. Und wenn Sie wirklich größeren Aufwand betreiben wollen, zeige ich Ihnen, wie Sie ohne herkömmliche Handelshefe mit Ihrem eigenen Starter einen natürlichen Sauerteig herstellen. Sie können jeden dieser Teige – natürlich gesäuert, mit Vorteig oder pur – verwenden, um eine von mehreren Arten von Pizza zuzubereiten: Napoletana oder alla Romana mit superdünner Knusperkruste, amerikanische Pfannenpizzen und Bar-Pizzen sowie klassische New-York-Style-Pizzen. Ausgezeichnete Pizza, die Sie zu Hause nach Ihrer Lieblingsart gemacht haben, lässt sich durchaus mit einem hektischen Lebensstil vereinbaren. Wenn Sie mit Zutaten protzen wollen, nur zu! Natürlich können Sie auch sparsamer sein und trotzdem jede Gastropizza noch toppen. Vielleicht geht es für Sie beim Pizzabacken um ein Mitmach-Event im Familienkreis oder in der Hausgemeinschaft. Vielleicht ist es ein Soloprojekt, bei dem Sie stolz auf die Details sind. Sie bestimmen die Kruste. Wählen Sie Ihre Toppings und Sauce. Es ist Showtime!

FORNO

KAPITEL 1
DIE SEELE DER PIZZA

Eine Italienreise im Jahr 2014 hat meine Einstellung zu Pizza für immer verändert. Es hat mich bewegt, welches Verhältnis die Menschen, die ich in Neapel kennengelernt habe, zu ihrer Pizza hegen: Für sie war es eine gefühlvolle Verbindung, die mit ihrem kollektiven Kulturimage zusammenhängt. Und dann begann ich mich für die Geschichten der Einwanderer aus Neapel und Süditalien zu interessieren, die im beginnenden 20. Jahrhundert die Kunst des Pizzabackens mitbrachten. Ich wollte erfahren, wie sich Pizza von ihren Anfängen bis heute entwickelt hat, wie sie ihren Wurzeln treu geblieben ist und wie sie sich in Amerika verselbstständigt hat. Die Geschichten kamen immer wieder auf den Pizzabäcker (oder auch -bäckerin) zurück, dessen oder deren Backleidenschaft genauso wichtig war wie die Qualität der Tomaten.

ITALIEN

Enzo Coccia, ein weltberühmter neapolitanischer *Pizzaiolo*, veränderte meine Pizzarealität, als er mir eins klarmachte: »Pizza ist nicht dasselbe wie Brot«, sagte er, und ich bin froh, dass er es mit Nachdruck gesagt hat. Ich musste also umdenken.

Ich bemühte mich um ein Verständnis der kulturellen Einstellung zur Pizza; dazu musste ich ihre Geschichte und die Rolle, die sie im Leben der Menschen spielt, verstehen und die Menschen treffen, die sie heute herstellen. Bei meinem Besuch konzentrierte ich mich auf Neapel und Rom. Neapel, weil hier die Pizza ihren Anfang nahm.

Neapolitaner haben die Pizza im Blut – ja sie ist identitätsstiftend und prägt ihre Lebensart. Dann Rom, weil es zwei unterschiedliche Arten von Pizza gibt, die ich bewundere: eine mit superdünner Holzofenkruste; die andere, Al Taglio genannt, geht in Bäckereien stückweise über die Ladentheke. Sie werden Pizza im Stil dieser beiden Städte finden, mit vielen Mischformen in ganz Italien und über die Landesgrenzen hinaus. In Bologna findet man Pizza mit sehr dünner Kruste wie in Rom, aber mit viel größerem Durchmesser, und in Florenz ist es möglich, eine noch dünnere Kruste als in Bologna zu finden. In diesem Buch konzentriere ich mich auf die Pizzastyles, die mich am meisten interessieren und von denen ich glaube, dass sie erfolgreich assimiliert werden können. Es inspiriert mich, dass Pizzabacken in Neapel und Rom kein stagnierendes Handwerk ist. Die besten *Pizzaioli* treiben ihr Können auf neue Höhen und stellen Pizzen in Spitzenqualität her, die im Einklang mit der Tradition stehen, ohne davon eingeengt zu werden. Besser kann es aus meiner Sicht nicht laufen. Für mich ist das wie Jazz!

Neapel

Die Wiege der Pizza ist Neapel, wo sie den meisten Berichten zufolge im 17. Jahrhundert ihre moderne Form annahm, und das ohne Tomaten – die, obwohl sie erstmals im 15. Jahrhundert nach Süditalien importiert wurden, es wohl erst im 18. Jahrhundert auf die Pizza schafften. Es ist schwierig, genaue Zeitlinien zu erstellen, egal ob es sich nun um die Geschichte der Pizza oder jeder anderen Art von anfänglichem Straßenimbiss handelt. Eine der frühesten neapolitanischen Pizzerien ist Zi Ciccio, die erstmals 1727 erwähnt wurde und sich auf der Piazza Cavour befindet. Andere aus dieser Zeit sind Antica Port'alba und die Pizzeria Capasso an der Porta San Gennaro. Einem Bericht zufolge war das erfolgreichste Lokal Ntuono, das von Antonio Testa in der Nähe der Chiesa Santa Teresa betrieben wurde, wo König Ferdinand I. (1751–1825), der Herrscher von Neapel, inkognito speiste. Hat er eine Perücke getragen? (Es war nicht die Öffentlichkeit, vor der er seine Pizzagelüste verbarg, sondern vor seiner dominanten Gemahlin, Königin Maria Karolina von Österreich, Marie Antoinettes Schwester, die de facto das Königreich Neapel-Sizilien regierte.)

Frühere Formen von Pizza, die in den spärlichen historischen Aufzeichnungen beschrieben werden, wurden mit Eiern, Zucker, Mandeln und Gewürzen zubereitet und waren keine einfache Bürgerkost, sondern eher für die Herrscherklassen. Aber die frühneuzeitlichen neapolitanischen Pizzen des 17. Jahrhunderts waren in der Tat für das Fußvolk mit kleinem Geldbeutel gedacht, das nach dem heute immer noch üblichen »Pizza oggi a otto«-Prinzip (»Pizza bestellen in acht«) Pizza auf Pump kaufte und erst acht Tage später bezahlte. Zu den Toppings gehörten preiswerte lokale Zutaten wie Olivenöl, Knoblauch, Oregano, geriebener Käse, Speck und Salz. Als Tomaten im 19. Jahrhundert begannen, auf Pizzen zu erscheinen, wurden sie nur während der Erntesaison vom späten Frühling bis zum Sommer und Herbst (eventuell auch als Konserven im Winter und Frühling) verwendet. Zu Beginn des 20. Jahrhunderts wurden sie im Mezziogiorno kommerziell in Dosen abgefüllt und waren daher ganzjährig erhältlich. Pizza wurde *il sole nel piatto* genannt – die »Sonne auf dem Teller« –, und Neapel ist bekanntermaßen mit Sonne gesegnet, heiß im Sommer und gemäßigt im Winter (perfekt zum Wäschetrocknen im Freien!). Das Klima, die Meeresluft und der vulkanische Boden bilden ein hervorragendes Terroir für Tomaten, Oliven und Kräuter. Tomate auf Pizza war Magie, die darauf wartete zu geschehen.

Die moderne Pizza begann als Straßenimbiss fürs gemeine Volk (und den gelegentlich verkleideten König), wurde aber in der neapolitanischen Gesellschaft zu einer Manie, als Königin Margherita 1889 in der Pizzeria Brandi bekanntermaßen ihre Pizza aß, die später nach ihr benannt wurde. Pizza wurde an Ständen im Freien oder auch von Buben

DA MICHELE

Heute ist Da Michele, im Volksmund oft nur »Michele« genannt, vielleicht die beliebteste Traditionspizzeria in Neapel. Hier stellen sich die Einheimischen für eine der 800 (!) Pizzen an, die täglich an diesem Kultspot mitten in der Stadt zubereitet werden. Da Michele, gegründet 1870 und seit 1930 ebenda, macht zwei Arten von Pizza: die Marinara und die Margherita, à 4 Euro bzw. 5 Euro, wenn Sie eine Margherita mit doppelt so viel Käse haben möchten. An der Wand von Da Michele hängt ein altes gerahmtes Poster; hier eine grobe Übersetzung aus dem Italienischen:

Mit Knoblauch, Öl und Oregano
Oder lieber mit Tomate,
Es scheint eine einfache Sache zu sein.
Aber Pizza machen ist alles andere als einfach.
Du willst keinen weichen Teig,
Das Backen muss man können!
Der Geschmack kommt aus der Hand,
die sie zubereitet,
Und Pizza ist etwas Gesundes und Gutes.
Pizza wurde in Neapel geboren,
Aber wenige Pizzen im Handel
Bescheren echten Hochgenuss
Und Freude am Schlemmen.
Nur Don Michele,
Ein Konditor mit Zauberhänden,
Macht eine Pizza wirklich famos,
Ein Fest für Leib und Seele!

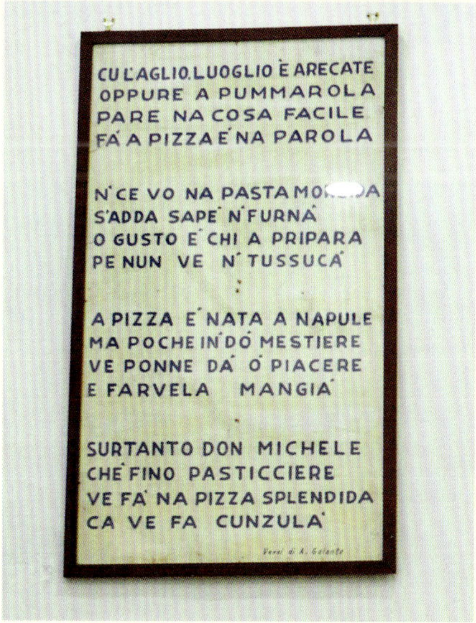

Salvatore Salvo (links); Pizza Margherita, Pepe in Grani in Caiazzo, nördlich von Neapel (rechts)

verkauft, die die zusammengeklappten Pizzen in einer typischen *Stufa* (Weißblechherd) auf ihren Köpfen trugen, um sie warm zu halten.

»In Neapel nennen wir die Portafoglio (geldbeutelartig gefaltete Pizza)«, erzählte mir ein Taxifahrer in Neapel. Die Marinara erhielt ihren Namen, weil sie bei Hochseefischern beliebt war, die sie als Imbiss auf ihre Fangfahrt mitnahmen. Heutzutage denken wir, dass sich »Marinara« auf eine rote Kultsauce bezieht, aber tatsächlich wurde die Marinara in ihrer Anfangszeit nur mit Knoblauch, Öl und Oregano belegt. Die Tomatensauce kam erst später zum Zuge. Wie in dem Buch (*Teri, Oggi e ... Domani, la Pizza tra passato e future*) (hrsg. von Molino Caputo) erwähnt, war die erste Pizza mit richtigem Namen die »Mastunicola«. Gebacken hat sie die Frau eines Maurers namens Mastro Nicola, um ihn für einen harten Arbeitstag zu stärken. Einigen Quellen zufolge wurde sie mit Käse und Speck belegt. Aber Vorsicht! Es sind keine gesicherten Fakten. Es wird nur spärlich geforscht und schnell wird irgendetwas behauptet, was sich durch Weitertragen in eine Tatsache verwandelt. Trotzdem stelle ich mir gerne vor, wie Mastro Nicola mit seiner namensgleichen Pizza in der Tasche zur Arbeit geht, ohne seinen künftigen Ruhm auch nur zu erahnen. Aber hatte seine Frau nicht auch einen Namen?! Sie hat schließlich die Pizza gemacht!

Die Originalpizzen wurden aus einfachen regionalen Zutaten zubereitet. Das Mehl stammte von Weizenfeldern und Mühlen in der näheren Umgebung; die kleinen, birnenförmigen Tomaten, die als Pizzasauce endeten, reiften auf dem sonnenverwöhnten Talboden am Fuß des Vesuvs. Olivenöl, Oregano, Knoblauch und Mozzarella kamen ebenfalls aus Kampanien. Neapolitaner werden, wenn es um ihre geliebte Pizza geht, emotional. »Pizza ist nicht nur ein Essen, sondern neapolitanische Lebensart«, sagte Enzo Coccia einmal in einem Interview mit dem Videojournalisten Sky Dylan-Robbins.

Pizzeria Brandi, Starita, Di Matteo, Gino Sorbillo und Antica Pizzeria Port'Alba sind nur eine Handvoll der klassischen neapolitanischen Pizzerien der alten Schule, die sich dem platonischen Ideal verschrieben haben: Pizza als günstiger Snack auf die Hand, ein Hauptnahrungsmittel der Menschen in Neapel. »Man verkauft ein Gefühl«, sagt Costantino Cutolo vom Tomatenkonzern Compagnia Mercantile d'Oltremare, der etwas außerhalb von Neapel aufgewachsen ist. Andere Pizzerien, wie La Notizia, Salvo und Pepe in Grani, stehen nach wie vor im Zeichen der Tradition, legen aber besonderes Augenmerk auf die Qualität des Teiges. Sie sprengen auch die Grenzen dessen, was auf die Pizzen kommt, denken freier, sind aber immer noch darauf bedacht, Land und Meer Kampaniens in seiner ganzen Fülle auszuschöpfen.

Das Handwerk des *Pizzaiolo* wurde von Generation zu Generation weitergegeben. Es sind weder Köche noch Bäcker, sondern *Pizzaioli*. Es ist ein sehr stolzer und angesehener Beruf. Neapel hat heute eine Schwemme von *Pizzaioli* der dritten oder vierten Generation. Einer sagte, sein Großvater, ein *Pizzaiuolo* (neapolitanische Schreibweise), habe 21 Enkelkinder, und jedes sei ein *Pizzaiuolo*. Neapels Stolz liegt darin, aufgrund seiner Geschichte und Kultur Generationen von ambitionierten Pizzabäckern hervorgebracht zu haben, für die dieses Handwerk ein Beruf fürs Leben ist. Ihre Arbeit ist oft ein Zeichen des Respekts für ihre Väter und Großväter (es gibt einige, aber sehr wenige weibliche *Pizzaiole*; ich hoffe, das ändert sich!). »Die Seele der Pizza ist der Pizzabäcker«, sagte mir Antimo Caputo, der Inhaber der Traditionsmühle Molino Caputo in Neapel. Pizza backen ist nicht nur ein mechanischer Akt. »Es muss mit Liebe gemacht werden, um gut zu sein«, fuhr Antimo fort. »Ein *Pizzaiolo* bäckt mit Herzblut und Leidenschaft.«

Ich habe die meisten Leute, die ich in Neapel getroffen habe, gefragt, wie oft sie in der Woche Pizza essen. Die Antwort begann normalerweise mit einem »pffffff«, da jeder, mit dem ich sprach, kurz innehalten musste, um diese absurde Frage zu beantworten. Genauso gut könnte man fragen: »Wie oft in der Woche denkst du an Sex?« Die Antwort reichte von einmal pro Woche bis zu oft zum Zählen. Neapolitaner sind sehr gesellig und treffen sich wöchentlich mit Freunden in einer Pizzeria.

Enzo Coccia ist einer meiner Pizzahelden und ich habe ihn in seiner Pizzeria La Notizia getroffen. Enzo ist ein *Pizzaiuolo* in dritter Generation, der derzeit einige der besten Pizzen in Neapel herstellt. Seinem Lokal wurde 2014 von der Associazione Verace Pizza Napoletana (AVPN) der Best Pizza Award verliehen – eine große Ehre! Enzo macht Pizza mit großem Respekt vor der Tradition, verschiebt aber auch die Grenzen Neapels über die Margherita und Marinara hinaus und verwendet Zutaten, die man eher in einer großen *Salumeria* oder einem Toprestaurant finden würde. Das liefert in Neapel reichlich Stoff für Zoff!

In einem Artikel aus dem Jahr 2012 wird Sergio Miccu, Vorstand des Neapolitanischen Pizzabäckerverbands AVPN, mit den Worten zitiert: »Es gibt keine Gourmet-Pizza; wir sind damit nicht einverstanden. Pizza wurde als Armeleuteessen geboren, und jede aufgepimpte Pizza verliert ihre Identität.« Obwohl ich Sergio nicht ganz zustimme – seiner Logik nach wäre alles andere als Margherita oder Marinara Ketzerei –, weiß ich seine Meinung zu schätzen. Es spricht einiges dafür, traditionelle Pizza zu bewahren. Denn im Kern war sie mal Bürgerkost, und teure Toppings verdrängen sie aus diesem Gefilde. Dies erklärt weiter, was Enzo zu mir gesagt hatte: »Es gibt 1000 Pizzerien in Neapel. Es ist schwierig, mit hoher Qualität Erfolg zu haben.« Viele, vielleicht sogar die meisten Neapolitaner suchen bei ihrer Pizza weder nach Kreativität noch nach »Gourmet-Zutaten«, und viele verschmähen Pizza, die über ihr Herkunftsmilieu hinauseifert – die Bewahrung traditioneller Pizza ist wichtig und eines der Ziele des AVPN. Enzo Coccia ist einer von Neapels berühmtesten – und umstrittensten – *Pizzaioli*, weil er in seiner kreativen Art hochwertigere Beläge verwendet als viele der berühmteren Traditionslokale und dafür auch mehr verlangt. Miccu mag über seinen »Gourmet«-Ansatz spötteln, aber für mich verdient Enzo Bewunderung. Und der Warteschlange auf dem Bürgersteig nach zu urteilen, als ich das letzte Mal dort war, gibt es für ihn keinen Grund zur Sorge.

Enzo scheint eine besondere Sichtweise auf Pizza zu haben, die auf Tradition basiert, jedoch ein wenig poetisch und damit modern ist. Vielleicht ist er ein pragmatischer, aber sehr talentierter Träumer, bereit und selbstbewusst genug, seinen eigenen Weg zu gehen, seiner eigenen Laune zu folgen. Was ist handwerklich falsch daran, das zu tun, was einen begeistert? So gesehen kann man im La Notizia zwischen traditioneller oder einzigartiger Enzo-Pizza wählen. Andere mögen ihn eines Tages kopieren, er hingegen tut das nicht. Vielmehr baut er auf 200 Jahren lokaler Pizzatradition auf und geht einen Schritt weiter. Dafür hat er meine Bewunderung. Und seine Pizzen sind ein Gedicht!

Enzo spricht kein Englisch, also brachte er einen seiner Jungköche als Dolmetscher mit, als wir uns zu einem Pizzatalk zusammensetzten. Ich kam in La Notizia ohne große Tagesordnung an, außer dass ich ihm begegnen und etwas über seine Methoden der Teigherstellung herausfinden wollte.

Ich wurde schnell geschult und war im Stillen begeistert, dass meine einfachen Fragen und meine ehrliche Neugier so ernst genommen wurden. Hoffentlich werde ich dafür ein besserer Pizzamann! Das Gespräch begann mit einem leichten, aber eingängigen 15-minütigen Vortrag über die Geschichte der Pizza – oder, genauer gesagt, des Pizzateigs. Bis etwa 1920 wurden alle Pizzen mit natürlichem Levain (Sauerteig oder Wildhefekultur), auf Italienisch *levitazione naturale*, hergestellt, und jede Tagescharge wurde mit einem Stück Teig vom Vortag gesäuert. Als dann um 1920 in Neapel Monokulturhefe (*Saccharomyces cerevisiae*) in den Handel kam, wechselten viele Pizzerien zu dieser Anstellhefe, weil sie weniger Arbeit und weniger Fachwissen erforderte und daher manchmal zuverlässiger war. Handelshefe erzeugt auch – für alle außer den extrem talentierten *Pizzaioli* – eine leichtere, zartere Pizzakruste. Aber sie hatten immer noch die Angewohnheit, wie eh und je Vorteige zu verwenden, um die nächste Charge mit einem Stück Teig vom Vortag zu säuern (in der französischen Backkunst heißt dieser Sauervorteig *pâte fermentée*). In den 1950er-Jahren begannen viele, aber nicht alle *Pizzaioli*, Direktteige herzustellen, was ihre Arbeit wieder ein wenig erleichterte und zuverlässige Ergebnisse lieferte. Von da an bis heute verwenden nur wenige die Kühlung, um den Teig länger in Gärung zu halten und zu stabilisieren.

Heutzutage variiert die genaue Fermentationsmethode von einer Pizzeria zur nächsten – viele verwenden entweder einen Direktteig oder mischen ihn mit »altem« Teig als Starter für die nächste Charge – aber fast alle verwenden handelsübliche Hefe für lange Teigführung. Die meisten Pizzerien kühlen ihren Teig nicht, denn die Kühlung nimmt wertvollen Platz weg und verursacht zusätzliche Kosten. Stattdessen lassen sie den Teig in der Pizzeria bei Zimmertemperatur ruhen und rühren je nach Bedarf täglich mehrere Chargen an. Die geschäftigsten Pizzerien verkaufen jeden Tag 400 bis 800 Pizzen. Jede Teigkugel hat ein Zeitfenster von etwa 4–6 Stunden für optimales Aufgehen bei Raumtemperatur. Blibt der Teig zu lange stehen, platzen die Teigbläschen, und schon ist es vorbei mit einer guten Pizza! Teiglinge mit gutem Ofentrieb sind das A und O eines guten Pizzageschäfts.

Enzo verriet mir seinen Teigherstellungsprozess, der meine Art, Pizzateig zuzubereiten, auf den Kopf gestellt hat (dazu später mehr). Er fragte mich, was ich sei: ein *Pizzaiolo*? Enzo sagte, Bäcker oder *Pizzaiolo* zu sein, sei etwas anderes, und er gehe nicht davon aus, dass ich – nur weil ich Brot und Croissants kenne – etwas von Pizza verstünde. Sein Punkt war nicht nur, dass Pizza nichts mit Brot zu tun hat, sondern dass es auch etwas anderes ist, *Pizzaiolo* zu

sein. Das Leben ist anders, der Teig ist anders, das Backen ist anders. Auch das Endprodukt und der Ofen sind anders. Und überhaupt: Pizza ist nicht gleich Brot!

Ich fühlte mich in Enzos Gegenwart ziemlich klein mit Hut. Zehn, fünfzehn Minuten lang brachte er kein Lächeln zustande. Als er darauf hinwies, dass »Pizzabacken nicht dasselbe ist wie Brotbacken«, sagte er das mit sonorer Stimme, wie um zu betonen, dass dies unbestreitbar sei, und um das deutlich zu machen, zeigte er mir seine von tiefen Linien zerfurchte Handinnenfläche – es war die Hand eines *Pizzaiolo*, der jahrzehntelang unzählige Pizzen geformt hatte. Sein Stolz war so stark wie seine Hände. Die klassische neapolitanische *Pizzaiolo*-Technik besteht darin, Teigportionen von Hand »abzukneifen«, um jeden Tag Hunderte von Pizzateigkugeln zuzubereiten. Die Bewegung ist scherenartig, ähnlich wie ich Brotteig von Hand knete oder wie Käsemacher Mozzarella schneiden (*mozzare* bedeutet »schneiden«). Durch Wiederholung

Die Brüder Salvo, Francesco und Salvatore (oben); Cosacca-Pizza von der Pizzeria Salvo in Neapel (unten)

graben sich Falten ein. Irgendwann entstehen mit genügend Zeit (nach Jahrzehnten) und Teiglingen dunkle Linien auf der Handinnenfläche. »Zeig mir deine Hände« hat unter *Pizzaioli* eine gewisse Bedeutung.

Nach einem sehr ernsthaften Gespräch über Pizzateig übernahm Enzos warmes neapolitanisches Herz, und wir schlossen mit einem Lächeln und gegenseitigem Respekt. Als ich meinen Stift herauszog und anfing, mitzuschreiben, schaute er auf meine Notizen, wie um sich zu vergewissern, dass ich mich auskenne, und dann sprudelte es nur so aus ihm heraus. Pizzateig, so sagte er, habe nur vier Zutaten plus Zeit. Ich fügte »und Temperatur« hinzu und zeigte ihm den Teil in Kapitel 2 meines Brotbackbuchs, wo es heißt, »Zeit und Temperatur als Zutaten zu betrachten«. Enzo nickte und strahlte mich an. Ich fragte, ob er mir die Erlaubnis geben würde, seine Art, Pizzateig zu machen, in mein neues Kochbuch aufzunehmen, und er stimmte zu, solange ich sagen würde, dass es nicht dasselbe ist, wie wenn man in sein Restaurant kommen würde. (Logo! Ist es natürlich nicht!)

Während ich absolut für die Verwendung traditioneller Methoden bei Brot, Pizza, Wein, *Salumi*, im Landbau usw. bin, habe ich mich auch an das gewöhnt, was mir wie eine neue Generation von *Pizzaioli* in Italien und in den USA vorkommt. Sie (oder hoffentlich wir!) machen großartige Pizza, indem sie die Tradition sorgsam achten und beim Belag maßvolle Kreativität walten lassen: Mit Artischocken und frischem Ziegenkäse, geräuchertem Provolone und *Scarole*-Blättern, Feigen und Honig oder dem besten Culatello meines Lebens – das ist eine feine Sache. Ja, diese Pizzen kosten mehr als die 4-Euro-Pizza im Da Michele, aber sie schmecken eben auch gut!

Die Pizzeria Salvo ist ein weiteres Beispiel für eine wunderbare moderne Pizzeria in Neapel. Für ihre Toppings verwenden die Gebrüder Salvo, Francesco und Salvatore sieben verschiedene Olivenöle, je nachdem, welches Öl am besten passt. Die Pizzeria 50 Kalò ihres Bruders Ciro Salvo ist ein weiteres Beispiel für einen jüngeren, aber erfahrenen *Pizzaiolo*, der die Qualitätsgrenzen ausreizt. Nach dem, was beim Trashtalk (in der neapolitanischen Presse und in persönlichen Interviews) so alles behauptet wird, haben viele der Traditionspizzerien der alten Schule minderwertige Zutaten verwendet. Wenn man sich Pizza als einfache Bürgerkost vorstellt, ist es irgendwie sinnvoll, dass billige Zutaten verwendet werden, aber günstig ist nicht immer gleich schlecht. Ich denke, dass es nur teilweise zutrifft, da ich weiß, dass die meisten gutes Caputo-Mehl verwenden, und wie schlecht können die Tomaten und der Mozzarella aus dieser Region schon sein? Vielleicht verwenden sie ja billiges Öl. Bemerkenswert an den Salvo-Brüdern und anderen, über die ich schreibe, ist die Tatsache, dass sich jetzt ein ausgewählter Kreis von *Pizzaioli* mit hochwertigsten Zutaten Renommee verschafft: speziell ausgesuchte Tomaten, Knoblauch, Käse, Oregano, Basilikum und Olivenöl. Eine einfache Marinara mit diesen tadellosen Slow-Food-Zutaten schlägt aus der Reihe, besonders in Kombination mit einem ausgezeichneten Teig und wenn sie fachmännisch gebacken wird. Nehmen Sie zum Beispiel Ciro Salvo bei 50 Kalò. Obschon AVPN-zertifiziert, setzt er sich bewusst über Grenzen hinweg und bezieht Knoblauch aus dem Ufita-Tal in Kampanien, Oregano aus den Alburni-Bergdörfern in der Nähe von Salerno und Olivenöl von Don Alfonso 1890 an der Amalfiküste.

Komisch nur, dass eine klassische Pizzeria der alten Schule in Neapel wie Starita achtundsechzig verschiedene Pizzen auf ihrer Speisekarte hat, mit so unterschiedlichen Belägen wie Mortadella auf Pistaziencreme, La Notizia aber wegen seiner »Gourmet-Pizza« umstritten ist. Nichts weiter als Familiensticheleien, aber das ganze Tohuwabohu lässt wunderbar erkennen, wie ernst sie ihre Pizza nehmen.

Caiazzo

Etwa 50 km außerhalb von Neapel wartet das urige Örtchen Caiazzo mit einer schönen Kirche auf, die um die Reliquie des heiligen Stephanus herum erbaut wurde: enge Gassen, Natursteinhäuser, ein Innenhof und atmosphärische, von Laternen beleuchtete Kopfsteinpflasterstraßen. Die umliegenden Täler von Caserta, einer der Regionen, in denen Mozzarella di Bufala hergestellt wird, haben einen fruchtbaren vulkanischen Boden und muten mit ihren sanften Hügeln und Ackerland malerisch an. Diese Region ist ein Produkte-Mekka. Ein weiteres Wahrzeichen Caiazzos – außerhalb der Kirche – ist Pepe in Grani, eine neue Pizzeria in einem uralten Steingebäude, die eine moderne, historisch verwurzelte Pizza herstellt. Das 2012 eröffnete Pepe in Grani wurde in einem restaurierten Steingebäude aus dem Jahr 700 n. Chr. als Ort für Pizza, Forschung und Gastfreundschaft gegründet. Franco Pepe ist ein *Pizzaiolo* in dritter Generation. 2014 wurde seine Pizza von Jonathan Gold im Reisemagazin *Travel & Leisure* zur besten Pizza der Welt gekürt. Diesmal war April, eine der Managerinnen meiner Pizzeria, mit dabei. Wir besuchten Franco und hatten ein sagenhaftes Abendessen. Zu zweit verschlangen wir glatt sechs Pizzen. »Bist du sicher?«, fragte Franco immer wieder und grinste uns beim Essen immer wieder amüsiert an. Ich konnte nicht den ganzen Weg reisen, nur um eine Margherita zu essen, und die Speisekarte bot ein »Degustationsmenü« mit fünf Pizzen für drei oder vier Personen. Es wäre unhöflich gewesen, nur ein paar Bissen zu naschen, also sind wir richtig eingetaucht. Ein Genuss ohne Reue! Für seinen Teig folgt Franco den traditionellen Methoden des 19. und frühen 20. Jahrhunderts: natürlich gesäuerter Pizzateig, händisch geknetet, keine Kühlung. Die Zutaten sind alle aus seiner Gegend, saisonal (zum Beispiel Feigen, Artischocken, süße Zwiebeln, Kirschtomaten und frische Sardellen von der nahen Küste) und von atemberaubender Qualität. Beste Pizza der Welt? Sagen wir einfach, bei Pepe in Grani wird der Teig perfekt gemischt,

perfekt fermentiert und perfekt geformt. Die Beläge sind absolut stimmig und ausgewogen. Und natürlich ist die Pizza genau richtig gebacken! Das waren makellose Pizzen. Sein Ruf ist wohlverdient. Die Kruste war außen und unten sehr dünn und knusprig und am inneren Krumenrand fluffig. Fast schwerelos. Der Pizzaboden war innen sehr dünn, der Rand perfekt mit Leopardenflecken versehen. An diesem fünften Tag in Folge, an dem wir Pizza gegessen haben, sagte April: »So etwas hatte ich noch nie.« Ich kann den Rest von dem, was sie gesagt hat, hier nicht wiedergeben, aber es war definitiv schmeichelhaft.

Unserem Degustationsmenü bei Pepe in Grani ging eine gefaltete *Libretto* voraus, die einfach mit Tomatensauce, Knoblauch und frischem Oregano belegt und in braunes Papier gewickelt war. Auch *Portafoglio* genannt, ist sie *der* Straßenimbiss Neapels schlechthin, und während später Pizzen in die Gourmet-Richtung gingen, servierte uns Franco als Erstes diesen Klassiker, der als Urform der Pizza bezeichnet werden kann. Mich begeistert dieser Respekt vor der Tradition. Francos Kruste schmeckte nach Milchsäurefermentation – ein Geschmack, der manchmal als milchig-fruchtig beschrieben wird und dem eines reifen, flüssigen Sauerteigs sehr nahekommt (siehe »Weißbrot aus warm fermentiertem Levain«, für alle, die meine Brotbackbuch gelesen haben). Sein Teig ist sehr gut fermentiert, hat eine ausgewogene Aromafülle, und ist für italienische Verhältnisse hochverdaulich (»Verdaulichkeit« ist kaum definiert, wird aber weithin als Vorteil von lang fermentiertem, natürlich gesäuertem Pizza- und Brotteig angesehen). Wir haben das auf die strengste Probe gestellt, indem wir fünf weitere Pizzen gegessen haben: eine traditionelle Margherita mit Mozzarella di Bufala; eine Pizza mit weißen, frischen Sardellen, Oliven, Vesuvtomatenspalten und Oregano; eine zusammengeklappte Pizza mit *Scarole*, Schinken und geräuchertem *Provola* (die Kruste war so weich, so zart, so köstlich!); Artischocke mit geschmolzenem Mozzarella und einem leichten, frischen Ricotta, der erst nach dem Backen draufkommt; dann die Pizza mit Feigenmarmelade, nach dem Backen mit geriebenem Conciato-Käse bestreut. Die Pizzen wirkten teiglastig, waren aber himmlisch leicht. Zart. Delikat. Sexy!

Straßenszene in Caiazzo

Es sei erwähnt, dass Franco Pepe seinen Teig auf altmodische Weise von Hand zubereitet – aber das ist ein Punkt, der es wert ist, wiederholt zu werden, weil es irrwitzig harte Arbeit ist. Stellen Sie sich vor, Sie kneten 80 kg Teig 20 oder 30 Minuten lang von Hand. Am Ende des Tages hat der Teig noch Zeit zum Aufgehen, bevor es tags drauf weitergeht. Franco meinte: »Meine Pizza ist Slow Food.« Er sagt gerne, dass seine Pizza »netzautark« ist, sprich, die Zubereitung kommt ganz ohne Strom aus. Der Teig wird in Holzwannen angemischt – ohne jede Kühlung. Seinen gold gekachelten Stefano-Ferrara-Pizzaofen befeuert er mit gleich großen, dünnen Holzscheiten, um eine gleichmäßige Backtemperatur zu gewährleisten.

Pepe in Grani möchte mit seinen Pizzen den Reichtum der Region fördern. Franco hat mit lokalen Betrieben und einem lokalen Agronomen, Vincenzo Coppola, zusammengearbeitet, um beispielsweise eine heimische Urweizensorte wiederzubeleben oder auch Tomaten, Knoblauch, Zwiebeln, Kichererbsen, Früchte usw. aus der Region zu präsentieren. Diese Arbeit und sein wachsender Ruhm haben frischen Wind in die lokale Wirtschaft gebracht.

Franco Pepe begnügt sich nicht damit, Pizza einfach jeden Tag auf die gleiche Weise zuzubereiten, sondern experimentiert weiterhin mit verschiedenen Mehlen und Methoden der Teigführung. Mich inspirieren neugierige Tüftler wie Franco. Aber es ist noch mal etwas ganz anderes, etwas hervorzubringen, bei dem wir allesamt in Ohnmacht fallen. Franco Pepes Gabe besteht darin, ein »Schaufenster der Region« zu komponieren, auf das er stolz ist, und alle Zutaten zu einer Spitzenpizza zu verarbeiten. Er erkennt, dass viele der alten Wege immer noch

CHIC

PIZZARIA La NoTiZia

die besten sind, auch wenn es mehr Mühe und Zeitaufwand bedeutet. Meiner Meinung nach können neue schöne Dinge nur entstehen, wenn man immer wieder unvoreingenommen an eine Sache herangeht, anstatt ständig das Gleiche zu machen. Traditionen sollten respektiert werden, insofern sie der eigenen Inspiration als Grundlage dienen. Man lernt nie aus, und Übung macht den Meister!

Um auf die Schulung zurückzukommen, die ich bei La Notizia erhalten habe: Als Enzo Coccia sagte: »Pizza ist nicht dasselbe wie Brot«, schrieb er die Zutaten des Pizzateigs in der folgenden Reihenfolge auf, um zu veranschaulichen, wie der Teig hergestellt wird: (1) *acqua* (Wasser); (2) *sale* (Salz) plus *impasto* (Anstellgut); (3) *lievito* (frische Hefe) plus *impasto* (Anstellgut); und schließlich (4) *farina* (Mehl). In Neapel basieren die Zutatenmengen auf 1 l Wasser, beim französischen Backen hingegen auf 1 kg Mehl. Dies stellte die Methode meines französischen Bäckers (und meiner Denkweise) auf den Kopf, Mehl und Wasser zu mischen und dann 15–20 Minuten ruhen zu lassen (was wir Autolyse nennen), dann Salz und Hefe hinzuzufügen und dann erst den endgültigen Teig anzurühren. Später bestätigte mir Mauro Caputo, dass der Wasser-Salz-Hefe-Mehl-Ansatz die typisch neapolitanische Art ist, Pizzateig zu mischen.

Der zweite große Wandel in meinem Denken sollte vor allem in Neapel kommen: Anstatt den Teig zu mischen und mehrere Stunden gehen zu lassen (was wir »Stockgare« nennen), ist es üblich, den Teig zu mischen und ihn dann – oft nur 2 Stunden später – zu zerteilen und in der frühen Fermentationsphase zu Kugeln zu formen. Enzo stellt seine Teiglinge nur 10–20 Minuten nach dem Mischen her. Das war verrückt für mich. Ein Brotbäcker ist der Meinung, dass die Hauptgare für eine komplexe Aromabildung entscheidend ist. Daher ist es wichtig, dass man dem Teig genügend Zeit lässt.

Und auch ein Brotbäcker ist bestrebt, einen Laib zu backen, dessen Volumen sich optimal vergrößert, ohne dass er zusammenfällt. Ein *Pizzaiolo* denkt nur daran, die Triebkraft des Teigs im Zusammenhang mit dem *Cornicione*, dem Pizzarand, zu steuern, und weiß, dass eine Stückgare ausreicht, um diese komplexe Aromabildung zu erreichen (der hervorragende, weiche Geschmack von Enzos Kruste ist ein Beweis für seine Methoden und das von ihm gewählte Mehl). Der größte Teil der Fermentation findet in den Teiglingen statt, die in Neapel *Panetti* genannt werden und 10 Stunden ruhen, bevor Enzos Pizzeria La Notizia um 19:30 Uhr öffnet. Diese Änderung in Management und Timing hat mich wirklich fasziniert. Ich lernte bald von anderen neapolitanischen *Pizzaioli* und den Leuten von Caputo, dass eine zweistündige erste Gare – ohne Kühlung – in Neapel die Norm ist. Die Panetti werden alle in derselben Nacht zu Pizza verarbeitet. Enzo reizt diese Zeitschiene extrem aus.

Eine von Enzos Küchenhilfen brachte uns ein Tablett mit Panetti, gerade mal 30 Minuten vor der Eröffnung des Restaurants. Sie waren wunderschön: perfekt gerundet, ohne Anzeichen, zusammenzufallen; luftig und prall aufgegangen, schön glatt und mit einem schönen, leicht milchigen Aroma. Die resultierenden Pizzen, die wir kurz darauf schlemmten, waren zart, leicht, schmackhaft und köstlich, außen leicht knusprig und weichkrumig am Rand, so wie es sein muss, die Böden dünn und braun gefleckt. Es gab einen sehr schönen Nachgeschmack, der nur von gutem Mehl und perfekter Gare kommt. Ich hatte über süße Calzone von La Notizia gelesen und musste sie probieren. Die absolute Krönung unter den Pizzadesserts war eine Schokoladen-Lava-Calzone. Als wir das Lokal verließen, stand draußen schon ein lebhaftes, schickes Völkchen und wartete darauf, auch endlich an die Reihe zu kommen.

Im Uhrzeigersinn von oben links: Enzo Coccia; Straßenszene in Caiazzo; Warten auf einen Tisch im La Notizia; Franco Pepe mischt Teig von Hand; Pizza im La Notizia.

Pizza Bianca im XXL-Format, Forno Campo de' Fiori

Rom

Pizza nimmt auch im römischen Leben einen wichtigen Platz ein, auch wenn sie nicht die tiefe kulturelle Identität und Geschichte wie in Neapel hat. Es gibt Fladenbrote in der römischen Geschichte, die bis in die Zeit Caesars zurückreichen. Eines davon, *Pinsa* genannt, ist ein einfach gebackenes Fladenbrot, das nach dem Backen mit frischen Zutaten und Olivenöl belegt wird. Heute gibt es zwei Arten von römischer Pizza: die Bäckereipizza, Al Taglio (stückweise auf die Hand); und die Tonda (runde Pizza), auch allgemein Pizza Romana genannt, die nur in Abendpizzerien serviert wird. Die Schönheit der zweierlei Arten liegt in ihrer Leichtigkeit. Es kann ein Mittagessen, ein Imbiss oder ein Abendessen sein.

Die Pizza al Taglio ist ein günstiges und einfaches römisches Straßenessen. Man könnte sie auch als »Pizzaschnitte« bezeichnen. Normalerweise wird sie im XXL-Format – etwa 1,20–1,50 m und 25–30 cm breit – direkt im Brotbackofen gebacken und dann an der Theke je nach Wunsch in beliebig große Stücke geschnitten. Meist setzt die Person hinter der Theke, wie bei Antico Forno Urbani, ein Messer an einer Stelle auf der rechteckigen Pizza an und lässt per Augenkontakt über den Tresen ein größer oder kleiner bestätigen. Wenn man nickt, schneidet er oder sie die Pizza, wiegt sie, faltet sie in zwei Hälften und verpackt sie zusammen mit einem Ticket, das man zur Kasse mitnimmt, um nach Gewicht zu bezahlen. Schon hat man seine Pizza to go!

Die Al Taglio hat immer eine dünne Kruste – etwa 3 mm –, wenn es sich um eine einfache Pizza Rossa oder Bianca handelt; manchmal ist sie dicker, wenn die Beläge einen dickeren Boden erfordern. Es ist jedenfalls eine bekömmliche Pizza. Sehr oft kommt gar kein Käse drauf. Die Toppings sind

Gabriele Bonci und seine Al-Taglio-Pizzen

leicht und schmackhaft, und die Portionsgrößen bestimmt man selbst. Allerdings dürfen sie nicht zu groß ausfallen. Oft wird die Pizza aufgewärmt, in der Regel in zwei Hälften gefaltet (quasi ein Pizzasandwich) und in Logo-Papier eingewickelt serviert. Während der Mittagspause gegen 13 Uhr gibt es die Pizzaschnitten frisch aus dem Ofen. So schmecken sie am besten, mit der meisten Feuchtigkeit und der zartesten Kruste.

Die einfache Al Taglio ist entweder eine Rossa – Tomatensauce, Oregano und Olivenöl (mein Favorit) – oder eine Bianca, mit einem sehr dünnen Film Olivenöl und einer leichten Prise Meersalz gebacken. »Es ist nur Pizzabrot«, sagte der Typ an der Pizzarium-Theke zu mir, als ich die Bianca bestellte. Die Bianca wird auf rechteckigen Pizzaplatten gebacken und ist, genau wie die Rossa, eine dünne Focaccia, aber ohne Tomaten. Eine gute Pizza al Taglio hat eine luftige Krume, und in Textur und Geschmack hat sie den Charakter eines lang fermentierten Teigs, mit diesem weichen *Retrogusto*, einem Nachgeschmack, der an Weizen erinnert. Ihre luftige Kruste weist auf der Oberseite Teigbläschen auf. Der Pizzateig wird von Hand zu langen dünnen Streifen geformt und auf einer 1,20–1,50 m lang bemehlter Platte gestretcht, die etwas breiter ist als die Pizza. Es ist nur eine dünne, leichte Platte. Der Teig wird nach beiden Seiten gedehnt und muss etwas ruhen. Dann wird er wieder der Länge nach gedehnt, mit einem breiten Pinsel leicht mit Öl bestrichen und mit den Fingerkuppen eingedrückt. Bei Roscioli lassen sie den Teig ruhen und ziehen ihn ein drittes Mal aus, um die volle Länge und richtige Dicke zu erhalten. Dann wird er auf der Platte in den Ofen geschoben.

Später wird der Bäcker zum Herausnehmen der Pizza einen ca. 1 m langen, dünnen Pizzaschieber aus Holz verwenden. Es ist lustig zu sehen, wie die Schaufeln aus dem Ofen kommen. Die Arme des Bäckers sind dabei seitwärtsgestreckt und wuchten eine 1,50 m lange Pizza auf ein Kühlregal. Wirklich interessant wird es, wenn über die Rossa und die Bianca hinaus kreativere Beläge gezaubert werden. Sehr verbreitet sind geschredderte Kartoffeln, ebenso wie Zucchini und Auberginen. Wurstwaren wie Prosciutto eignen sich gut als Belag. Neuerdings haben sich einige für teurere Toppings entschieden, so etwa für die großartige Pesto-Burrata-Pizza, die ich bei Roscioli im *Centro storico* in der Nähe des Campo de' Fiori hatte. Gabriele Bonci hat im Pizzarium seine ganz persönliche Stratosphäre einzigartiger Al-Taglio-Pizzen gefunden. Sie werden aus natürlich gesäuertem Vollkorn-Pizzateig hergestellt und fantasieanregend belegt, von Mortadella mit Kichererbsenpüree bis zu Auberginen mit Paprika und von Rucola zu Waldpilzen, und mit Knoblauch auf geriebenen Kartoffeln. Es ist schön zu sehen, wie sich ein Bäcker über die Regeln hinwegsetzt, um einem sehr traditionellen Essen seinen Stempel aufzudrücken.

Al-Taglio-Pizzen werden in Brotbacköfen bei Temperaturen zwischen 270 °C und 310 °C gebacken. Das ist mehrere 100 Grad kühler als die Holzöfen von Neapel. Einige werden direkt auf dem Zwischenboden eines Etagenofens gebacken, die gleiche Art, die auch zum Backen von Brot verwendet wird, und andere werden im selben Ofen gebacken, aber in speziellen Backformen. Dickere Teige, wie die für Genueser Focaccia, backen gut in mit Öl eingefetteten Backpfannen. Al-Taglio-Pizzen mit dünnem Teig, wie die Rossa und die Bianca, backen wunderbar direkt auf dem Pizzastahl (nur die Pfannenpizzen brauchen Öl – oder sehr gut eingebrannte Backplatten –, damit sie nicht ankleben).

Rom ist auch für seine Pizzerien bekannt, die nur zum Abendessen geöffnet sind und Pizzen mit hauchdünner Kruste in Holzöfen backen. Römische Al-Taglio-Pizzabäcker sind für mich Bäcker. Wenn sie die dünnen, runden *Tonde* machen, sind sie *Pizzaioli*. Ich denke, sie würden dem zustimmen. Die Pizza Romana unterscheidet sich von der neapolitanischen Pizza vor allem durch den Boden. Es ist eine sehr dünne Kruste mit wenig bis gar keinen Luftblasen am Rand. Wenn ich die Romana mache – und ich liebe sie –, verwende ich nur halb so viel Teig wie bei einer Napoletana der gleichen Größe, und ich benutze ein Nudelholz, um den Teig so dünn wie möglich auszurollen. Diese Holzofenpizzen sind am Rand leicht angekohlt, und das Beste sind die schönen schwarzen Flecken am Boden. Vorzeigepizzen findet man im Da Remo im Stadtteil Testaccio, im La Rioni in der Nähe des Kolosseums und in der Pizzeria Emma im *Centro storico*. Und obwohl Rom vielleicht kein solches Überangebot an großartigen Pizzerien wie Neapel hat, ist es diese superdünne Kruste, die mich fasziniert und mich dazu veranlasst hat, in diesem Buch eine Reihe von Rezepten zu kreieren, die meiner Idealpizza nach römischer Art nachempfunden sind. Die dünne, knusprige Kruste ist angenehm leicht. Ich kann eine ganze Pizza alla Romana ohne Schweregefühl im Bauch als leichteres Abendessen zu mir nehmen oder vorher noch eine frittierte Vorspeise (in Rom und Neapel üblich), wie *Supplì* (Reiskroketten), Artischocken oder frittierte Zucchiniblüten.

Ich liebe diese schönen Pizzen wegen ihres knusprig-spröden Außenrands. Mit Tomatensauce und Käse ist die Mitte etwas aufgeweicht. Wenn die Beläge nicht so üppig sind, behält die gesamte Pizza, je nach Pizzeria und Art des Backens, durchweg ihre Knusprigkeit. Eine meiner liebsten römischen *Tonde* ist ohne Käse. Ihr Belag besteht aus Tomatensauce und etwas Oregano, und erst nach dem Backen wird sie noch mit Sardellen und einem Schuss aromareiches Olivenöl abgerundet.

Im Uhrzeigersinn von links: Bonci; Pizza Romana bei Da Remo in Rom; Patio-Szene im Da Remo.

REMO

Frank
PEPE
PIZZERIA
NAPOLETANA
EST. 1925

JOHN'S
PIZZERIA
PORT'ALBA

PIZZERIA
LOMBARDI'S
NAPOLETANA

Patsy's

DIE VEREINIGTEN STAATEN VON AMERIKA

Was ist amerikanische Pizza? Was haben wir aus Pizza gemacht, nachdem sie unsere Küsten erreicht hat?

Am Anfang …

New York

Im späten 19. Jahrhundert gab es Pizza nur in Neapel und der umliegenden Region Kampanien in Süditalien. Es war ein Essen für die Arbeiterklasse. Zwischen 1880 und 1920 flohen über vier Millionen Italiener vor Armut und Hungersnot in Süditalien und kamen nach Amerika, einem Land der Hoffnungen und Träume, des Überflusses und der unbegrenzten Möglichkeiten. Ihre Flucht war buchstäblich eine Überlebensmission. Unsere Nationen sind durch dieses Ereignis für immer miteinander verbunden. Unsere amerikanische Pizzatradition begann mit italienischen Einwanderern in New York, die ihre Gastrokultur – und ihre Liebe zur Pizza, einem prägenden Teil ihrer Ernährungsweise – mitbrachten.

Lombardi's wurde 1905 Amerikas erste vollwertige Pizzeria, als Gennaro Lombardi seinen Lebensmittelhandel in der Mulberry Street in Little Italy in New York City aufgab, um die Nachfrage nach seiner beliebten Pizza zu befriedigen. Der Pizzahistoriker Scott Wiener wies mich darauf hin, dass Pizza im Jahr 1900 tatsächlich in Bäckereien in ganz Little Italy verkauft wurde. Lombardi's war der Pionier, der nur Pizza verkaufte, und höchstwahrscheinlich die erste Bäckerei mit dem Wort Pizzeria auf der Fensterscheibe. Die frühen Pizzen aus Bäckereien in Little Italy wurden in kohlebefeuerten Brotöfen gebacken, und die Pizzen dienten dazu, den Herdboden der vorgeheizten Öfen abzukühlen, um sie für das Brotbacken vorzubereiten. Die ersten Pizzen waren laut Scotts Recherchen anders als heute: Die Beläge waren Romano-Käse, Speck, Tomate und Oregano und ähnelten den neapolitanischen Pizzen. Mozzarella kam später. Wie in Neapel lag der Schwerpunkt auf billigen, erschwinglichen Zutaten. Die Pizzen waren laut Scott brotartig und weich.

Lombardis Popularität brachte weitere Pizzerien hervor, die von ehemaligen Mitarbeitern gegründet wurden: Totonno's Pizzeria Napolitana auf Coney Island (1924), John's Pizza in der Bleecker Street (1929) und Patsy's Pizzeria in Harlem (1933). Hier entstanden familiengeführte Pizzarestaurants in Amerika zu einer Zeit, als die Pizza in Neapel noch ein Straßenimbiss war. Italienische Einwanderer sehnten sich nach den Grundnahrungsmitteln ihrer Heimat und wollten ihr eigenes Geschäft aufziehen, und die New Yorker wussten allmählich diese neuartige Italokost namens »Pizza« zu schätzen. Diese Einwanderer sagten der Welt durch ihre Pizza, wer sie waren. Es war nur noch eine Frage der Zeit. Diese New Yorker Pizzerien des frühen 20. Jahrhunderts bedienten hauptsächlich ihre eigenen Landsleute. Pizza hat sich in New York erst nach dem Zweiten Weltkrieg wirklich durchgesetzt.

Tomaten-Pie nach Trenton-Art

Vielleicht hat es eine Zeit gegeben, in der das Wort Pizza zu exotisch geklungen hat, um die breite Masse anzuziehen. Auf der anderen Seite des Hudson River von New York City, Trenton, New Jersey, gibt es einen eigenen Pizzahype, der dort Tomaten-Pie genannt wird. Zuerst gab es Joe's Tomato Pies, das 1910 eröffnet wurde. Dann eröffnete Joe Papa 1912 Papa's Tomato Pies. De Lorenzo's Tomato Pies wurde 1936 eröffnet. Alle wurden von Einwandererfamilien aus Neapel geführt. Was ist so anders an einem Tomaten-Pie? Die Sauce wird über den Käse und den Belag gegossen. Die Kruste ist sehr dünn.

New Haven

Nicht weit von New York City, New Haven, Connecticut, gibt es einen weiteren Ort, an dem in den frühen 1900er-Jahren kohle- und koksbefeuerte (heiße!) Brotöfen zum Backen von Pizza verwendet wurden (Koks ist umgewandelte Kohle, brennt sehr heiß und ist sauberer als Kohle). Aber die Geschichten dieser historischen Orte gehen weit über die Pizza selbst hinaus. Am Ende landen wir wieder beim Pizzabäcker. Ich mag diese Geschichte von Frank Pepe in New Haven, Connecticut (1925), die sein Erbe und seine unterprivilegierten Anfänge romantisiert, wie es auf der Website der Frank Pepe Pizzeria Napoletana steht: »Geboren in der Stadt Maiori an der Amalfiküste südwestlich von Neapel, war Frank Pepe der italienische Einwanderer schlechthin. Arm und Analphabet, wanderte er 1909 im Alter von 16 Jahren mit kaum mehr als seiner Gesundheit und einer starken Arbeitsmoral in die USA aus.

1925 begann er zusammen mit seiner Frau Filomena, ein einfaches, bescheidenes Produkt aus ihrer Heimat herzustellen, die Pizza – oder wie sie in ihrem Dialekt sagen würden, ›Apizza‹. Sie buken ihre Pizzen und boten zwei Sorten an, Tomaten mit geriebenem Käse, Knoblauch, Oregano und Olivenöl und die andere mit Sardellen.«

Frank Pepe's, das heute von seinen fünf Enkelkindern geführt wird, ist noch heute ein Kultlokal. Auf der Leuchtreklame über Pepes Küche steht »The Original Tomato Pies«, und jede Pizza auf der Speisekarte heißt »Tomato Pie« (Tomatenpita). Das ergibt Sinn, wenn man Pepes Motto kennt: Käse nach Wunsch! Wenn Sie Mozz wollen (siehe Kasten oben rechts), müssen Sie danach fragen. Der Original-Pie besteht aus Tomaten, Knoblauch, Oregano und Olivenöl und wird – wie immer – mit geriebenem Käse (fast immer Romano oder Grana Padano) oder Sardellen belegt.

Frank Pepe's war die erste von drei berühmten und mittlerweile historischen Pizzerien in New Haven. Auf Pepe's folgte 1934 Modern Apizza (das nur zwei Jahre später, 1936, als es Tony's Apizza hieß, an seinen heutigen Standort verlegt wurde) und 1938 Sally's Apizza. Der Stil dieser Pizzerien in New Haven ist relativ ähnlich. Heute haben Pepe's und Sally's immer noch ihre superheißen kohlebefeuerten Brotbacköfen mit Feuerraum unter der Backstelle, während Modern Apizza 1967 ihren koks- oder kohlebetriebenen Steinbackofen auf Öl umstellte. Bis sich Pizza in den USA weiter verbreitete, gab es keine speziellen Pizzaöfen. Jene ersten Pizzerien buken die anfangs unbedeutende Pizza in Brotöfen.

Jede dieser drei historischen Pizzerien in New Haven macht Pizza mit einer sehr dünnen Kruste, die an den Rändern weder Luftblasen hat noch angekohlt ist. Muschelpizza, eine Erfindung von Frank Pepe, wurde aus gutem Grund von anderen Pizzerien übernommen. Frisches Muschelfleisch, Knoblauch, Olivenöl, Kräuter und Speck ergeben eine schöne Kombination. Bobby und Rick Consiglio, zwei Söhne von Salvatore Consiglio, dem Gründer von Sally's Apizza (selbst ein Neffe von Frank Pepe, in dessen Restaurant er anfing), backen bis heute die Pizzen bei Sally's.

Mozz oder *Muzz* auf dem Pie? Der liebevolle Slang-Spitzname wurde aus dem neapolitanischen Dialekt übernommen, der noch heute in Ecken von New York, New Jersey und Connecticut verwendet wird. Wenn Rosemary Clooney den Kultsong »Mambo Italiano« singt, werden Sie hören: »Hey Mambo, no more-a muzzarella. All you Calabrese do the mambo like-a crazy.« Danke, Rosemary!

Frank Pepes Muschelpizza (oben), Modern Apizza (unten)

American Pizza: Unsere Art!

Pizzerien in Familienbesitz, die meist von Müttern und Leuten mit italienisch-amerikanischen Wurzeln geführt werden, verbreiteten sich langsam im ganzen Land, aber mangels Internet, wie wir es heute haben, entwickelten sich unterschiedliche regionale Stile. Waren es GIs, die nach dem Zweiten Weltkrieg in die Staaten zurückkehrten, die eine schmackhaftere Version der Pizza haben wollten als die in Italien? Viele sagen, dass sie der Katalysator für die Verbreitung von Pizza über die italoamerikanischen Kreise hinaus waren. Ich fragte meinen Vater, der 1929 geboren und in einem Vorort von Washington D. C. aufgewachsen war, wann er seine erste Pizza gegessen habe, und er sagte, es sei in den frühen 1950er-Jahren gewesen, und sie hieß »Tomato Pie«. Die Allgegenwärtigkeit von Pizzerien, die wir heute sehen, kam erst zwei bis drei Jahrzehnte später auf.

Die unverwechselbaren amerikanischen Regionalstile faszinieren mich – wie etwa die Detroit Pan-Pizza (Buddy's), die New Jersey Tomato Pie mit dünner Kruste (De Lorenzo's), die Philadelphia Tomato Pie (ohne Käse), die New Haven Tomato Pie und die Bar-Pizzen des Mittleren Westens und der Ostküste. Dann gibt es da die einzigartigen Pies in Old Forge, Pennsylvania, mit etwa 20 Pizzerien (für 8300 Einwohner): alles Pizzen im Old-Forge-Style, die auf dem gefetteten Pizzablech schön knusprig werden, mit Zwiebeln in der Sauce und Käse nach Gutdünken. Wenn Sie dorthin gehen, wird man Ihnen sagen, was an jeder anders ist. Im nächsten Kapitel werde ich näher auf die verschiedenen Pizzastyles eingehen – aber ihre Entstehungsgeschichten sind faszinierend.

Viele von uns sind mit Pfannenpizza aufgewachsen. Es ist etwas ganz anderes als Backofenpizza (zum Beispiel Pizzen im New Yorker, New-Haven-,

römischen und neapolitanischen Stil, bei dem die Pizzen direkt auf dem Herdboden gebacken werden). Es gibt einen Grund, warum Pfannenpizzas oft Grandma Pies genannt werden: Sie sind eine Gastroversion der Pfannenpizza, die *Nonna* zu Hause backen würde. Pfannenpizzen brauchen zum einen etwas Fett, damit die Kruste nicht haften bleibt. Die Backpfanne bekommt einen dünnen Film aus Olivenöl, Schmalz, Backfett oder einem anderen Fett, damit sich die Pizza nach dem Backen lösen kann. Einige nehmen die Pizza sogar gegen Ende der Backzeit aus der Backpfanne und backen sie direkt auf dem Herdboden fertig. Wenn aber zu viel Öl oder Fett in der Backpfanne ist, dann wird das überschüssige Öl oder Fett von der Pizza auf den Herdboden sickern, und das ist sehr kontraproduktiv: Es fängt an zu rauchen, und die Pizza verliert ihren Geschmack und wertvolle Inhaltsstoffe. Richtig gebacken, wird die Kruste vom Fett schön knusprig und schmackhaft braun. In Maryland, wo ich aufgewachsen bin, gab es einige Pizzerien, deren Pizzen leicht schuppige Krusten hatten, die nur von Fett oder Backfett im Teig kommen können.

Der Käse und die Öfen machen bei Pizza nach amerikanischer Art oder im New Yorker Stil den großen Unterschied aus. Der feuchtigkeitsarme, vollfette Mozzarella, der auf einer guten amerikanischen Pizza verwendet wird, behält seine faserigweiche, dehnbare Textur und bleibt lange warm. Sie können die Pizza in einer Schachtel mit nach Hause nehmen und auch gut später essen, egal ob aufgewärmt oder nicht. (Die Napoletana hingegen hält sich nicht so lang.) Typische amerikanische Pizzaöfen, die Brotöfen nachempfunden sind, backen je nach Pizzeria bei Temperaturen zwischen 290 und 345 °C. Die längere Backzeit bei einer niedrigeren Temperatur als in den neapolitanischen Holzöfen erzeugt eine knusprigere Kruste. (Zum Vergleich: Die meisten Brote aus unserer Bäckerei werden bei Temperaturen von 225 °C für Baguettes und 260 °C für Hefebrote gebacken.)

Die in Nordamerika allgegenwärtige Peperoniwurst, von der man in Italien noch nie etwas gehört hat, ist eine wirklich großartige amerikanische Kreation, die sich perfekt zum Ausbraten auf einer Pizza eignet. Es ist jedoch schwer zu sagen, was genau die amerikanische Peperoni ist – mal wird sie aus Rindfleisch, mal aus Schweinefleisch hergestellt, oft ist es eine Mischung aus beidem –, typisch sind jedoch ihre rötliche Farbe und die milde Würze. Sie sollte auch leicht rauchig, feinkörnig und halb weich sein. Sei's drum, dass die Peperoni nicht italienisch ist. Ich denke, es ist ein perfekter Belag für Pizza: Ihre fleischige, rauchige Schärfe – mit vielleicht einer kleinen Fettpfütze in der Kuhle, wenn sie sich beim Backen kräuselt – passt bestens zu einem guten Pizzaboden mit Sauce und Käse drauf.

Peperoniwurst ist ein perfektes Symbol der amerikanischen Pizza-Evolution: Sie ist zwar italienisch, aber noch wichtiger, sie schmeckt einfach gut auf einem Pie. Heute haben wir eine ständig wachsende Mischung aus Styles und Belägen, die aufgrund ihrer Regionalität und ihres Freiheitsgefühls, was Pizza sein kann, alle amerikanisch sind. Und wir erneuern und entwickeln uns weiter. Einige Pizzerien, wie meine in Oregon, machen Pizza nicht so sehr nach dem spezifischen Stil anderer Pizzerien, sondern wir machen Pizza, die wir mögen, und zwar nach unserer Art – obwohl wir in unserem Fall einen starken italienischen Einfluss haben. Viele Pizzerien werden mit Toppings kreativ, einige orientieren sich an den italienischen Pastaklassikern – Arrabbiata, Amatriciana oder Cacio e Pepe –, und andere schauen in ihre Speisekammer oder auf das, was die Jahreszeit hergibt, und folgen ihrem Einfallsreichtum.

So interessant die amerikanische Pizzahistorie auch ist, sie dreht sich in gewisser Weise um den ursprünglichen Geburtsort New York City. Genau wie einige ihrer kreativen Kollegen in Italien haben einige führende New Yorker *Pizzaioli* eine starke, jahrhundertealte Tradition übernommen und sich auch wirklich daran gehalten. Sie möchten Rock-'n'-Roll-Pizza? Roberta's in Brooklyn machte einmal eine Pizza namens Def Aleppo, belegt mit Mozzarella,

the Original
John's
OF BLEECKER STREET
PIZZERIA
NEW YORK CITY
EST. 1929
78 BLEECKER STREET • NY, NY 10014 • (212)243-168

Parmesan, Ricotta, Aleppo-Pfeffer und Frühlingsknoblauch. Oder werden Sie verrückt (und sehr glücklich) nach der Hellboy von Paulie Gee's (ebenfalls in Brooklyn), gekrönt mit würziger Coppa und Mike's Hot Honey. Gottchen, schmeckt die gut! Emily, im Stadtteil Clinton Hill in Brooklyn, bietet fantastische Pies mit klassischen, hochwertigen Zutaten wie Mozzarella di Bufala und Benton's Ham, doch ihre beliebteste Pizza, die Colony, kommt mit eingelegten Jalapeños, Peperoni, frischem hausgemachtem Mozzarella und einem Schuss Honig nach dem Backen daher. Das Coole an Emily, Roberta und Paulie Gee ist, dass sie mit urigen italienischen Holzöfen und Methoden loslegen und dann mit ihren eigenen Inspirationen und hochwertigen Belägen ihr Ding drehen. Das Grundgerüst bildet aber immer noch die neapolitanische Tradition.

Dann gibt es eine wachsende Zahl neapolitanischer Pizzerien in Manhattan und Brooklyn – Don Antonio, Kesté und Motorino –, und dann, ebenfalls in Brooklyn, gibt es Pizzen bei den bereits erwähnten Paulie Gee's, Emily und Roberta's sowie Franny's, die vom Stil her neapolitanisch sind, aber oft mit kreativen Toppings daherkommen. Diese Familie von Holzofenpizzerien in Brooklyn ist nicht nur eine interessante Nische, sondern repräsentiert heute einen eigenen Ast am Pizzastammbaum. New York hat auch Bar-Pizzen mit dünner Kruste, Pan-Pizzas von Adrienne's, Blechpizzen von GG's und die besondere Pizza mit dünner Kruste wie bei Rubirosa und Joe & Pat's auf Staten Island.

Tatsache ist, dass selbst eine durchschnittliche Kruste mit Sauce und geschmolzenem Käse immer noch ziemlich gut schmeckt. Aus diesem Grund gibt es viele gute Mittelmaßpizzen, die gern gegessen werden – und viele Menschen, für die Pizza eher eine Handelsware als eine Leidenschaft für Qualität ist. Diese gilt es zu ignorieren! Dann gibt es Puristen, die handgefertigte Holzöfen haben und Zutaten aus Kampanien und ihrer eigenen Region verwenden, so auch bei Ken's Artisan Pizza. Oder nehmen wir die Vignette Pizzeria in Sebastopol, Kalifornien, wo Mark Hopper lokalen Mozzarella di Bufala am Tag nach der Herstellung bekommt und Tomaten aus Süditalien importiert.

Als Amerikaner zeichnen wir uns durch unsere Vielfalt, Fülle und Experimentierfreiheit aus. Und im Gegensatz zu den Pizza Huts dieser Welt gibt es jetzt eine gut etablierte Bewegung, eine Wiedergeburt unabhängiger Pizzerien, die sich handwerklichen Fähigkeiten und Zutaten verschrieben haben – für sie zählt nicht nur Pizza, die sich verkauft, sondern Pizza, die nach Größe strebt. Unabhängige Mamas und Papas, die seit Jahrzehnten Qualitäts-Pies auf die gleiche Weise herstellen, nehmen einen wichtigen Platz in der amerikanischen Pizzakultur ein. Für mich bitte alles außer seelenlose Gastropizza!

Lassen Sie uns über Pizzastyles sprechen und dann nicht mehr groß herumreden, sondern machen!

Ein Stück Lyrik.
Von Cubs, dem Poeten.

Stückschmaus fürs Volk verkauft,
 Den Teig erdrückende
   Kruste ...

Profit, der als Leidenschaft durchgeht,
 Peperoniwurst und
   Käse, den Verstand schmelzend.

Auf Scheiben voller
 Glanz und Zyklen
 Wälzen wir den
   Zeitgeschmack in unseren
     Domino's Pizza
     R
     E
     A
     M
     S.

Pizzen & Poesie
        portionsorientiert
        perfekt,
        um den Massenmund
        zu füllen.

KAPITEL 2
PIZZASTYLES

Wollen Sie immer die gleiche Pizza essen? Vielleicht. Man könnte immer wieder dasselbe machen und hoffentlich sehr gut darin werden. Aber vielleicht wachen Sie eines Morgens auf und sehnen sich nach etwas Neuem. Oder Sie hatten auf Reisen eine andere Art von Pizza, die Sie mochten, und haben beschlossen, sie im eigenen Style zu backen. Die in diesem Buch präsentierten Macharten lassen Sie jede Menge Pies und Pizzen zaubern und Ihr Repertoire erweitern, je nach Lust und Leuten, denen man sie serviert – ein Rundumschlag dessen, was viele große Pizzerien in Italien und in den USA herstellen.

Viele unabhängige Pizzerien möchten nicht in irgendeine Schublade gesteckt werden. Wir in Amerika sind vielleicht nicht ganz so regelversessen wie andere Länder.

Schwer zu sagen, wie unsere Ken's Artisan Pizza hier in Portland einzuordnen wäre: Nennen wir sie Holzofenpizza, inspiriert von italienischen Pizzen, die unser Küchenchef Alan Maniscalco und ich verspeist haben. Unsere wird in 2 ½ Minuten gebacken, in Neapel beträgt die Backzeit 60–90 Sekunden, neapolitanisch kann ich sie also nicht nennen. Jedoch sind wir viel mehr von Italien denn von New York beeinflusst. Viele amerikanische Pizzasorten haben ihre bestimmenden Merkmale – und jede einzelne Pizzeria schafft wiederum etwas Eigenes daraus. Manchmal erkennt man den Stil auf den ersten Blick (oder auch beim Essen), ihn klar zu definieren ist aber eine Herausforderung.

Die klassische Pizza im New Yorker Stil hat eine dünne Kruste, ist meistens knusprig, hat keine dicken Ränder, wird auf dem Zwischenboden eines Etagenbackofens gebacken und mit Tomatensauce und Käse belegt, der seine weiche Textur noch lange nach Herausnahme aus dem Ofen behält. Schauen Sie sich auf irgendeiner New Yorker Best-of-Liste um, und Sie werden eine herrliche Mischung finden, die von Kohleofenpizzen mit dünner Kruste wie etwa bei Totonno's und Original Patsy's bis hin zu

Blechpizzen und Pies wie bei NY Pizza Suprema und Prince Street Pizza reicht. Und das Gespräch kommt immer wieder auf die legendäre Di Fara Pizza in Brooklyn, die allein schon durch das Setting besticht.

Es gibt nur einen Ort auf der Welt, an dem die Pizzasprache kodifiziert und auch gesetzlich verankert wurde. Die Associazione Verace Pizza Napoletana (AVPN) und die italienische Regierung haben Klimmzüge gemacht, um ihren Kulturschatz, die Pizza Napoletana, zu schützen. 2009 erhielten sie von der EU die Genehmigung, die erforderlichen Kriterien für eine *Vera Pizza Napoletana* festzulegen, selbst wenn sie in Phoenix, Arizona, hergestellt wird. Pizza kann überall auf der Welt TSG-zertifiziert werden, solange man eine Reihe strenger Regeln befolgt, sowohl bei der Wahl des richtigen Holzofens als auch der Zutaten.

Italioamerikaner verwenden entweder die Abkürzung TSG oder auch STG, was für Traditional Specialities Guaranteed bzw. Specialita' Tradizionale Garantita steht – es muss sich also um eine garantiert traditionelle Spezialität (g. t. S.) handeln. Die Napoletana ist die einzige Pizza mit spezifischer Definition und verbindlichem Rezept: ein Teig, der nur aus Mehl, Wasser, Salz und Hefe in definierten Verhältnissen besteht, 20 Minuten lang auf eine bestimmte Weise gemischt wird, ohne die Teigtemperatur zu erhöhen, dann 2 Stunden gären muss, sodann von Hand in Panetti (Teigkugeln) zerteilt wird und weitere 4–6 Stunden gärt; die Teiglinge können innerhalb der nächsten 6 Stunden jederzeit verwendet und bei durchschnittlich 485 °C gebacken werden. Es gäbe noch viel mehr zu sagen, aber das sind schon mal ein paar Anhaltspunkte. Dieses Regelwerk stellt sicher, dass eine TSG-Pizza durch und durch stimmig ist und den Stolz von Neapel gebührend repräsentiert. Ich war in einem Restaurant, das »TSG«-Pizza serviert, und habe festgestellt, dass die Pizza dort in einem gasbefeuerten Ofen gebacken wurde, was mehrere Minuten dauert. Das geht schon mal gar nicht.

Das liebe ich an der AVPN – dass es darum ging, ein Kulturmerkmal in einer Region zu schützen, in der Pizza Teil dessen ist, was es bedeutet, neapolitanisch zu sein.

Andere Pizzasorten beinhalten keine staatlich anerkannte Zertifizierung. Allerdings gibt es für jeden Stil Bezugspunkte außerhalb von Neapel. Eine New-York-Style-Pizza zeichnet sich oft durch eine zähe Knusperkruste und käselastige Beläge aus, durch stückweisen Verzehr und durch einen nicht zu aufgeblähten Rand, während die Sauce und der Käse fast bis an den goldbraun gebackenen Krustenrand heranreichen. Rom dagegen hat seine eigenen Beispiele an einfachen Varianten: die Bianca und die Rossa. Diese Pizzaklassiker sind knusprig, jedoch noch hauchzart im Biss, schön goldbraun gebacken, in der gewünschten Größe geschnitten, der Pizzaboden 3 mm dick. Und dann gibt es noch die superdünnen römischen Holzofenpizzen mit Knusperkruste, die ich liebe und die aus meiner Sicht dem platonischen Pizzaideal entsprechen.

In diesem Buch geht es darum, sich von regionalen italienischen und amerikanischen Pizzastyles inspirieren zu lassen, um wirklich gute Hauspizzen zuzubereiten. Wir werden niemals in der Lage sein, die Pizza zu kopieren, die aus einer bestimmten Pizzeria stammt. Das heißt, je mehr Sie über die Geschichte, den Stil und die Tradition einer Pizza wissen und je tiefer Ihre Zuneigung und Ihr Respekt dafür sind, desto besser wird Ihre Eigenkreation sein.

Dieses Buch ist kein umfassender Leitfaden für jede Art von Pizza auf Erden. Aber es gibt viele verschiedene Varianten auf diesen Seiten. In diesem Kapitel werden die Stile und ihre Hauptmerkmale vorgestellt.

PIZZA NAPOLETANA

In Neapel werden Pizzen in 60–90 Sekunden in Holzöfen bei etwa 485 °C auf dem Herdboden gebacken. Am Tisch werden sie mit Messer und Gabel gegessen. Die Sauce ist nichts anderes als Dosentomaten – ganze geschälte Tomaten aus Süditalien – mit Salz püriert. Die Beläge sind einfacher und weniger käselastig als bei einer Pizza im New Yorker Stil; entweder verwendet man einen frischen Mozzarella Fior di Latte aus Kuhmilch oder einen Mozzarella di Bufala aus Büffelmilch, oft mit etwas geriebenem Hartkäse wie Pecorino oder Grana Padano daruntergestreut.

Die Pizzarezepte nach neapolitanischer Art in diesem Buch werden auf einem vorgeheizten Pizzastahl oder Pizzastein (siehe Seite 83) in einem Standardherd (290 °C) gebacken und auf Grillstufe fertiggestellt, was insgesamt etwa 7 Minuten dauert. Da der Backofen daheim etwas ganz anderes ist als ein 485 °C heißer Holzofen, werden sich auch die Hauspizzen, die Sie nach diesem Buch zubereiten, von einer echten Napoletana unterscheiden. Es sind aber immer noch großartige Pizzen, die sich am Original orientieren, warum also nicht? Zu Hause bekommt man die gleiche Pizzagröße mit einem aufgeblähten Rand hin. Die schmackhafte Kruste (die aus dem Backofen ist wirklich schön leicht und kross) ist knuspriger als die neapolitanische; obendrein sorgen fruchtige Tomaten und geschmolzener Käse für ein sattes Aroma. Mein Rezept sieht vor, dass Sie den Käse 4 Minuten nach Beginn der Backzeit hinzufügen, um der Textur des Käses auf einer *Vera Pizza Napoletana* möglichst nahezukommen.

Man kann die Methoden der neapolitanischen *Pizzaioli* nicht exakt nachahmen und erwarten, dass man zu Hause die gleichen Ergebnisse erzielt. Das mag offensichtlich erscheinen, aber es ist bedeutsam. Die AVPN-Regeln besagen, dass die zulässige Teigfeuchtigkeit in einer echten neapolitanischen Pizza zwischen 55 und 59 Prozent des Mehlgewichts liegt. Dies ergibt einen Teig, der sich perfekt zum Backen in 60 Sekunden bei 485 °C im Holzofen eignet. Nicht aber bei 290 °C in einem Haushaltsofen! Das Ergebnis wäre eine sehr zähe Kruste, knusprig und trocken, quasi das Gegenteil einer zarten neapolitanischen Pizza, die man mit Messer und Gabel isst. Der Pizzaboden einer Neapoletana muss im heißen Ofen sehr schnell fest werden, damit sie gewendet werden kann, bevor die Seite, die dem Feuer am nächsten liegt, ankohlt. Ein Teig mit mehr als 70 Prozent Hydratation ist eine Katastrophe, wenn er bei 485 °C gebacken wird – wenn Sie versuchen, eine Pizzaschaufel unterzuschieben, sobald der Teigboden von unten her schwarz wird, verlangsamt das den Backprozess, und die Pizza wird in der Mitte suppig. Ein gut gemachter Pizzateig mit 70 Prozent Wasseranteil eignet sich jedoch hervorragend für die Zubereitung einer Napoletana in einem Haushaltsofen bei 290 °C. Mit der 7-minütigen Backzeit behält dieser Teig seine Weichheit in der Mitte, obwohl der äußere Rand, *Cornicione* genannt, in der Hausofenversion knuspriger ist als der einer echt neapolitanischen Pizza. Also passe ich den Teig entsprechend an, indem ich ihm – entgegen der AVPN-Norm – mehr Wasser (über 10 Prozent!) hinzuschütte; nichtsdestotrotz empfehle ich das gleiche Spezialmehl für Pizzen, Tipo 00, das in Neapel verwendet wird. Obschon nicht AVPN-konform, so behaupte ich doch, dass Sie am Ende eine Pizza erhalten, die der neapolitanischen Seele so nahe wie möglich kommt.

Die gewünschten Ergebnisse für eine hausgemachte Pizza nach neapolitanischer Art sind:

- Der vollständig gedehnte Teig hat einen Durchmesser von 25–30 cm.
- Die Unterseite der Kruste hat dunkelbraune (und gelegentlich schwarze) Leopardenflecken.
- Die Kruste in der Mitte der Pizza ist weich, aber vollständig gebacken; jedes Stück sollte, wenn es hochgehalten wird, vom Rand bis zur Spitze flattern.
- Innen hat der üppige Rand sichtbare Luftblasen, und da, wo die Kruste angekohlt ist, hat er dunkelbraune oder schwarze Flecken.
- Der Käse ist vollständig geschmolzen, aber weder verbrannt noch vollständig verflüssigt.
- Alle Elemente – Kruste (Unterseite, Inneres und Rand), Beläge und Käse – erreichen gleichzeitig ihren perfekten Backpunkt. Im Backofen daheim ist es hilfreich, die ideale Einschubhöhe herauszufinden.

PIZZA NACH RÖMISCHER ART (AUCH ALS ABENDESSEN)

Mit ihrer hauchdünnen, knusprigen Kruste ist die römische Pizza eine Studie der Leichtigkeit. Wie ihre neapolitanischen Pendants backen auch diese Pizzen schnell in sehr heißen Holzöfen. Sauce und Toppings sind ebenfalls ähnlich. Was den römischen Stil jedoch unterscheidet, ist die dünne Kruste. Die römische Pizza hat den gleichen Durchmesser wie die neapolitanische Pizza, benötigt aber gerade mal halb so viel Teig. In Rom sind einige Pizzen durch und durch knusprig, während andere einen Knusperrand haben und das Innere weich und etwas labberig ist. Diese innere Textur wird bestimmt durch die Teigfeuchtigkeit (je weniger Wasser im Teig, desto knuspriger wird die ganze Kruste), die Dünne des Teigs, die Art und Weise, wie er gebacken wird, die Menge an Sauce, die auf die Pizza kommt, und durch den Feuchtigkeitsschwund des Käses beim Backen. Die Knusprigkeit variiert von einer römischen Pizzeria zur nächsten. Eine hausgemachte Pizza alla Romana wird bei 290 °C gebacken und rundherum ziemlich knusprig sein. Eine meiner Lieblingsversionen dieses Stils heißt Pomodoro (Seite 164): die Kruste mit nichts als Tomatensauce und etwas Olivenöl gebacken, dann – gleich nach dem Backen – mit frisch geriebenem Pecorino, Caciocavallo (ein fantastischer gestreckter Quark aus Kampanien) oder anderem Käse belegt.

Wenn Sie in eine römische Pizzeria (normalerweise ab 19:30 Uhr geöffnet) zum Abendessen aufsuchen, wird Ihnen wahrscheinlich eine Pizza mit einer sehr dünnen, leichten Kruste serviert, die beim Hineinbeißen nur ein wenig nachgibt. Dies sind köstliche Pizzen und das genaue Gegenteil einer teigigeren, weicheren neapolitanischen Pizza. Es gibt auch echte Pizzerien im neapolitanischen Stil in Rom, und einige sind ausgezeichnet, aber nur die Pizza Tonda (runde Holzofenpizza), für die Rom bekannt ist, hat diese dünne, fast knusprige Kruste. Die Beläge sind nicht schwer, aber sie sollten von ausgezeichneter Qualität sein und sich nicht wesentlich von ihren Nachbarn im Süden unterscheiden: gute Tomaten, Olivenöl, Sardellen, vielleicht etwas getrockneter Oregano, Mozzarella Fior di Latte oder für 2 oder 3 Euro mehr Mozzarella di Bufala. In der Saison sind frische und halbgetrocknete Kirschtomaten ein beliebtes Topping.

Die gewünschten Ergebnisse für eine hausgemachte römische Abendpizza alla Romana sind:

- Der vollständig gedehnte Teig hat einen Durchmesser von 30 cm oder mehr.
- Die Sauce wird ziemlich nah am Rand verteilt, so um die 6 mm.
- Die Kruste ist mittelbraun mit dunkleren Flecken, sehr dünn und knusprig, aber wirft am Rand Luftblasen.
- Die Pizza ist sehr leicht anzuheben.
- Die Unterseite der Kruste ist dunkelbraun gefleckt oder sogar schwarz.
- Die innere Kruste ist weich bis knusprig. Abhängig vom Feuchtigkeitsgehalt der Beläge sind die Stücke vom Rand bis zur Spitze eher nicht schlapp, wenn sie vollständig gebacken sind.
- Der Käse wird vollständig geschmolzen, aber ohne zu verbrennen oder ölig zu werden.
- Alle Elemente – Kruste (Unterseite, Inneres und Rand), Beläge und Käse – erreichen gleichzeitig ihren perfekten Backpunkt. Bei einem häuslichen Backofen ist es hilfreich, die ideale Einschubhöhe herauszufinden.

RÖMISCHE PIZZA AL TAGLIO, »NACH SCHNITT«

In Rom sind Pizzen al Taglio (wörtlich »nach Schnitt« bzw. stückweise auf die Hand) Rechtecke mit sehr einfachem Belag, normalerweise in Papier eingewickelt, die als leichtes Mittagessen oder Snack zum Mitnehmen gedacht sind. Bianca (Olivenöl, Rosmarin und Knoblauch) und Rossa (nur Tomatensauce) sind Klassiker; die belegten Varianten fallen etwas kreativer aus (siehe Seite 32). Gebacken werden diese länglichen XXL-Pizzen auf rechteckigen Stahl- oder anderen Metallblechen oder direkt auf dem Herdboden: ca. 30 cm breit und 1,20–1,50 m lang! (Das Zuschauen macht Spaß!) Die Bäckereien verwenden hauptsächlich Elektro-Etagenöfen, die auch zum Brotbacken gut sind, und ich habe Backtemperaturen in einigen dieser Bäckereien beobachtet, die von 270 °C bis 312 °C reichen.

Diese Backtemperaturen sind erfreulicherweise sehr nah an dem, was unsere Haushaltsbacköfen hergeben. Die Tiefe der römischen Etagenöfen (oft 3–3,5 m) können wir nicht nachmachen. Um die Pizza in den Ofen zu geben, wird der Teig auf ein langes, schmales, bemehltes Pizzabrett oder einen Pizzaschieber gelegt, dann bis zur richtigen Länge und Dicke ausgezogen, geölt und genoppt. Dann wird er mit einer geschulten Bewegung schnell und vollständig auf den Backboden geschoben. Stellen Sie sich vor, Sie halten den Pizzaheber an der Rückseite des Griffs, geben das Stück mit einem Schwung in den Ofen und ziehen den Heber mit kurzen ruckelnden Stößen heraus, während die Pizza darin bleibt. Ganz leicht, oder? Stellen Sie sich jetzt vor, ein idiotischer Amerikaner (der genauso aussieht wie ich und albern grinst) starrt Sie dabei an und macht ein Foto nach dem anderen.

Aufgrund der rechteckigen Form der Al Taglio kann ich nicht empfehlen, den mit Öl oder Tomaten belegten Teig direkt auf dem Pizzastahl oder -stein Ihres Küchenofens zu backen. Unsere Öfen sind zu flach, nur etwa 45 cm tief, und der Versuch, ein Teigrechteck seitlich auf einen heißen Pizzastein zu heben, ist keine gute Idee. Ich backe meine Hauspizzen auf mit Backpapier ausgelegten Blechen und lege die Pizza ganz am Ende des Backvorgangs für ein paar Minuten auf den Pizzastein zum Fertigbacken – so wird die Kruste einen Tick knuspriger!

Die gewünschten Ergebnisse für eine römische Al-Taglio-Pizza sind:

- Die Kruste ist goldbraun mit leicht aufgeblähtem Rand.
- Der Teig und die fertige Pizza haben leichte Luftblasen, gehen aber kaum auf.
- Die Kruste ist nach dem Backen etwa 3 mm dick, knusprig und zart und nicht trocken.
- Die Unterseite der Kruste ist goldbraun.
- Nach dem Backen wird die Pizza mit Olivenöl bepinselt.

PIZZA IM NEW YORKER STIL

Dies ist wahrscheinlich der einfachste Stil, der in einer Haushaltsküche nachgebildet werden kann. Der größte Unterschied zwischen dem, was Sie in einer Pizzeria bekommen, und dem, was Sie daheim zubereiten, ist die Größe der Pizza: Eine New Yorker Pizzascheibe aus einer Pizzeria hat normalerweise einen Durchmesser von etwa 45 cm, während die Heimversion wegen der Ofentiefe kleiner ist: ungefähr 30 cm. Für die New-York-Style-Pizzen in diesem Buch empfehle ich die Verwendung eines proteinreicheren Mehls (zum Beispiel King-Arthur-Mehl) und weniger üppige Ränder als bei einer neapolitanischen Pizza. Der Teig ist auch zäher, mit weniger Wasseranteil, und er lässt sich gut wenden, wenn das Ihr Ding ist. Die Kruste dieser Pizza sollte knusprig, aber nicht trocken sein.

Als Käse empfehle ich eine Kombination aus geriebenem Pecorino oder Parmesan und geriebenem feuchtigkeitsarmem Mozzarella daruntergestreut.

Die gewünschten Ergebnisse für eine hausgemachte New-York-Style-Pizza sind:

- Die Kruste ist goldbraun und am Rand, der dünn und knusprig ist, nur leicht aufgebläht.
- Wenn Sie eine Scheibe anheben, sollte sie nur ein wenig »durchsacken«, es sei denn, die Pizza hat reichlich Sauce drauf.
- Die Unterseite der Kruste ist mittel- bis dunkelbraun.
- Sauce und Käse reichen fast bis zum Pizzarand, die Außenkruste fällt sehr schmal aus.
- Der Käse ist vollständig geschmolzen, aber ohne zu verbrennen oder ölig zu werden.
- Alle Elemente – Kruste (Unterseite, Inneres und Rand), Beläge und Käse – erreichen gleichzeitig ihren perfekten Backpunkt. Bei einem häuslichen Backofen ist es hilfreich, die ideale Einschubhöhe herauszufinden.

AMERICAN-PAN-PIZZA ALIAS PFANNENPIZZA ODER GRANDMA PIZZA (»OMAS PIZZA«)

Das ist die Art von Pizza, mit der ich in Hyattsville, Maryland, aufgewachsen bin. Mein Bruder hatte einen Job in einem Laden namens The Pizza Pan, aber ich war von Ledo's begeistert, weshalb mein Geburtstagsessen immer dort war. Ledo's war keine Pizza mit dickem Boden, aber sie war definitiv fettig, und der Teig war fast wie Blätterteig – wahrscheinlich mit Schmalz oder Backfett drin (Betriebsgeheimnis!). Die Peperoniwurst war dick, die Pizzastücke waren rechteckig. Ein weiteres Beispiel ist der Käsesauce-Käsebelag von Buddy's in Detroit. Dort hat die Pan-Pizza einen ähnlich knusprigen Käserand wie ein *Frico* (friaulischer Käse-Kartoffel-Fladen). Qualitätsbeispiele für die New Yorker Scheibe, ein weiterer klebrig-käsiger Pan-Pizza-Klassiker, finden Sie bei Adrienne's, Prince Street Pizza und GG's. Dort heißt die gute Schnitte *Grandma Square*. Pizza alla Nonna, Omas Pizza oder einfach nur Pizzaschnitte wären durchweg auch ganz passende Namen. Die Kruste ist nicht so dick wie bei einer amerikanisch-»sizilianischen« Pizza, die man mit den meisten *Focacce* (Fladenbrote) vergleichen könnte. Die Old Forge Pan-Pizza aus Pennsylvania ist etwas ganz Eigenes: Die Sauce enthält Zwiebeln und wird von manchen »frittierte Pizza« genannt, weil das Fett unter dem Teig den Boden brät. Himmlisch!

In den Pan-Pizza-Rezepten in diesem Buch wird die Teigmenge für eine halbes Pizzablech empfohlen. Die Pizza sollte auf einem vorgeheizten Pizzastahl oder -stein oder auf einem Rost im unteren Drittel des Ofens gebacken werden. Das Wichtigste bei der Zubereitung dieser Art von Pizza ist, dass die Kruste beim Backen nicht kleben bleibt. Sie haben zwei Möglichkeiten: die Form mit Backpapier auslegen (Seite 87) oder leicht mit Olivenöl einpinseln; wahlweise auch mit Entenfett, Baconfett oder Schweineschmalz in Bioqualität. Ich mag die letztere Option, weil der Teig von unten her im Öl oder Fett brät, was ihn schmackhaft und knusprig werden lässt.

Pfannenpizzen erlauben mehr Sauce und mehr Käse, und frischer Mozzarella kann seine Hitze und Klebrigkeit viel länger behalten, wenn – wie bei einer Detroit-Pizza – die Sauce obendrauf gegeben wird. Die Sauce-obendrauf-Formel verhindert, dass der Käse schnell abkühlt, und so bleibt das Ganze viel länger warm als bei einer neapolitanischen oder New Yorker Pizza.

Ich liebe Pan-Pizza, weil sie sich auch zu Hause leicht zubereiten lässt und vielseitig ist. Die Kombination aus klebrigem Käsebelag und zarter Knusperkruste kann eine wahre Geschmacksexplosion hervorbringen. Wenn Sie noch nie Pizza gemacht haben, ist Pan-Pizza ein großartiger Einstieg, da weniger schiefgehen kann als bei Backofenpizzen neapolitanischer oder römischer Art. Wenn Sie auf Stein backen, braucht es ein paar Versuche, um zu lernen, wie Sie die Pizza zuverlässig von einer Holzschaufel auf einen vorgeheizten Backstein in einen 290 °C heißen Ofen schieben. Bei der Pan-Pizza wird der Teig auf einer zimmerwarmen Platte von Hand gedehnt und vorgebacken (siehe Seite 196) oder gleich belegt und direkt gebacken. Simsalabim!

Streifenpizza

Man könnte die Streifenpizza bzw. Pizzastreifen als Subgenre der Pan-Pizza bezeichnen. Es ist ein Teigstreifen, der mit einem Nudelholz ausgerollt und auf einer mit Backpapier ausgelegten Auffangblech gebacken wird. So weit, so gut, nichts Besonderes! Es ist nur eine andere Form, aber das längliche Oval hat eine ästhetische Qualität, die mir gefällt. Es ist eine weitere unterhaltsame Art, Pizza zuzubereiten. Für die anderen Pfannenpizzen in diesem Buch schlage ich vor, dass Sie die Teigmenge für ein halbes Backblech vorbereiten. Verwenden Sie für die Pizzastreifen jedoch nur ein Drittel der normalen Teigkugelgröße (ca. 280 g). Nach der Teigruhe den Teig von Hand plätten und dehnen. Dann mit einem Nudelholz auf die richtige Größe so dünn bzw. so dick ausrollen, wie es beliebt. Für Pizzastreifen ist mir eine dünne Kruste lieber. Ich nehme sie die

letzten paar Minuten raus aus der Form (siehe Seite 53) und lege sie direkt auf den Pizzastein, damit sie schön knusprig werden.

Die gewünschten Ergebnisse für eine American-Pan-Pizza oder Pizzastreifen sind:

- Nach dem Backen ist die Kruste etwa 6 mm dick, am Rand etwas dicker.
- Am Rand ist die Kruste gold gebräunt bis mittelbraun.
- Die Pizza hat einen knusprigen, gold gebräunten Boden, der nicht weich ist oder zusammenfällt.
- Sauce und Käse reichen fast bis zum Pizzarand bzw. die äußere Schicht besteht nur aus Kruste. Einige Varianten werden vollständig mit Käse belegt, sodass der Rand schön knusprig wird.
- Der Käse wird vollständig geschmolzen, er sollte aber nicht verbrennen oder ölig werden.
- Alle Elemente – Kruste (Unterseite, Inneres und Rand), Beläge und Käse – erreichen gleichzeitig ihren perfekten Backpunkt. Im häuslichen Backofen kann es hilfreich sein, die ideale Einschubhöhe zu ermitteln.

BAR-PIZZA

Adam Kuban, der Gründer von *Slice*, einem beliebten Pizzablog, ist ein Bar-Pizza-Fan. Während ich dies schreibe, betreibt Adam sein eigenes Bar-Pizza-Pop-up, Margot's Pizza, von der Pizzeria und dem Restaurant Emily in Brooklyn. Daneben will er noch eine Margot's-Filiale in New York eröffnen. Hier nun Adams Meinung, was es mit der Bar-Pizza auf sich hat:

»Es sind rundum sehr dünne, ausgesprochen knusprige Pizzen, normalerweise mit Belag und Käse. Sie erinnern eher an Pizzen, wie sie in den 1950er- bis 1960er-Jahren von – oder für – Menschen interpretiert wurden, die nicht unbedingt italienischstämmig waren. Ich glaube nicht, dass sich jemand, der Pizzateige herstellte, historisch mit Luftigkeit, Gehen, Fermentationszeiten usw. befasste. Das heißt nicht, dass die Kruste ein nachträglicher Einfall oder irrelevant ist, zumindest bei der Bar-Pizza trifft das aber meines Erachtens zu; hier habe ich das Gefühl, dass sie anfangs als ›Bar-Kost‹ auf die Speisekarte gesetzt wurde – über kurz oder lang verwandelten sich die Bars in gute Adressen für Pizzen. Das heißt, ich glaube nicht, dass diese Leute so viel darüber nachgedacht haben, wie wir es in der Foodblogger-Ära tun.

Es soll ja auch noch ein Genre geben, das sich ›Bar-Pizza‹ oder ›Bar-Pies‹ nennt. Ich meine, das gibt es, aber da es (noch) nicht sehr bekannt ist und weil sie alle ein wenig anders sind, ist es nicht so einfach, die Merkmale einer Napoletana, einer Deep Dish oder auch einer New-York-Style-Pizza zu umschreiben. Nur in sehr wenigen Lokalen, wo es sie gibt, nennt sie sich tatsächlich ›Bar-Pizza‹. Allein Eddie's im New Hyde Park, das sich selbst als ›Home of the Bar Pie‹ bezeichnet, scheint sie wirklich anzuerkennen. Der Stil wurde anscheinend von außen gepuscht, und schuld daran sind wohl ich, der Typ von Slice, *und andere Blogger. Bei der Pizza im ›Detroit-Stil‹ ist es nicht anders. Immer wenn ich auf* Slice *über die Detroit-Pizza schrieb, bekam ich Kommentare von Detroitern, die sagten: ›So etwas wie Pizza im Detroit-Stil gibt es nicht! Das ist nur Pizza!‹ Ähnlich wie ein Philly Cheesesteak in Philly nur ein ›Cheesesteak‹ ist.«*

Adams Pie lässt sich daheim nachmachen, wenn Sie das erforderliche Backblech kaufen (siehe Seite 87) und die Rezepte für Teig und Pizza befolgen, die Adam für dieses Buch angeboten hat. Es ist eine runde Pizza, die Sie meistens in einer Antihaftform vorbacken und auf dem vorgewärmten Pizzastahl oder -stein fertig backen, damit der Boden schön knusprig wird. Sie sollte – in Scheiben geschnitten – in einer runden Form mit den gleichen Abmessungen serviert werden. (Ich backe und serviere in verschiedenen Formen, weil die Backform einen höheren Rand hat, der das Essen erschwert.) Der geschmolzene Käse läuft auf die Form, daher ist Antihaftbeschichtung sehr zu empfehlen (ich verwende Lloyd-Deep-Dish-Antihaftpfannen bzw. runde Backbleche mit hohem Rand; siehe Seite 87). Ziehen Sie den Teig von Hand aus und rollen Sie ihn mit einem Nudelholz schön dünn aus, aber nicht so hauchdünn wie bei der römischen Art. Der Teig enthält weniger Gase als die anderen Pizzateige und wird aus proteinreichem Brotmehl hergestellt. Er bäckt knusprig und bläht sich kaum auf. Diese Pizzen werden mit allen möglichen Käsesorten belegt: Meist nimmt man Fontina oder Provolone. Cheddar wird die Kundschaft vergrämen. Feuchtigkeitsarmer Mozzarella und ein Hartkäse wie Pecorino oder Grana Padano gehen auch. Experimentieren Sie, um Ihren Lieblingskäsemix zu finden, aber nehmen Sie stets nur guten Käse für Ihre eigene Kreation. Eine Kastenreibe ist einfach zu handhaben.

Die gewünschten Ergebnisse für eine Bar-Pizza sind:

- Sie hat einen sehr dünnen, knusprigen Teig und eine mäßige Sauce.
- Sie hat am Rand eine gold- bis mittelbraune Kruste.
- Der Boden der Kruste ist knusprig gold gebräunt, nicht weich oder schlaff.
- Sauce und Käse reichen bis zum Pizzarand, dessen äußere Schicht nur aus Kruste besteht.
- Der Käse wird vollständig geschmolzen, aber ohne zu verbrennen oder ölig zu werden.
- Alle Elemente – Kruste (Unterseite, Inneres und Rand), Beläge und Käse – erreichen gleichzeitig ihren perfekten Backpunkt. Bei einem häuslichen Backofen ist es hilfreich, die ideale Einschubhöhe herauszufinden.

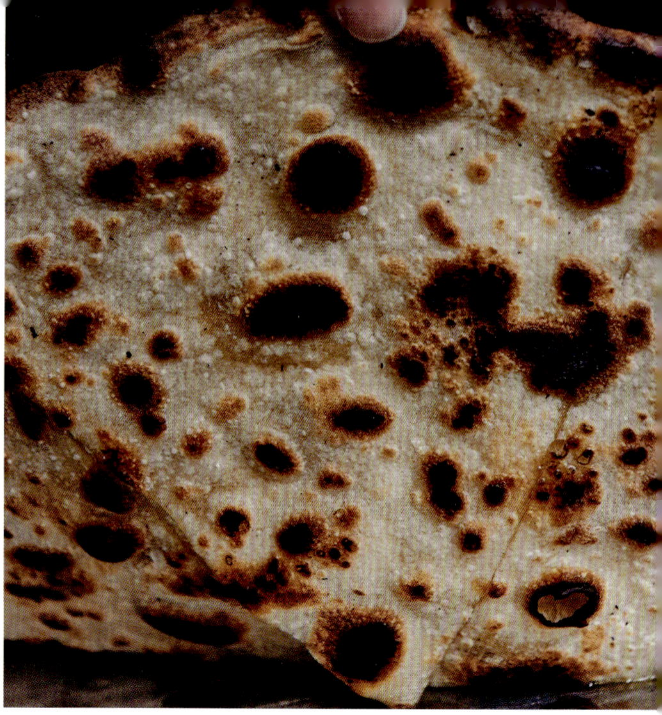

PIZZERIA Da Mich
PIZZERIA Da Mich
PIZZERIA Da Mich
PIZZERIA Da Mich
PIZZERIA Da Mich
PIZZERIA Da Mich
PIZZERIA Da Mich
PIZZERIA Da Mich
PIZZERIA Da Mich
PIZZERIA Da Mich

KAPITEL 3
ACHT DETAILS RUND UM EINE HERRLICHE PIZZAKRUSTE

Bei einer guten Pizza geht es – unabhängig vom Stil – nicht nur um das Rezept. Das Pizzabacken erfordert Sorgfalt und Zeit. Das gilt in einer Pizzeria ebenso wie in der Küche daheim. Es geht auch um die Qualität und Ausgewogenheit der Zutaten bzw. diese sollten sich gut ergänzen. Ebenso sind Geschick, Wissen, Erfahrung und Hingabe des Pizzabäckers ausschlaggebend. Es gibt noch einen weiteren, weniger intuitiven Knackpunkt: die Art des Ofens, den Sie verwenden, und wie der Teig und die Backtechnik darauf abgestimmt werden. Ganz gleich, welchen Stil Sie anstreben oder was Ihre Idealvorstellung »der allerbesten Pizza« ist, gibt es Leitprinzipien der Qualität. Das A und O des Pizzabackens ist die Teigkruste.

In diesem Kapitel werde ich acht Details skizzieren, die Ihnen dabei helfen werden, die bestmögliche Kruste zu erzielen. Vielleicht leuchtet Ihnen das beim Durchlesen schon ein, aber wenn Sie auch danach backen, werden Sie einen Unterschied feststellen. Stellen Sie sich diese acht Details wie die Wurzeln, den Stamm und die Hauptäste eines schönen Baums vor.

Was ist der beste Pizzaboden, an den Sie sich erinnern können? Stellen Sie sich vor, Sie könnten das auch zu Hause hinbekommen. Es ist nicht kompliziert, aber es gibt Feinheiten. Wenn Sie sich oft genug erlauben, einen einfachen Teig zu machen, lernen Sie ihn zu verstehen und wissen, wann er perfekt ist oder wann er etwas mehr Zeit braucht. Nehmen Sie sich die Zeit, die folgenden Details zu beherzigen, und Sie werden dafür belohnt!

DETAIL 1: DEN TEIG UND SEINE HYDRATATION AN OFEN UND BACK-TEMPERATUR ANPASSEN

Bei genauerer Recherche könnten Sie herausbekommen, dass der Pizzateig Ihrer neapolitanischen Lieblingspizzeria in der Via Tribunali gemäß den Richtlinien der Associazione Verace Pizza Napoletana (AVPN) in 60 Sekunden in einem 485 °C heißen Holzofen gebacken wird. Die Teigformel lautet: 1 l Wasser, 1,7–1,8 kg Mehl, 50–55 g Salz und 3 g frische Hefe (siehe Seite 114 Samstags-Pan-Pizzateig nach AVPN-Kriterien). Die Prozentsätze ergeben einen Wasseranteil zwischen 55 und 58 Prozent. Sie entscheiden sich also für die Pizza, die Sie zu Hause zubereiten möchten, und rühren diesen Teig an, aber Ihr Ofen heizt nur auf 290 °C auf, und es dauert 7 Minuten, bis Ihre Pizza gebacken ist. Bitte nicht überrascht sein, dass dieser Pizzaboden nichts mit dem Pizzaboden in Ihrer Lieblingspizzeria in Neapel zu tun hat! Der AVPN-Pizzateig wird nur dann zu einer großartigen Napoletana, wenn er im 485 °C heißen Ofen gebacken wird. Der Ihrige wird durch und durch knusprig und ein wenig trocken, nicht weich und zart. Der Ofen aber kann nichts dafür. Um dem Ideal einer zarten, leicht knusprigen, aber dennoch weichen, biegsamen und faltbaren Pizza nahezukommen, müssen Sie die Feuchtigkeit Ihres Pizzateigs an Ihren Ofen anpassen.

Was geht hier vor? Der Pizzaboden verliert beim Backen schnell Feuchtigkeit durch Verdunstung. 7 oder 8 Minuten Backen bei 290 °C entziehen dem Pizzateig viel mehr Feuchtigkeit als 60 Sekunden Backen bei 485 °C. Je länger sie im Ofen ist, desto mehr Feuchtigkeit verliert die Kruste. Wenn Sie eine Pizza im neapolitanischen Stil in Ihrem Haushaltsofen backen wollen, können Sie durch die Herstellung eines feuchteren Teigs mit 70 Prozent Hydratation eine hervorragende Pizza zubereiten, die zwar nicht die gleiche wie bei Da Michele, jedoch allemal stilgetreu ist. Sie wird zart und leicht knusprig – viel zarter, wie wenn Sie die Pizza nach den strengen AVPN-Richtlinien mit 58 Prozent Teig gebacken hätten. Kurz gesagt: Bei niedrigerer Teigfeuchtigkeit muss die Ofentemperatur höher sein und umgekehrt!

Nehmen wir nun mal an, Sie haben einen Holzofen, der vor Backbeginn mehrere Stunden lang befeuert wird. In der linken Hälfte des Ofens glüht ein herrliches Kohlenbett mit perfekten 485 °C am Boden und 425 °C an der Kuppel, und das wissen Sie, weil Sie ein Infrarot-Thermometer gekauft haben. Dann brauchen Sie den 58-prozentigen Pizzateig. In dieser Backkammer muss die Kruste sehr schnell fest werden, damit Sie die Pizza innerhalb der ersten 30 Sekunden wenden können – sonst verbrennt die dem Feuer zugewandte Kruste. Wenn der Teig zu weich ist, wie er es wäre, wenn er zu 70 Prozent oder mehr hydratisiert wäre, wird der Teig beim Wenden mit der Metallschaufel wahrscheinlich reißen. Beim Holzofenbacken gilt es, das Anbrennen zu vermeiden und gleichzeitig eine perfekt gebackene Kruste (Boden und Rand) und Beläge zu erzielen – auf die richtige Balance kommt es an!

DETAIL 2: ZEIT UND TEMPERATUR ALS PIZZATEIG-ZUTATEN BETRACHTEN

Lesern meines ersten Backbuchs *Mehl, Wasser, Salz, Hefe – Alles über gutes Brot* dürfte dieses Detail bekannt sein. Für Pizzateig gilt wie für Brotteig: In jedem Rezept haben Zeit und Temperatur Sollwerte – wie Salz oder Wasser. Sie könnten hochwertiges Mehl verwenden, alle Ihre Zutaten perfekt abmessen, mit A-plus-Technik kneten und trotzdem einen furchtbaren Teig erhalten, der fad schmeckt, zäh und fest ist, weil Sie ihm nicht genug Zeit zum Fermentieren gegeben haben. Lassen Sie dem Teig die Zeit, die er braucht. Teig- und Raumtemperatur sowie Triebmittel im Teig müssen in Einklang stehen, damit der Teig richtig aufgehen und sich alle Aromen aufbauen können. Die Temperatur beeinflusst die Fermentationsgeschwindigkeit des Teigs. Wärmere Teige und Teige in wärmeren Räumen entwickeln sich schneller. Jedes Rezept enthält eine spezifische Anleitung und geht von einer Umgebungstemperatur von 21 °C aus, aber Sie sollten eventuell auch saisonale oder klimatische Temperaturanpassungen vornehmen, damit die Zeitvorgaben jedes Rezepts zu den besten Ergebnissen in Ihrer heimischen Küche führen.

Hier nun ein Beispiel dafür, wie sich das in einer Rezeptur auswirkt: Nehmen wir an, das Rezept schreibt vor, dass Sie einen Teig mit 32 °C warmem Wasser und Mehl mit Raumtemperatur anrühren sollen, sodass die Teigtemperatur direkt nach dem Mischen etwa 27 °C beträgt. Dann heißt es weiter: den Teig 2 Stunden bei Raumtemperatur gehen lassen, dann Teigkugeln formen und im Kühlschrank aufbewahren, um am nächsten Tag Pizza zu machen (siehe Detail 5 für Anpassungen in der eigenen Küche je nach Klima oder Jahreszeit).

Denken Sie daran, dass Hefe sterben kann, wenn sie über 40 °C erhitzt wird. Allzu heißes Wasser ist also keine gute Idee. Um gleichbleibende, verlässliche Ergebnisse zu erzielen, sollten Sie mithilfe eines digitalen Sondenthermometers die Temperatur des Schüttwassers und die Teigtemperatur nach dem Mischen messen. Meine ideale Brotteigtemperatur für maximales Volumen und maximale Geschmacksentwicklung beträgt 26 °C nach dem Kneten. Die meisten direkten Pizzateige in diesem Buch verwenden jedoch sehr kleine Mengen Hefe, und ich habe die besten Ergebnisse beim Mischen von Teig erzielt, der eine Endtemperatur zwischen 27 und 28 °C und eine warme, nährende Umgebung für die Vermehrung und Gärung der Hefe hatte. Dies ist alles einfach, wenn Sie Ihr Mehl bei Raumtemperatur aufbewahren. Ich sage Ihnen, welche Wassertemperatur Sie beim Anrühren des Teigs verwenden müssen. Passen Sie auf und verwenden Sie beim nächsten Mal ein wärmeres oder kühleres Schüttwasser, bis Sie die optimale Wassertemperatur für Ihre Umgebung herausgefunden haben. Alles, was Sie brauchen, ist ein funktionierendes Thermometer mit Datenspeicher oder einen Notizblock. (Ein bisschen Besessenheit schadet auch nicht.)

Schalten Sie Ihren gesunden Menschenverstand ein und nehmen Sie eine Anpassung vor, wenn Ihre Raumtemperatur von meiner Norm (etwa 21 °C) abweicht. Wenn Ihr Haus kälter ist als meines, ziehen Sie in Betracht, mit wärmerem Wasser und Teig zu beginnen, oder lassen Sie den Teig in einer sonnigen Ecke des Raums gehen, oder kalkulieren Sie einfach ein, dass die Gare länger dauern kann.

DETAIL 3: ZUTATEN NACH GEWICHT MESSEN, NICHT NACH VOLUMEN

Hier nun eine weitere klassische Regel, die auch in meinem Brotbackbuch auftauchte. Hochwertige digitale Küchenwaagen sind kostengünstig und weitverbreitet und ermöglichen es Ihnen, Zutaten genau und gleichbleibend verlässlich zu messen. Das Gewicht eines Cups Mehl kann je nach Dichte (gesiebt, gepresst oder locker geschaufelt) stark variieren. Mein Cup wiegt vielleicht 120 g, während Ihr Cup 160 g wiegt – eine große Differenz! Dasselbe gilt beim Messen von Wasser, Salz und Hefe: Kleine Gewichtsunterschiede bei volumengleichen Zutaten können einen erheblichen Unterschied im Teig ausmachen. Mit einer Waage lässt es sich leichter messen, und am Ende erhalten Sie eine bessere Pizza.

Ich gebe Ihnen einen Leitfaden an die Hand, wie Sie das Hefevolumen bzw. das Gewicht (annähernd) messen können, sodass Sie dieses Buch verwenden können, während Sie auf die soeben bestellte Waage warten. Einige meiner Rezepte verwenden nur 0,1 g Trockenhefe, was etwa $\frac{1}{10}$ eines $\frac{1}{4}$ TL entspricht (siehe Seite 85, digitale Küchenwaagen).

DETAIL 4: PIZZATEIG VON HAND ANRÜHREN

Die meisten meiner Pizzateige händisch zu mischen, ist einfacher als mit einem Kneter und spart Reinigungsaufwand, außerdem bekommt man ein Gefühl für den Teig, was für den Rest eines Pizzabäcker-Lebens Vorteile hat. Von Hand gemischter Teig bringt auch die zarteste Pizzakruste hervor. Was bedeutet Zartheit? Es ist das Gegenteil von Kauen, eine feinstoffliche Schwerelosigkeit – die Erfahrung, eine Pizza in die Hand zu nehmen, die sich leichter als erwartet anfühlt. Sie hat eine knusprige Textur, ist aber so herrlich zart im Biss, als wäre Magie darin. Das erste Mal ist es eine Überraschung. Es ist die Pizza Ihrer Träume!

Das maschinelle Anrühren von Pizzateig funktioniert gut, und bei ein oder zwei Gelegenheiten empfehle ich es (dazu später mehr), aber nur mit der minimalen Mischmenge, die erforderlich ist, um alle Zutaten einzuarbeiten und die Teigkugel zu formen. Zu langes maschinelles Kneten bildet das Klebergerüst übermäßig aus, was den Teig elastischer und die Kruste zäher macht; allerdings nimmt das der Kruste die viel gelobte Zartheit, die ich anstrebe.

Geben Sie die abgewogenen Zutaten in eine 6-l-Teigwanne und mischen Sie den Teig direkt darin. Einfach. Dies funktioniert hervorragend für die meisten Rezepte in diesem Buch, bei denen die durchschnittliche Teigfeuchtigkeit 70 Prozent des Mehlgewichts beträgt. Wie immer gibt es eine

DIE ROLLE VON GLUTEN IM PIZZATEIG

Starke Mehle haben – gemessen am Mehlgewicht – einen hohen Proteingehalt von bis zu 14 Prozent und gelten seit Langem als ideal für die Brotherstellung. Eigentlich sind sie ideal für das industrielle Brotbacken, aber nicht so sehr für hochwertige Brote. Der hohe Proteingehalt funktioniert am besten mit der Intensivknetung und der schnell steigenden Produktion industriellen Backens. Ein amerikanischer Pizzastil entstand jedoch aus der Verwendung von Brotmehl für Pizzen, die in Brotöfen gebacken wurden und deren Kruste kaubar und knusprig ist. Glutenreiches Mehl ist ein Teil dessen, was eine New Yorker Pizza ausmacht. Weichere, glutenarme Mehle, die sich noch für die Herstellung von Brot oder Pizza eignen, haben 11 Prozent Protein oder sogar etwas weniger, was ungefähr dem Proteingehalt von Allzweckmehl entspricht. Wir verwenden Mehl mit niedrigem Klebergehalt (auch wenn dies ein unspezifischer Begriff ohne Standarddefinition ist) zum Brotbacken in meiner Bäckerei und für Holzofenpizza bei Ken's Artisan Pizza. Der Proteinanteil eines Weizenkorns hängt von der Genetik des Weizens, dem Klima und den Besonderheiten der Wachstumsperiode eines Jahres ab. (Weizenbauern messen normalerweise den Proteingehalt vor der Ernte, da das Protein während des Reifens des Weizens am Halm zunimmt. Viele Weizenbauern erzielen auch einen höheren Preis für Weizen mit höherem Proteingehalt, weil es das ist, was ihre größten Abnehmer wollen.)

Die Wörter Protein und Gluten werden oft synonym verwendet. Wenn Wasser und Mehl zu Teig vermischt wird, entsteht Gluten: ein Netzwerk aus ineinander verschlungenen Strängen aus Glutenin und Gliadin, zwei Eiweißen, die in

Weizenmehl (und auch Roggen und Gerste) enthalten sind.

Mit Wasser vermischtes Mehl bewirkt, dass sich die geschleimten Proteinstränge dehnen. Beim Mischen des Teigs – sei es von Hand oder maschinell – stabilisiert sich das Gluten, und durch kontinuierliches Falten entsteht ein Teig, der später gut zusammenhält. Ich stelle mir Teig gerne als ein Gewebe aus Gluten und Stärke vor, das die Fementationsgase hält. Gluten ist sozusagen das Rückgrat des Pizzateigs. Mehle mit höherem Proteingehalt bilden ein stärkeres Glutennetzwerk und können dem Teig eine größere Festigkeit verleihen als Teige, die mit eiweißärmeren Mehlen hergestellt wurden. Mehle mit hohem Proteingehalt können auch einen Teig ergeben, der elastisch und schwer zu einer Pizza zu formen ist – es braucht eine längere Teiggare, um das Gluten ein wenig abzubauen. Mit der Zeit baut sich das Klebernetzwerk im Teig ab. Enzyme fressen es buchstäblich auf. »Elastisch« ist kein glückliches Wort im Pizzabäcker-Latein, denn der Teig muss sich auf den Pizzadurchmesser ausdehnen und darf sich nicht zusammenziehen. Sie möchten jedoch genügend Festigkeit, damit der Teig seine Beläge trägt, beim Einschieben in den Ofen seine Form behält und die Gärgase gehalten werden, die ihm einen guten Geschmack verleihen und Luftblasen im Rand hinterlassen.

Ausnahme. Sobald die Hydratation des Pizzateigs auf 65 Prozent oder darunter abfällt, ist das Mischen von Hand schwieriger, da der Teig zäh wird. Sie können es tun, aber Sie sollten etwa ein Viertel des Mehls zurückbehalten, bis Sie eine Teigmasse haben, in der sich Wasser und Mehl vollständig miteinander verbunden haben. An diesem Punkt können Sie nach und nach das restliche Mehl hinzufügen, bis alles zu einem zusammenhängenden Teig verarbeitet ist, ohne dass trockenes Mehl übrig bleibt.

Ein Standmixer mit Knethaken funktioniert gut für zähe Teige (wie mein 48- bis 72-Stunden-New-York-Pizzateig, Seite 130, bei 64 Prozent Hydratation); etwa 90 Sekunden Mischzeit bei niedrigster Drehgeschwindigkeit reichen aus.

DETAIL 5: DER JAHRESZEIT BZW. DEM KLIMA ANPASSEN

Temperatur und Luftfeuchtigkeit haben einen direkten Einfluss auf den Stoffwechsel der Hefe und damit auf die Gärgeschwindigkeit des Teigs. Je nachdem, wo Sie leben, kann die ganzjährige Verwendung eines Rezepts zu einem Pizzateig führen, der an Sommertagen entweder überfermentiert oder an Wintertagen unterfermentiert ist.

Ich habe alle Rezepte in meiner häuslichen Küche in Portland, Oregon, entwickelt und getestet. Die übliche Innentemperatur beträgt nachts etwa 19 °C, die Tagestemperatur liegt normalerweise bei etwa 21 °C. Im Sommer ist die Tagestemperatur in meiner Küche zu Hause meist ca. 3 °C wärmer. Die Gehzeiten in diesem Buch sind wichtig für die Aromabildung, die Textur und die Teigführung bei Raumtemperatur. Wenn Sie jedoch in New Orleans leben und es Sommer ist (es sei denn, die Klimaanlage läuft), würde ich empfehlen, kältere Wassertemperaturen zu verwenden, sogar um 5 oder 8 °C, und versuchen, eine Endtemperatur von 20 °C statt meines Solls von 27 °C zu erreichen. Sie können es auch mit einer kleineren Menge Hefe versuchen und in mehreren Anläufen den Optimalpunkt herausfinden.

DETAIL 6: ERSTE GARE LÄNGER ALS ZWEITE GARE

Ich habe diese Lektion gut gelernt, als ich in Neapel war und angeleitet wurde, weniger wie ein Brotbäcker und mehr wie ein *Pizzaiolo* zu denken. Das typische Schema in neapolitanischen Pizzerien – kodifiziert von der Associazione Verace Pizza Napoletana (AVPN) – besteht darin, die Teigmasse nur 2 Stunden gehen zu lassen und dann Teigkugeln zu formen, die man vor der Pizzaherstellung noch mindestens 6 Stunden aufgehen lässt. Das bedeutet, dass der Großteil der Fermentation nach Herstellung der Teigkugeln stattfindet. Enzo Coccia von La Notizia treibt das auf die Spitze. Enzos Teig wird nur 10–20 Minuten, nachdem er aus der Knetmaschine kommt, in Teigkugeln zerteilt und dann 10 oder mehr Stunden fermentiert, bevor das Restaurant für den Abendbetrieb öffnet. Der geringe Anteil an frischer Hefe im AVPN-Teig (0,17 Prozent des Mehlgewichts oder 3 g pro 1,7/1,8 kg Mehl), kombiniert mit dem hohen Salzanteil (3 Prozent des Mehlgewichts; Salz verlangsamt die Gärung), geht mit einer langen Teigführung bei Raumtemperatur einher. Tatsächlich raten die meisten neapolitanischen *Pizzaioli* davon ab, überhaupt eine Kühlung zu verwenden. Es gibt kein allgemeingültiges Timing. Jede Pizzeria arbeitet nach ihren Rezepten für lange oder kurze Teigführung.

Eine lange Gehzeit der Teigmasse ist für Brotteige besser als für Pizzateige. Hier geht es um den Unterschied in den Endprodukten. Für einen Brotlaib wollen Sie größtmögliches Volumen, und um das zu erreichen, brauchen Sie ein ausreichendes Glutengerüst, das alle Fermentationsgase länger halten kann und damit eine längere Gehzeit ermöglicht. Brotteig bildet sein Glutennetzwerk zuerst beim Mischen und dann beim Dehnen und Falten des Teigs. Das Gluten baut sich dann wie von selbst

AUTOLYSE UND WARUM WIR BEI PIZZA KEINEN VORTEIG ANSETZEN

Ich war überrascht, als ich erfuhr, dass das Autolyse-Konzept des Brotbäckers – Mehl und Wasser mischen und mindestens 15 Minuten ruhen lassen, bevor Salz und Hefe hinzugefügt werden – in der italienischen Pizza-Community weitgehend unbekannt ist. Die in ganz Neapel übliche und von der Associazione Verace Pizza Napoletana geförderte Teigknetmethode verlangt, dass die Zutaten in folgender Reihenfolge gemischt werden: Wasser, Salz, Hefe, Mehl. Der *Pizzaiolo* löst zuerst das Salz im Wasser auf, dann die Hefe im Salzwasser und fügt dann Mehl hinzu. Mein erstes Buch trug den Titel *Mehl, Wasser, Salz, Hefe – Alles über gutes Brot*. Das AVPN-Buch hätte *Wasser, Salz, Hefe, Mehl* geheißen. Wieso das?

Beim Brotbacken gibt es zwei Hauptgründe für die Autolyse: Erstens hemmt das Salz im Teig leicht die Wasseraufnahme im Mehl. Daher ist es von Vorteil, das Mehl vollständiger hydratisieren zu lassen, bevor Salz hinzugefügt wird, insbesondere wenn handwerkliche Brotteige mit einem hohen Wasseranteil hergestellt werden. Zweitens: Da Wasser Enzyme im Mehl aktiviert, wird der autolysierte Teig »aufnahmebereiter« sein, wenn die Hefe hinzugefügt wird, um den Gärprozess zu starten. (Diese Enzyme sind Amylase, die die Stärke in einfache Zucker zerlegt, von denen sich die Hefe ernährt, und Protease, die auf das Glutennetzwerk einwirkt, damit sich die Proteine leichter strecken, wodurch der Teig dehnfähiger wird – gut für Brot und Pizza.) Sie können einen Autolyseteig und einen Teig ohne Autolyse fühlbar unterscheiden. Der autolysierte Teig verbindet und glättet sich schneller. Er fühlt sich instinktiv einfach besser an, besonders wenn Sie den Teig von Hand kneten.

In Italien verwendet man in Pizzerien mechanische Teigknetmaschinen, normalerweise mit zwei sich langsam drehenden Metallknethaken, die das Kneten von Hand aus früheren Zeiten nachahmen. Die Pizzateige werden mit sehr kleinen Hefemengen gemischt, gefolgt von einer langen Gärung. Bei so geringen Mengen findet im Wesentlichen eine natürliche Autolyse statt, da es länger dauert, bis sich die Hefekultur aufgebaut hat (Hefe vermehrt sich, indem sie aus der Stärke des Mehls Zucker gewinnt). Der entsprechende Prozess in meiner Anleitung für Pizzateig zu Hause besteht darin, den Teig 20 Minuten nach dem ersten Mischen schnell und sanft zu kneten. Diese Pizzateige haben eine viel geringere Hydratation als handwerkliche Brotteige, und das bedeutet auch, dass die Wasseraufnahme des Mehls schneller geht. Der Autolyse-Vorteil eines Mehls mit höherem Hydratationsgrad gilt eher für feuchtere Brotteige als für Pizzateige.

auf, während der Teig geht. Das Ziel von Pizzateig ist ein anderes: Sie brauchen gerade genug elastische Struktur, dass der Teig beim Ausziehen nicht reißt. Das Formen von Teigkugeln zu einem frühen Zeitpunkt des Gehens bedeutet, dass der Teig weniger Gluten aufbaut und das Ergebnis eine zartere Kruste ist.

Was ich an der neapolitanischen Teigverarbeitung mag, ist, dass die Teigkugel ruhen muss, bevor sie in Pizzaform gedehnt wird; dadurch kann sich der Teig vom Zeitpunkt des erstens Formens an sehr gut entspannen. Der Pizzateig wird sehr dehnbar: leicht zu formen, mit wenig Widerstand, aber mit einer sehr zarten und leicht strukturierten Kruste beim Backen.

DETAIL 7: PIZZA MIT REIFEN TEIGLINGEN HERSTELLEN

Mit anderen Worten ermöglichen Sie eine vollständige Teiggare bzw. Strukturbildung. Um den besten Geschmack und die beste Textur der Pizza zu erhalten, dürfen Sie keine Abkürzungen nehmen und Ihren Teig hetzen. Wenn Sie die Gehzeit verkürzen, erhalten Sie einen Teig, der zu elastisch ist und sich nur schwer zu einer Scheibe dehnen lässt. Sie erhalten eine fade, geschmacklose Kruste, die starr und zäh ist.

Wozu die Mühe, wenn am Ende nicht alles stimmen soll? Lassen Sie sich Zeit, und wenn die Zeit ihren Part erledigt hat, werden Sie sehen, wie sich die Teigkugel ausdehnt und sich Gärbläschen bilden. Was Sie spüren werden, ist eine entspannte Dehnbarkeit des Teigs, der immer noch pizzataugliche Reißfestigkeit aufweist.

Wenn Sie diese wichtige Regel nicht befolgen, werden Sie nicht die komplexe Entwicklung biochemischer Reaktionen bekommen, die dem Teig einen guten Geschmack und eine leichte Textur verleihen. Alle großen Pizzerien, von denen Sie jemals gehört haben, zeichnen sich durch lange Teigführung aus. Zeit ist eine kostenlose Zutat. Zu viel Zeit ist jedoch manchmal wie zu viel zu trinken: Bei zu starkem Aufgehen platzen die Teigbläschen, und der Teig fällt in sich zusammen.

Eine rohe Teigkugel, die so weit gereift ist, dass sie zu einer Pizzascheibe geformt werden kann, entspannt sich und lässt sich leicht dehnen. Bevor Sie loslegen, zuerst die Panetti umdrehen. Die Unterseite sollte eine schöne Porung haben, und der Teig sollte sich weich und biegsam anfühlen. Das Gas im Teig sollte mit Ihren Händen zu spüren sein. Ich mag es, wenn sich die Teigstruktur gleichzeitig zart und gefestigt anfühlt. Als ich Franco Pepe in Caiazzo, Enzo Coccia in Neapel, Roberto Caporuscio in New York und Mark Hopper in Kalifornien besuchte, zeigten sie mir alle ihre reifen Panetti. Vielleicht ist es auch Männersache.

DETAIL 8: DIE ROLLE DES SALZES IM PIZZATEIG VERSTEHEN

Regel Nr. 1, die Sie sich merken sollten: Salz verlangsamt die Gärung in jedem Sauerteig. Regel Nr. 2 lautet: Es gibt nicht die eine richtige Salzmenge, um einen großartigen Pizzateig herzustellen. Ein typisches Brotteigrezept erfordert 2 Prozent Salz, gemessen an der Gesamtmehlmenge im Rezept, obwohl ich es normalerweise auf 2,2 Prozent pusche, weil ich die Art und Weise mag, wie es den Geschmack beeinflusst. Die meisten Pizzateigrezepte, die ich gesehen habe, verwenden etwa 2 Prozent Salz, so auch bei Ken's Artisan Pizza. Als ich für dieses Buch recherchierte, entdeckte ich neapolitanische und römische *Pizzaioli*, die bis zu 3 Prozent verwendeten, und dachte zuerst, es sei ein Tippfehler. Dann habe ich die Regeln der Associazione Verace Pizza Napoletana überprüft und festgestellt, dass das Teigrezept 3 Prozent Salz verlangt.

Ich habe das mit meinem Verständnis von zwei Dingen in italienischen Pizzerien abgeglichen: Erstens sind sie sich darin einig, dass sie die besten Ergebnisse erzielen, wenn sie Ihre Pizza nicht mit Teig aus dem Kühlschrank zubereiten, sondern ihren Teig bei Raumtemperatur gehen lassen. Zweitens haben viele aus Platzgründen und ausstattungsbedingt nicht einmal die Möglichkeit, zu kühlen. Dann dachte ich, okay, in einer Pizzeria *muss* man zur Verlangsamung der Gehzeit mehr Salz verwenden, um Textur und Geschmack zu optimieren; andernfalls wird der Teig zu luftig und fällt mittendrin in sich zusammen. Salz schwächt die Gärung und hält die Teiglinge länger stabil.

ÜBER DEN TEIG HINAUS: SICH VOM EIGENEN GESCHMACK LEITEN LASSEN

Das ist, denke ich, eine Art Zugabe, aber ich würde behaupten, es ist das wichtigste Detail. Sie haben Ihre eigenen Geschmackserinnerungen, Vorlieben, Eigenarten und Ästhetik. Richten Sie sich nicht nach dem, wovon Sie meinen, dass es anderen gefällt. Seien Sie selbst Ihr eigener Guru! Sobald Sie sich mit dem vertraut gemacht haben, was in Ihrer Küche funktioniert, haben Sie eine Plattform, wo Sie Pizza ganz nach Ihrem Gusto zubereiten können. Es ist eine großartige Sache, souverän eine Pizza zusammenzustellen, die Sie bestimmt glücklich machen wird, bei der Sie an sich selbst gedacht haben und wissen, wie man sie macht.

CAPUTO
PIZZERIA

KAPITEL 4
ZUTATEN UND AUSSTATTUNG

Was brauchen Sie, um selbst *Pizzaiolo* zu sein? Eine Handvoll Utensilien zum Pizzabacken, einen Standardküchenofen und ein paar gute Zutaten. In diesem Kapitel werde ich näher darauf eingehen. (Vielleicht brauchen Sie auch eine gute Anleitung: Dazu kommen wir gleich.)

ZUTATEN

Hier regiert die Qualität. Probieren Sie mal das Gemüse vom Bauernmarkt oder Wurstwaren vom Metzger. Unterstützen Sie Ihre unabhängigen Lebensmittelhändler – sie wissen und mögen auch, was sie Ihnen verkaufen. Wenn Sie einen Käsehändler in Ihrer Nähe haben, nutzen Sie auch diese Einkaufsmöglichkeit – denn ihr Business ist echt hart. Sie dürfen sich glücklich schätzen, dass es überhaupt noch solche Läden gibt, und Ihr Käsehändler freut sich über gute Stammkundschaft.

Eugenio und Mauro Caputo (unten rechts)

Vor allem brauchen Sie hochwertiges Mehl, Tomaten und Käse. Hier nun, was Sie über diese wesentlichen Pizzazutaten wissen sollten, mit einigen zusätzlichen Empfehlungen zu Salz und Hefe.

Mehl

In Neapel und Umgebung verwendet die überwiegende Mehrheit der Pizzerien – etwa 90 Prozent – Mehl von einer einzigen Traditionsmühle: Molino Caputo. Die Familie Caputo stellt seit 1924 in dritter Generation Pizzamehl her. Es ist das einzige mir bekannte Beispiel einer Mühle, die sich auf Pizzamehl spezialisiert hat. Die meisten Betriebe stellen Allround-Mehle verschiedenster Typen her, die jeweils für viele Verwendungszwecke geeignet sind.

Dieser Mann arbeitet seit 70 Jahren bei Caputo.

Caputo mischt mehrere Weizensorten, um Mehle mit gutem Geschmack und den richtigen Mineralstoffen für das Pizzabacken herzustellen. Die Vermahlung entspricht einer Spezifikation namens »00« (*doppio zero* auf Italienisch) und verleiht dem Mehl eine raffinierte, fast pulvrige Konsistenz. (Die 00-Bezeichnung bezieht sich darauf, wie fein das Mehl ist, und bei Caputo geht es 25 Mal durch die Walzenmühle, bevor es Tipo 00 wird – das hat nichts mit dem Proteingehalt zu tun, der bei Caputo 00 von 12,5–13,5 Prozent reicht.) Heute stammt der Weizen in Caputo-Mehlen vollständig aus Europa (früher war es Importweizen aus Nordamerika). Die Mehle müssen strenge Spezifikationen erfüllen, was ihnen genau die richtigen Eigenschaften für Wasseraufnahme, Teigführung, Gare, Dehnbarkeit und die Backeigenschaften verleiht, die am besten für neapolitanische Pizza funktionieren. Das Caputo-Mehl gibt es in blauer oder roter Verpackung. Zwar ist der blaue Beutel mit »Pizzeria« beschriftet, es ist aber immer noch ein 00-Mehl. Wie Antimo Caputo selbst bei meinem Besuch in der Mühle zu mir sagte: »Die Seele der Pizza ist der Pizzabäcker. Deshalb steht auf dem blauen Mehlpäckchen ›Pizzeria‹ und nicht die Mehlsorte.« Das blaue von Caputo enthält etwa 12,5 Prozent Protein, und es ist das Mehl, das ich in neapolitanischen Pizzerien am häufigsten gesehen habe. Das rote von Caputo trägt die Aufschrift »00« oder »Cuoco Chef« und hat etwa 13,5 Prozent Eiweiß, was dem Teig mehr Elastizität verleiht. Dieses Mehl eignet sich besser für sehr lange Teigführung, wie bei einem Biga oder einem Vorteig, der über Nacht ruht und nach 10 oder 12 Stunden in den Hauptteig gemischt wird. Die 48- oder 72-Stunden-Pizzateige müssen gekühlt werden, wenn nicht, fällt der Teig in sich zusammen. Einige Pizzerien vermischen diese beiden Mehle. Im blauen Mehl baut sich dehnbareres (weniger elastisches) Gluten auf. Antimo Caputo nannte das Beispiel der Pizzeria Da Michele, die jeden Tag 800 (!) Pizzen herstellt – die *Pizzaioli* müssen in der Lage sein, den Teig mit nur drei Umdrehungen zu dehnen, um mithalten zu können. Ein zu elastischer Teig würde die Produktion verlangsamen, und Sie müssten noch länger auf Ihre Da-Michele-Pizza warten!

Obwohl diese Caputo-Mehle zum Pizzabacken in einem 485 °C heißen Ofen gedacht sind, gefallen mir die Ergebnisse auch in meinem Haushaltsofen sehr. In US-Geschäftsregalen habe ich das rote von Caputo öfter gesehen als das blaue. Beide aber eignen sich hervorragend für die Zubereitung von hausgemachter Pizza, und wenn Sie die Pizzamehle vor Ort nicht finden können, können Sie sie ganz einfach online bestellen. Die Pizzateigrezepte in diesem Buch sind, wenn sie mit Caputo-Mehl (entweder dem roten oder dem blauen) zubereitet werden, wunderbar weich und ergeben glatte, geschmeidige Panetti und eine leichte, zarte Pizzakruste, die richtig gut schmeckt.

Natürlich gibt es viele andere Mehlsorten für eine gute Pizza. Man beachte, dass verschiedene Mehle sehr unterschiedliche Wasseraufnahmeeigenschaften haben können, sodass Sie mit einem Mehl einen viel lockereren oder festeren Teig erhalten können als mit einem anderen, obwohl die Wassermenge gleich ist. Normalerweise nimmt das Mehl umso mehr Wasser auf, je höher der Proteingehalt ist. Aber proteinreiche Mehle ergeben einen elastischeren Teig, der nach dem Backen eine weniger zarte Textur hat. Es gibt eine Art goldenen Mittelweg für den Proteingehalt. Zu wenig, wie in Gebäck- oder Keksmehl, und die Gashaltefähigkeit des Teigs reicht nicht aus, um einen hellen, luftigen *Cornicione* hinzubekommen. Schließlich sollten Sie die Randkruste essen und nicht beiseitelegen.

Bei Ken's Artisan Pizza verwenden wir seit unserer Eröffnung im Jahr 2006 das glutenarme Shepherd's-Grain-Mehl aus dem pazifischen Nordwesten. Die Backergebnisse sind ausgezeichnet. Teig aus Shepherd's-Grain-Mehl ist gut dehnbar, hat einen hervorragenden Geschmack und – je nach Weizenanbau des Vorjahres – einen Proteingehalt zwischen 10,5 und 11,5 Prozent. Jedes Jahr im August wird innerhalb von 3–4 Wochen Frühlings- und Winterweizen auf einmal geerntet. Das ist die Ernte bis nächstes Jahr. Das Getreide wird dann das ganze Jahr über in Silos vermahlen. Einige Eigenschaften des Weizens, wie sein Proteingehalt, bleiben während der Lagerung konstant, während zum Beispiel Stärkeschäden und Feuchtigkeitsgehalt von einer Vermahlung zur nächsten variieren können.

Beim Testen der Rezepte für dieses Buch habe ich abwechselnd Shepherd's-Grain-Mehl und Caputo-Mehl verwendet, und mit beiden hat es gut geklappt. Das Shepherd's-Grain-Mehl ist etwas absorptionsfähiger, was einen etwas festeren Teig bedeutet; daher würde ich etwas mehr Wasser hinzufügen, um es weicher zu machen.) Gute Alternativen sind King-Arthur-Mehle, die ebenfalls von allgemein hoher Qualität sind, oder Pizzamehle, die Sie online direkt vom Hersteller bestellen können. Amerikanisches Allzweckmehl, das einen mittleren Proteingehalt hat (normalerweise zwischen 10 und 12 Prozent), ist auch einen Versuch wert. Der beste Ersatz hierfür ist Weizenmehl Typ 550.

Aber aufgepasst: Der Proteingehalt ist selten auf der Packung angegeben; möglicherweise müssen Sie das über eine Online-Recherche herausfinden.

Viele Pizzen amerikanischer Art, wie die New-York-Style-Pizza und die Bar-Pizza, werden mit einem proteinreicheren Brotmehl (um die 14 Prozent) hergestellt. Für amerikanische Pizzascheiben mit schweren Belägen oder auch Käse-Tomaten-Pizzen mit einer knusprigen, aber faltbaren Kruste brauchen Sie mehr Glutenstruktur, und Mehl mit höherem Proteingehalt hilft dabei. Ich denke, die Gründe für die Verwendung von proteinreichem Mehl in amerikanischem Pizzateig sind eher historisch als gewollt, weil der Weizen mit hohem Proteingehalt für die Weizenanbauer lukrativer ist. So ergab sich letztlich der Pizzastil, an den wir uns alle gewöhnt haben. In den Rezepten dieses Buches empfehle ich deshalb proteinreiches Brotmehl.

Da die Temperatur bei der Herstellung von Pizzateig ein so wichtiger Faktor ist und ich beim Schreiben dieser Rezepte das Schüttwasser darauf abgestimmt habe, sollten Sie für alle Rezepte in diesem Buch zimmerwarmes Mehl verwenden.

Tomaten

Entgegen dem Mythos der neapolitanischen Pizza, dass durchweg San-Marzano-Tomaten verwendet werden, machen die Tomaten mit der geschützten Herkunftsbezeichnung (*Denominazione di Origine Protetta*, kurz DOP, siehe Seite 71) nur 30.000 von insgesamt 2,5 Millionen Tonnen aus, die jedes Jahr in Süditalien geerntet werden. In meinem ersten Buch, in dem ich das Geheimnis einer guten, authentischen Tomatensauce für neapolitanische Pizza beschrieb, nannte ich »San-Marzano-Tomaten«. Mittlerweile habe ich festgestellt, dass das zu eng gefasst ist, und habe mir auch meine eigene Pizzeria angesehen, wo wir eine sehr gute Pizzasauce mit Tomaten machen, die aus der Nähe von San Marzano stammen, aber keine DOP haben. Dieses ideale Terroir für Tomaten – das Klima und der vulkanische Boden – gibt es in der gesamten Region. Nichts für ungut, aber zu schreiben »Man nehme San-Marzano-Tomaten« wäre so, als würde man sagen »Man trinke nur Wein aus Barolo«. DOP-San-Marzano-Tomaten sind wunderbar, aber sie sind nicht die einzigen guten Pizzatomaten.

Laut Costantino Cutolo von Compagnia Mercantile d'Oltremare, einem Tomatenverarbeiter in Kampanien, ist [San Marzano] »ein guter Nährboden für Betrug. Die Pizzerien in Neapel wissen nicht einmal, was sie verwenden … Hier nennen sie es fälschlicherweise ›San Marzano‹. Er sagte jedoch auch: »Die Qualität ist fast gleich, man merkt es nicht.« Die DOP kontrolliert die Samenbank für die San-Marzano-Tomaten. Sie können Tomaten aus diesen Samen außerhalb der DOP-Zone anbauen und sie so bezeichnen, aber um DOP zu sein, müssen sie innerhalb eines sehr kleinen, definierten Gebiets in und um San Marzano zwischen dem Vesuv und Neapel angebaut werden (nicht an den Hängen des Vesuvs, wie vielfach behauptet wird, denn die Bergflanken sind mit Bäumen und Felsen bedeckt). Als ich Cutolo nach der genauen Bezeichnung für Dosentomaten guter Qualität aus der Umgebung von Neapel fragte, die nicht aus San Marzano stammen, antwortete er: »Kleine, birnenförmige Tomaten. Ganze geschälte Tomaten aus dem Süden.«

Ich habe Cutolo die sehr wichtige Frage gestellt, wie der konstante Feuchtigkeitsgehalt in jeder Dose kontrolliert wird, denn aus Sicht der Pizzeria kann es nicht sein, dass die Sauce mal dick und dann wieder dünn ist. Cutolo antwortete: »Man muss die Brix der Tomate messen, damit in jeder Dose auch das Gleiche drin ist. Das ist der durchschnittliche Reifegrad bei der Ernte und vor der Verarbeitung.«

DOP

Denominazione di Origine Protetta, kurz DOP, bedeutet übersetzt »geschützte Herkunftsbezeichnung« und ist eine Zertifizierung für viele italienische traditionelle Lebensmittelprodukte zum Fälschungsschutz traditioneller Produktnamen. Zu den DOP-Produkten gehören Balsamico-Essig aus Modena; Parmigiano-Reggiano-Käse aus der Nähe von Parma; Prosciutto di San Daniele und Prosciutto di Parma; Mozzarella di Bufala aus Kampanien und Latium; und natürlich San-Marzano-Tomaten aus San Marzano und einem definierten Gebiet um den Ort herum. Die DOP dient nicht nur dem Verbraucherschutz, sondern auch traditionellen Herstellungsmethoden für Qualitätsprodukte, die den Stolz einer Stadt oder einer Region und letztendlich den Stolz Italiens ausmachen. Um DOP-zertifiziert zu werden, muss ein Erzeuger strenge Standards für jedes Produkt erfüllen, bis hin zu Verpackung und Etikettierung. Wenn Sie also echte DOP-San-Marzano-Tomaten kaufen möchten, achten Sie auf das Sonnenlogo auf der Dose.

Cutolos durchschnittlich gewünschter Brix-Wert nach der Verarbeitung (siehe Kasten, Seite 73) beträgt 7,0, aber die Tomaten haben bei der Ernte einen Mittelwert von ca. 4,5. Während der Produktion wird der Saft durch Kochen so lange konzentriert, bis der gewünschte Brix-Wert von etwa 7,0 erreicht ist. Dies ist das Ziel von Cutolo (vor Redaktionsschluss), und die Dosentomaten der Marke Ciao sind in der Tat ein bisschen süßer und auch dicker als andere, die ich probiert habe. Der allgemeine Industriestandard ist 6 Brix in der Dose, und das sind auch sehr gute Tomaten. Ein niedrigerer Brix-Wert bedeutet eine dünnere, wässrigere Sauce, die auch weniger süß ist. Einige Pizzerien gießen den überschüssigen Saft ab, um eine dickere Sauce zu erhalten. Die meisten tun das nicht – ergo fällt die Sauce dünner aus. Da die Sauce beim Eindicken das frische Tomatenaroma verliert, wird das in Italien selten gemacht, obwohl es in New Yorker Pizzerien nicht ungewöhnlich ist.

Beim Ernten werden etwa zwei Drittel von Hand auf mit Metallbehältern bestückte Ladeflächen geschüttelt. Dann, in einem zweiten Durchgang, nehmen Erntemaschinen den Rest auf.

Wir machten eine unterhaltsame Besichtigungstour durch die Verarbeitungsanlage von Cutolo, wo die Tomaten von der Lieferung bis in die Dose gelangen. Die zuvor blanchierten und maschinell enthäuteten Tomaten werden am Fließband (traditionell von Frauen!) sortiert. Unreife Tomaten und Ausschuss werden sekundär weiterverarbeitet. Nur die besten Tomaten kommen in die ganze Dose. Es ist eine schwierige Arbeit, faszinierend anzuschauen. Die Frauen beginnen ihre Schicht um 4 Uhr morgens. Während wir sie von oben beobachteten, waren sie so sehr auf das Sortieren konzentriert, dass sie gar keine Zeit hatten zu bemerken, wie ihnen über die Schulter geschaut wurde. Sie waren in ihre Arbeit versunken, während am laufenden Band Tomaten vorbeiflossen. Warum ganze geschälte Tomaten? Es gibt auch Dosen mit zerkleinerten Tomaten oder Tomatenpüree in den Supermarktregalen, aber die hochwertigsten

Tomaten sind die ganzen. Die beschädigten Früchte werden zu Saft oder zu anderen Tomatenprodukten wie Tomatenmark verarbeitet.

Viele Amerikaner bevorzugen ganze geschälte Dosentomaten aus den USA oder Kanada. In den Foodmagazinen *Serious Eats* und *Cook's Illustrated* sind Rezensionen zu lesen, die nordamerikanische Marken wie Whole Foods' 365 und Trader Joe's höher bewerten als italienische Dosentomaten. Bianco DiNapoli ist eine amerikanische Marke, die ich mag. Wir haben bei Ken's Artisan Pizza mehrere Optionen ausprobiert, darunter kalifornische Tomaten der Marke Alta Cucina, die wir als Ersatz verwenden, wenn die italienische Lieferkette unterbrochen wird. Am Ende kommen wir jedoch immer wieder auf unsere Vorliebe zurück: italienische ganze geschälte Tomaten. Ihre Aromafülle und ausgewogene Säure sind perfekt für Pizza. Im Moment

WAS IST BRIX?

Hier ist eine Erklärung zu Brix, mit freundlicher Genehmigung von Teri Wadsworth von der Cameron Winery in Dundee, Oregon:

Die Brix-Skala ist nach dem deutschen Wissenschaftler Adolf Brix aus dem 19. Jahrhundert benannt, der das Hydrometer erfand, ein Instrument, mit dem der Zuckergehalt von Traubensaft für Wein gemessen werden konnte. Früher konnte die Reife nur subjektiv durch den Geschmack bestimmt werden. Die Brix-Skala kann auch verwendet werden, um die Reife im Saft anderer Früchte wie Tomaten zu messen. Bei der Weinherstellung entspricht 1 Grad Brix 1 g lösliche Feststoffe (die Summe aus Saccharose, Fructose, Vitaminen, Proteinen usw.) pro 100 g Traubensaft. Bei der Weinherstellung wird versucht, bei einem bestimmten Grad Brix zu ernten. Dieses Reifemaß und der entsprechende Zuckergehalt in der Frucht stehen in direktem Zusammenhang mit dem Gärungspotenzial im Wein, seinem Geschmack und letztendlich der Umwandlung in Alkohol. Theoretisch wird Alkohol zu etwa 51 Prozent aus vergärbarem Zucker hergestellt. Variablen wie Sauerstoff- und Temperaturexposition, die Hefemenge und die Hefediversität bestimmen die tatsächliche Umwandlungsrate von fermentierbarem Zucker in Alkohol und Kohlendioxid.

Tomaten unterliegen denselben saisonalen Ernteschwankungen wie Weintrauben und andere Früchte der Erde. Es gibt einen richtigen Zeitpunkt für die Ernte, und das Messen des Brix-Werts ist für das Timing der Ernte genauso wichtig wie bei Trauben, wenn der Wunsch besteht, Dosentomaten mit gleichbleibendem Geschmack, Säuregehalt, Textur und Wassergehalt herzustellen (man denke an »dicke Sauce, dünne Sauce« von einer Dose zur anderen und von einem Tag zum anderen). Die Fruchtreifung umfasst eine Reihe komplexer enzymkatalysierter Umwandlungen, die sich gegenseitig bedingen. Wenn Stärke durch natürliche Enzyme in Einfachzucker umgewandelt wird, wird die Frucht süß. Eine Tomate ändert ihre Farbe von Grün nach Rot, wenn das Chlorophyll zerfällt, um darunterliegende pigmentierte Verbindungen wie Anthozyane und Lycopin freizulegen. Sie wird milder, wenn organische Säuren in weniger saure Moleküle umgewandelt werden; weicher, da Pektin abgebaut wird; und duftender, da flüchtige aromatische Verbindungen synthetisiert werden. Brix ist ein äußerst nützlicher objektiver Reifemarker.

vermischen wir Tomaten der Marken Rega und Ciao, um den Geschmack und die Konsistenz zu erhalten, die für uns funktioniert.

Einige italienische *Pizzaioli* suchen nach Tomaten, die nicht aus San Marzano stammen. Rosciolis Emma in Rom verwendet *Pomodorini*, Kirschtomaten der Marke Pomilia. Auf einigen Speisekarten stehen Corbari-Tomaten, allgemein auch *Corbarino* genannt. Dann gibt es noch die Tomatensorte Pomodorino del Piennolo, die an den Hängen des Vesuvs reift und zu den coolsten Tomaten überhaupt gehört: kleine, traubenartige Früchte – zu Bündeln geflochten –, die wie rote Wasserballönchen mit winzigen Nippeln aussehen. *Piennoli* gelten in Neapel als Tomatenspezialität und werden auf bestimmten Pizzen ganz oder zerstückelt verwendet.

Tomatensauce

Die typische Sauce in einer neapolitanischen Pizzeria besteht schlicht aus pürierten ganzen Dosentomaten und Salz. Die meisten Pizzerien leeren Dosen in einen großen Eimer und verwenden einen Stabmixer, um die Sauce glatt zu pürieren, während einige eine arbeitsintensivere manuelle Lebensmittelmühle verwenden. Olivenöl wird erst zum Schluss auf Sauce und Käse gegeben. Wenn Oregano auf der Pizza sein soll, wird er zum Schluss über die Sauce gestreut.

Ich hatte ein großartiges Gespräch über Tomatensauce mit Fred Mortati, Mitinhaber von Orlando Foods, einem Importeur, der als erster Caputo-Mehl in die USA brachte und ein Allroundexperte für süditalienische Tomaten sowie neapolitanische Pizza ist.

Ich fragte Fred, ob er von dem Zusammenhang zwischen dem Brix-Wert und dem konstanten Feuchtigkeitsgehalt in Dosentomaten wüsste, ohne zu wissen, dass Fred jeden in einem »Weißt du das?«-Wettbewerb über italienische Tomaten zerlegt. (Und ich meine das auf die beste Art und Weise.) Fred ging auf das Thema Brix und Feuchtigkeitsgehalt ein und erklärte, dass Dosen mit ganzen geschälten Tomaten ein genaues Tomaten-Saft-Verhältnis enthalten, um Pizzerien ein einheitliches Produkt zu liefern. Da der Saft zu Beginn der Produktion aufgekocht wird, wird er eingedickt. Das bedeutet, dass in der Verpackungsflüssigkeit mehr Tomatenfeststoffe enthalten sind als in den ganzen Früchten. Freds todsicherer Tipp war folgender: Wenn man die Dosentomaten mit einem Stab- oder Standmixer zu stark püriert, tritt Flüssigkeit aus den Tomaten aus, und die Sauce wird zu wässrig. Aus diesem Grund werden einige Leute sagen, dass die beste Art, Pizzasauce herzustellen, die Verwendung einer Passiermühle ist.

Mein persönlicher Geschmack befindet sich irgendwo in der Mitte: Wenn ich die Tomaten ganz sachte und nicht zu lange püriere, bekomme ich eine glattere Sauce, die ich oft der etwas stückigeren handgemahlenen Tomatensauce vorziehe. Ich sehe beim behutsamen Einsatz des Mixers keinen Qualitätsverlust; es ist einfach anders, das ist alles.

Man achte drauf, wie kräftig die Dosentomaten püriert werden, besonders bei Verwendung eines Mixers. Der Übergang von perfekt dick zu extrem wässrig kann sehr schnell passieren. Freds Hinweis auf den Saft in einer Dose Tomaten veränderte einen weiteren Schritt in meinem Pizzaherstellungsprozess:

Um meine gewünschte Saucendicke zu erhalten, hatte ich den Saft immer abgeseiht (um ihn anderweitig zu verwenden). Jetzt weiß ich, dass dieser zusätzliche, manchmal verschwenderische Schritt nicht notwendig ist – alles, was ich tun muss, ist, die Tomaten von Anfang an richtig zu pürieren. Logo!

Mozzarella

Mozzarella-Pizza würde es ohne den speziellen Gummikäse gar nicht geben. »Mozzarella« kommt vom italienischen Wort *mozzare*, was »schneiden« bedeutet, und bezieht sich auf die Bewegung der Hände bei der traditionellen Herstellungsmethode: Der Käsebruch kommt in ein Wasserbad, bis er sich zu einer seidig glänzenden, geschmeidigen Masse zusammenfügt, dann wird der fertige Käse zwischen Daumen und Zeigefinger abgekniffen. (Der *Mozza*-Schnitt ist dasselbe wie der Zangengriff, den ich zum Mischen von Brot- und Pizzateigen anwende.) Der Käse wird zu Kugeln, Blöcken oder Stangen mit einem Durchmesser von mehreren Zentimetern geformt. Diese kommen dann kurz in ein Solebad, wo der Käse durch Osmose Salz aufnimmt.

Mozzarella gehört zur Käsegattung »gesponnene Paste« (italienisch *Pasta Filata*) bzw. ist – ebenso wie Provolone und Caciocavallo – nichts anderes als gestreckter Quark. Diese Käsesorten und insbesondere Mozzarella sind ideal zum Backen, wenn man diesen klebrigen Weichkäse mit seiner fasrigen Struktur mag.

In Italien werden hauptsächlich zwei Arten von Mozzarella verwendet: Frischkäse aus Kuhmilch, Fior di Latte genannt, und Frischkäse aus Wasserbüffelmilch, Mozzarella di Bufala genannt. Der Bufala ist fettreicher und saurer (eine perfekte Ergänzung!) als der Fior di Latte; er schmeckt wie der Käse, den wir essen würden, wenn wir alle italienische Großmütter hätten. Der Bufala hat auch einen höheren Wasseranteil als der Fior di Latte und kann daher manchmal zu einer wässrigen Pizza führen (vor dem Backen der Pizza kann durch Zusammendrücken etwas Feuchtigkeit herausgepresst werden). Beide Mozzarellas sind frische, in Salzlake abgepackte Milchprodukte und werden innerhalb von 1–2 Wochen ab Herstellungsdatum sauer (immer das Datum auf der Verpackung prüfen!). Der Fior di Latte hat einen leichten, frischen Milchgeschmack und wird von vielen als Pizzakäse bevorzugt. Er ist auch günstiger und oft einfacher zu finden als der Bufala-Käse. Es gibt gute Fior-di-Latte-Mozzarellas aus den USA, die nach italienischer Art in Salzlake verpackt sind. In meiner Pizzeria verwenden wir den Fior-di-Latte-Mozzarella der Marke Grande.

Der Mozzarella, der für viele Pizzen nach amerikanischer Art verwendet wird – sei es im New Yorker Stil, im Connecticut-Stil oder für Detroit Pan-Pizza, Grandma Pizza oder Bar-Pizza –, ist ein feuchtigkeitsarmer Vollmilch-Mozzarella, den Sie luftdicht verpackt in Supermärkten finden (unbedingt den Vollmilchkäse kaufen; er schmilzt und schmeckt viel besser als die Light-Varianten).

MOZZARELLA

In den Rezepten dieses Buches habe ich fünf verschiedene Mozzarellas verwendet: Fior di Latte in Salzlake; Mozzarella di Bufala in Salzlake; Burrata (in Plastik verpackt, mit sehr kurzer Haltbarkeit); feuchtigkeitsarmen Mozzarella und frischen Mozzarella (beide luftdicht in Plastik verpackt). Geräucherter Mozzarella (in luftdichte Folie eingewickelt) ist ein sechster Mozzarella, den Sie vielleicht auf Ihrem Markt finden, und er ist auch ein würdiger Pizzakäse. Sie möchten einen geriebenen Mozzarella? Verwenden Sie Mozz mit geringer Feuchtigkeit. Sie wollen geschnittenen Mozzarella nach New Yorker Art wie bei Patsy's? Dann nehmen Sie in Plastik verpackten frischen Mozzarella. Pizza nach neapolitanischer Art? Dafür ist Fior di Latte oder Mozzarella di Bufala in Salzlake das Richtige.

Diese haben eine leicht gelbliche Farbe, sind etwas salziger als frischer Mozzarella und lassen sich leicht reiben. Für das Rezepte-Testen mochte ich die Marke Galbani. Mozzarella mit niedrigem Feuchtigkeitsgehalt kann wochenlang im Kühlschrank aufbewahrt werden, ohne zu verderben. Einen passenderen Käse für amerikanische Pizzen gibt es nicht. Einige amerikanische Unternehmen stellen einen frischen Mozzarella her (zum Beispiel Calabros frischer Fior di Latte, in Plastik und nicht in Salzlake abgepackt), der eine kürzere Haltbarkeit und eine weiße Farbe hat. Ich mag den frischen Milchgeschmack und auch die Art, wie diese Sorten schmelzen: Sie bräunen nicht so schnell wie Mozz mit geringer Feuchtigkeit. Ich mag auch einfach ihre Optik. Der frische amerikanische Fior di Latte wird am besten in Scheiben geschnitten und nicht gerieben. Im kommerziellen Gebrauch werden diese milchig weißen, frischen Mozzarellas *en bloc* geliefert und normalerweise in der Pizzeria in Scheiben geschnitten.

FRISCHER MOZZARELLA

Die Art und Weise, wie in Salzlake eingelegter Fior di Latte zu Hause gebacken wird, unterscheidet sich erheblich von der Art und Weise, wie er in einem viel heißeren Holzofen zerläuft. Da Pizzen im Haushaltsofen länger backen, verbringt der Käse mehr Zeit bei einer Temperatur über seinem Schmelzpunkt, was zu einer stärkeren Verflüssigung führt. Der gleiche Mozzarella in einem Holzofen bleibt, weil er weniger Zeit über seinem Schmelzpunkt verbracht hat, relativ fest, obwohl er größtenteils geschmolzen ist. Um beim Fior di Latte in Salzlake eine übermäßige Verflüssigung im Backofen zu vermeiden, fügen Sie den Käse etwa 4 Minuten nach Beginn der Backzeit hinzu.

Zart aromatisierter Frischkäse wie der Burrata, der magische Mozzarella mit dem Sahneherz, kommt immer erst nach dem Backen auf die Pizza.

Fior-di-Latte- und Mozzarella-di-Bufala-Pizzen sind keine großartige Pizza to go, da sie idealerweise innerhalb von 10 Minuten, nachdem sie aus dem Ofen gekommen sind, verspeist werden sollten. Dann beginnt der Käse fest zu werden und verliert seine Dehnbarkeit und Weichheit. Eine Margherita mit frischem Mozzarella schmeckt besonders gut, weshalb Sie diese Pizzen entweder in der Pizzeria oder zu Hause gleich nach dem Backen essen sollten.

Der Käseschnitt macht einen stilistischen Unterschied in der Pizza. In neapolitanischen Pizzerien ist es sehr üblich, frische Mozzarella-Blöcke in eine Strangpresse zu geben, um fingerbreite Streifen zu erhalten (siehe Margherita-Pizza im Da Michele, Seite 19). Einige der New Yorker Pizzerien (zum Beispiel Patsy's), die mit frischem Mozzarella arbeiten, belegen ihre Pizzen mit dünnen, breiten Käsescheiben, was ihnen ihr charakteristisches Aussehen verleiht. Früher haben wir bei Ken's Artisan Pizza Würfel geschnitten, aber wir sind dazu übergegangen, größere Stücke zu schneiden, die den Pizzaboden vollständiger bedecken; dadurch bleibt die Feuchtigkeit der Sauce darunter erhalten. In einigen Pizzerien werden die Stücke von Hand abgerissen, um die Pizza natürlicher wirken zu lassen. Dies sind stilistische Feinheiten. Ich kann Sie nur ermutigen, mit der Größe und Form Ihres geschnittenen oder zerpflückten Käses zu experimentieren, um Ihr Optimum zu finden.

DIE VERWENDUNG VON FEUCHTIGKEITSARMEM MOZZARELLA

Ich mag diesen Mozzarella, weil er nach dem Backen den Geschmack und die Textur annimmt, die die amerikanische Pizza auszeichnet. Mozzarella mit geringer Feuchtigkeit behält seinen halb flüssigen, geschmolzenen, heiß-dehnbaren Zustand sehr lange bei und bräunt oft stärker als sein frisches Pendant in Salzlake. Deshalb ist eine amerikanische Pizza in einer Schachtel mit diesem Käse drauf lange nach dem Backen gut zu essen – im Gegensatz zu einer Pizza mit frischem Mozzarella, die wirklich 10 Minuten, nachdem sie den Ofen verlassen hat, verspeist werden muss.

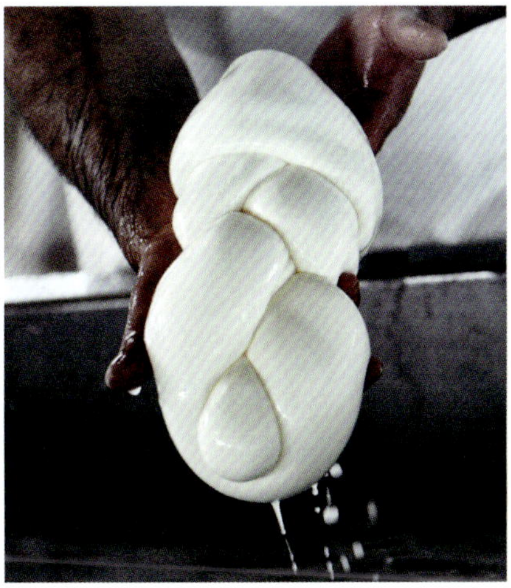

MOZZARELLA DI BUFALA

Mozzarella di bufala verliert beim Überbacken ein gutes Stück seiner Geschmeidigkeit. Wenn ich ihn daheim verwende (zum Beispiel in einer Margherita), lege ich ihn entweder kurz vor Backende auf die Pizza, oder ich backe ihn überhaupt nicht mit und lege ihn direkt auf die Pizza, wenn sie frisch aus dem Ofen kommt – oder man versetzt ihm einen schnellen Hitzestoß im Ofen, um ihn leicht zu erwärmen (wie bei der Prosciutto- und Bufala-Pizza in diesem Buch, Seite 167). In Kampanien wird frischer Mozzarella di Bufala 20–25 °C warm aufgetischt, weil sich so sein Geschmack am besten entfaltet. Wenn Sie dort einen frischen Mozzarella di Bufala serviert bekommen, wurde er wahrscheinlich am selben Tag hergestellt und nie gekühlt. Sie werden sich in diesem Moment zu den Glücklichen zählen. Am nächsten Tag und später würde dieser Käse zum Backen verwendet. Für besondere Anlässe gibt es eine geflochtene Version namens *Treccia*.

Locatelli

Bei Mozzarella mit niedrigem Feuchtigkeitsgehalt ist die Textur genauso wichtig wie der Geschmack. Beim Hineinbeißen muss er triefen und Fäden ziehen, sonst taugt er nichts. Mozz mit geringer Feuchtigkeit wird vor dem Belegen der Pizza zerkleinert und zerläuft gleichmäßig, um die Pizza mit einer klebrigen Käselava halb flüssig, halb fest zu bedecken. Vollmilch-Mozzarella mit niedrigem Feuchtigkeitsgehalt verleiht das reizvollste Mundgefühl und den besten Geschmack im Vergleich zu fettreduziertem oder entrahmtem Mozzarella (Betrug!). Je gelber der Mozzarella, desto älter und salziger ist er wahrscheinlich. Probieren Sie verschiedene Mozzarellasorten mit niedrigem Feuchtigkeitsgehalt aus, um diejenige zu finden, die Ihnen am besten gefallen. In der Regel bevorzuge ich für amerikanische Pizzen weiße, frische Marken wie Calabro und Losurdo.

Wenn Sie feuchtigkeitsarmen Mozzarella verwenden, raspeln Sie Ihren Käse selbst. Mit einer anständigen Kastenreibe (an der Seite mit den großen Löchern!) dauert es nur 1 Minute. Der geriebene Käse, den Sie im Laden finden, ist mit Stärke und anderweitig beschichtet, um ein Verklumpen zu verhindern, und er kostet auch mehr. Das wollen Sie doch nicht essen, oder?

Gereifter Hartkäse

Reibekäsesorten wie Parmigiano Reggiano, Grana Padano und Pecorino werden sehr häufig sowohl für Pizzen im neapolitanischen als auch im New Yorker Stil verwendet. Die AVPN-Definition von Pizza Margherita umfasst zwei Käsesorten: geriebenen Hartkäse und frischen Mozzarella. Eine Methode, die ich sehr mag, ist, eine Pizza sofort mit geriebenem Hartkäse zu bestreuen, nachdem sie aus dem Ofen kommt. Für Rezepte in diesem Buch, die Parmigiano Reggiano erfordern, können Sie ebenso gut Grana Padano nehmen. Diese beiden Käsesorten werden an denselben Orten mit denselben Techniken hergestellt und haben einen sehr ähnlichen Charakter, der Parmigiano Reggiano aber ist feiner – hergestellt aus einer hochwertigeren Milch – und reift länger.

Im Uhrzeigersinn von unten rechts:
Mozzerella di Bufala; Burrata di Bufala; Pecorino Romano; Caciocavallo; Pecorino Tartufo.

Salz

Für die Pizzateigrezepte in diesem Buch verwenden Sie bitte feines Meersalz und kein Jodsalz, da es auch danach schmeckt. Ich empfehle feines Meersalz, weil es sich im Gegensatz zu grobem Salz schnell in Wasser auflöst. Der Vielfalt an Texturen, Körnungen und mineralischen Aromen von Finish-Salzen aus Hawaii, Oregon, Portugal etc. sind keine Grenzen gesetzt. Ich bin ein großer Fan von Jacobsen Salt, einem Händler in Portland, der sich auf handgeerntetes Salz aus Netarts Bay, Oregon, spezialisiert hat. Das Flockensalz von Jacobsen hat eine schöne Textur, sieht gut aus und schmeckt einwandfrei.

Kalkulieren Sie auch den Salzgehalt in den Toppings mit ein. Käse und vor allem Wurst sind schon salzig genug, sodass die fertige Pizza nicht mehr groß nachgewürzt werden muss. Mozzarella mit niedrigem Feuchtigkeitsgehalt enthält mehr Salz als frischer Fior-di-Latte-Mozzarella. Reibekäsesorten wie Pecorino und Parmigiano Reggiano (in der Regel 12–24 Monate alt, manchmal auch länger) sind von Haus aus salziger. Wenn Sie eine Pizza großzügig mit geriebenem Pecorino und dann einem gereiften, feuchtigkeitsarmen Mozzarella (wie der Marke Grande) bestreuen, erhalten Sie womöglich eine sehr salzige Pizza. Den Käse kann man auch kombinieren – eine Praxis, die überall in guten Pizzerien üblich ist, aber man sollte es mit der Menge an gereiftem oder hartem Käse nicht zu sehr übertreiben. Die allgemeine Kochregel lautet: Wenn eine Zutat salzig ist, wird sie mit anderen Zutaten, die es nicht sind, ausgeglichen.

KÄSETALK MIT STEVE JONES

Ich habe mich mit meinem Freund Steve Jones zu einem Gespräch über Käse und Pizza zusammengesetzt. Steve ist ein Käsehändler aus Portland, dem die Cheese Bar, das Cheese Annex in The Commons Brewery (gleich um die Ecke von meiner Trifecta Tavern & Bakery) und das Chizu, eine Sushi-inspirierte Käsebar in der Innenstadt, gehört.

Auf Seite 246 finden Sie ein Rezept für Raclette-Pizza von Steve Jones. Seine Pizza – Sie können sich später noch bei ihm bedanken! – ist mit in Bier geschmortem Lauch, Raclette-Käse und Bratkartoffeln belegt. Her damit!

Ken: *Du hattest eine Reihe von Pizza-Abenden in der Cheese Bar. Was war deine Lieblingskäsesorte auf den von dir zubereiteten Pizzen?*

Steve: Taleggio, Raclette und Stinkeweichkäse mit gewaschener Rinde. Die passen sehr gut zu würziger Wurst wie Soppressata oder scharfer Coppa. Den Taleggio mag ich mit Tomatensauce. Der Raclette-Käse passt hervorragend zu Kartoffeln und Lauch, ohne Tomatensauce, und wir haben die Pizza sogar mit gehackten Cornichons bestreut.

Brebis, ein frischer Schafsweichkäse mit weißer Schimmelrinde, ist großartig, und wir freuen uns jedes Jahr auf die Frühlingssaison. Wir behandeln ihn wie Fromage blanc (Frischkäse). Wenn die Schafe gerade gelammt haben, hat die Milch die wertvollsten Fette und schmeckt ein wenig grasig. Wir kombinieren den Brebis mit anderen Frühlingszutaten: Erbsen, Frühlingszwiebeln und auch Minze. Der Crescenza, auch Stracchino genannt, ist ein weiterer Favorit: Dieser cremige, leicht verteilbare Weichkäse hat eine hefige Note und passt gut zu Speck und Rucola. Er wird von Bellwether Farms in Kalifornien hergestellt.

K: *Worauf achtest du bei der Auswahl eines Käses, der mit anderen Toppings kombiniert werden soll?*

S: Zu allererst auf die Schmelzfähigkeit. Unterschiedliche Aromanuancen, die natürlich auch harmonieren sollen. Einige Käsesorten schmelzen einfach nicht so gut, einschließlich der meisten Schafskäsesorten, wenn sie gealtert sind; dann nämlich werden sie krümelig. Gleiches gilt für gereiften Ziegenkäse. Eine eh schon geschmacksintensive Zutat wollen wir nicht auch noch mit würzigem Käse vermählen, also passt der Raclette hervorragend zu Kartoffeln, und wenn wir Schweinefleisch hinzunehmen, dann nur Stückchen. Die Zusammenstellung des Pizzabelags gelingt uns immer am besten, wenn wir saisonfrische Slow-Food-Zutaten aus ein und derselben Region verwenden, also Taleggio und Speck, Raclette-Käse und Kartoffeln, Frühlingskäse mit Frühlingsgetreide.

K: *Was sind deine liebsten Schmelzkäsesorten?*

S: Die Liste könnte mit Raclette-Käse beginnen und enden. Er ist preiswert und voller Geschmack und schmilzt wunderbar.

K: *Was ist mit der Säure im Käse?*

S: Ziegenkäse, wenn er jung und frisch ist, hat eine schöne Zitrusnote, ziemlich oft Zitrone, während ein gereifter Ziegenkäse eher ins Exotische geht bzw. sehr mild ist. Beim Altern des Käses entfalten sich komplexere Aromen.

K: *Ich liebe es, eine Pizza nach dem Backen mit Burrata zu belegen. Weißt du, wie er gemacht wird? Ich weiß nur, dass dieser Mozzarella ein flüssiges Sahneherz hat.*

S: Ich bin mir sicher, dass der allererste Burrata aus Resteverwertung entstand. Nach der »Nichts verschwenden«-Mentalität wurde am Ende einer Charge der frische Käsebruch mit heißem Wasser übergossen und von Hand geknetet, bis er lange, aber nicht reißende Stränge bildete. Dann wurde der gummiartige Käse zu einem Säckchen geformt und mit faserig gezupftem Mozzarella (ital. *Filata*) und frischer Sahne gefüllt.

K: *Ich tu mich schwer, einen amerikanischen gereiften Mozzarella zu finden, der gut schmilzt, nicht zu schnell anbräunt und nicht zu salzig schmeckt. Irgendwelche Empfehlungen oder Ideen?*

S: Versuch's doch mal mit der Marke Polly-O! Das ist ein marktgängiger Pizzakäse. Eine US-Marke.

K: *Warum wird ein Käse umso salziger, je älter und je härter er wird? Ist dies ausschließlich auf Feuchtigkeitsverlust zurückzuführen, oder wird gereifter Käse mit mehr Salz hergestellt, um ihn zu konservieren?*

S: Beides. Zum Haltbarmachen auf jeden Fall. Den meisten Leuten ist gar nicht mehr bewusst, was Käse ursprünglich mal war: konservierte Milch. Die Kühe, die Schafe, die Ziegen, die nach ihrem natürlichen Rhythmus leben, produzieren nicht das ganze Jahr über Milch, sondern nur nach dem Kalben bzw. Lammen in den Frühlings- und Sommermonaten. Heute befruchten wir Kühe künstlich, um ganzjährig Milch zu bekommen. Schafe aber können immer noch nicht ausgetrickst werden – sie haben ihr eigene Laktationsperiode. Der Salzgehalt im Käse und seine Reifung erklären sich aus der Tradition heraus. Käse wurde üblicherweise für den späten Winter hergestellt, wenn andere Nahrungsmittel – Getreide und Vorratsfrüchte – zur Neige gingen. Der Vorrat an Käse und Bier reichte bis zum Frühling.

K: *Wann genau im Herstellungsprozess wird dem Käse Salz zugesetzt?*

S: Das Salz stammt aus einem Solebad für vielerlei Käsesorten, wie Parmigiano Reggiano (der viele Tage im Solebad liegt) und Mozzarella (in einem kurzen Minutenbad). Bei anderen Käsesorten wird der Milch vor dem Bruch oder nach dem Abgießen der Molke Salz zugesetzt.

Hefe

Wenn man bedenkt, dass 1 TL Instant-Trockenhefe ungefähr 15 Milliarden lebensfähige Hefezellen enthält (ja, ich habe das überprüft – sie sind wirklich winzig), ist eine genaue Messung hilfreich, um stimmige Ergebnisse zu erhalten.

Ein ¼ TL Instant-Trockenhefe wiegt praktischerweise fast 1 g. Da einige Leute keine Digitalwaage haben, die präzise auf 0,1 g misst, verwende ich Bruchteile von ¼ TL, um so nah wie möglich an das Gewicht heranzukommen, wie ich es manchmal fordere. Mit ein wenige Spielraum gelingen die Rezepte dann auch (wenn nicht, siehe Seite 85 für Informationen über eine erschwingliche Waage, die genau von 0,1 bis 100 g misst.) Alternativ kann man mit ¼ TL Hefe (etwa 1 g) eine Linie streuen und diese zehnteln. So lassen sich ziemlich einfach 0,1 g, 0,3 g oder wie auch immer im Rezept angegeben messen.

Die Pizzateigrezepte in diesem Buch erfordern Instant-Trockenhefe. Im Laden finden Sie wahrscheinlich drei Arten von Trockenhefe: Aktivhefe, Schnellhefe und Instant. Ihr Gattungsname *Saccharomyces cerevisiae* bedeutet »Zuckerpilze«. Was sie unterscheidet, ist ihre Ummantelung, die Art und Weise, wie die Hefe hergestellt wird, und ihre Triebkraft. In meiner Bäckerei verwenden wir SAF Red Instant Yeast. Ich empfehle eine 455-g-Packung, die auf der Website von King Arthur Flour oder in anderen Online-Shops erhältlich ist. Luftdicht im Kühlschrank aufbewahrt, hält sie sich 6 Monate. Jeffrey Hamelman, der Bäckermeister von King Arthur Flour, erzählte mir, dass er in seinem Gefrierschrank eine Hefe aufbewahrt hat, die – luftdicht eingewickelt – seit mehreren Jahren konstant funktioniert.

AUSSTATTUNG

Einige der hier aufgeführten Utensilien sind unerlässlich – ein Pizzastahl oder Pizzastein, eine Digitalwaage zum Abmessen der Zutaten und ein Einstichthermometer zum Messen der Wasser- und Teigtemperatur (siehe Seite 59). Für andere gibt es Alternativen: Eine große Küchenschüssel mit einem verschließbaren Deckel kann den 6-l-Teigbottich ersetzen; eine Backpfanne erfüllt ihren Zweck genauso gut wie eine halbes Pizzablech; zur Saucenherstellung eignet sich auch ein Mixer, wenn Sie keine Passiermühle haben; eine Lloyd-Deep-Dish-Pfanne braucht man nur für ein einziges Rezept in diesem Buch (Bar-Pies, Seite 201).

Die Wahl des Ofens möchte ich hier bewusst nicht weiter erörtern. Ich habe dieses Buch mit Rezepten geschrieben, die ich in meinem nicht sehr ausgefallenen Standardküchenherd daheim getestet habe. Rezepttester, die verschiedenste Markenöfen im Privathaushalt verwenden, haben hervorragende Ergebnisse erzielt, die meinen in nichts nachstehen. Die meisten Haushaltsöfen schaffen bis zu 275 °C oder 290 °C Backtemperatur und haben eine Grillfunktion. Das ist alles, was Sie brauchen, um eine gute Pizza zu machen. Ich mache in diesem Buch zwar ein paar Anmerkungen zum Backen im Holzofen, aber jedes Rezept ist für einen Standardküchenherd konzipiert.

Pizzastahl oder Pizzastein

Ein Pizzastein war früher die einzige Möglichkeit, Steinofenpizzen auf einer heißen, irdenen Fläche daheim zu backen. Mittlerweile ist etwas noch Besseres auf dem Markt: der Pizzastahl aus 6 mm dickem Stahl. Stahl ist leitfähiger als Stein, und bei allen meinen Backtests erziele ich damit hervorragende Ergebnisse. Der Stein gibt die Wärme nicht so schnell ab. Auf Stahl hingegen wird der Pizzaboden viel schneller und intensiver gebacken, was wir ja wollen, und die Leopardenflecken sind – genau wie in einer guten Pizzeria – viel ausgeprägter.

Pizzastähle haben die gleichen Abmessungen wie ein Pizzastein, der dicke Stahl aber wird nicht rissig oder brüchig, wie das bei einigen minderwertigen Pizzasteinen der Fall ist. Pizzastahl ist etwas teurer, dafür hält er aber auch ein Leben lang und länger.

Andris Lagsdin von Stoughton Steel verdient Anerkennung dafür, dass er als Erster einen Pizzastahl auf den Markt gebracht hat – obwohl er zugibt, dass er seinerseits von Nathan Myhrvolds Modernist Cuisine inspiriert wurde. Pizzastahl funktioniert so gut, dass er inzwischen Konkurrenz hat. Ich habe meinen Pizzastahl online bei Stoughton Steel gekauft (eingebrannt und inklusive Versandkosten für 79 $). Ein guter Pizzastein ist nicht so teuer wie Pizzastahl. Bitte vor dem Kauf immer die Kundenbewertungen lesen: Es gibt einige Marken, die hohen Backtemperaturen nicht standhalten.

Pizzaschieber aus Holz

Ein Holzschieber mit einer Schaufelbreite von etwa 35 cm und einem kurzen oder mittellangen Griff ist die bessere Wahl. Wie ich festgestellt habe, bleibt der Teig eher an einem Metallschieber kleben.

Teigwanne

Ich empfehle den Kauf einer runden 6-l-Plastikwanne, um den Teig von Hand zu mischen und aufgehen zu lassen. Ich verwende durchsichtige Wannen der Marke Cambro (sogenannte Aufbewahrungsbehälter) mit passenden Deckeln. Sie sind online und in den meisten Restaurantbedarfsgeschäften erhältlich, die auch an das breite Publikum verkaufen.

Für welche Marke Sie sich auch entscheiden, die Teigwanne sollte unbedingt aus lebensmittelechtem Kunststoff sein. Wichtig: Der Behälter muss groß genug zum Mischen von Hand und zur Aufnahme des Teigs sein, wenn er sich ausdehnt (normalerweise verdoppelt er sein Volumen); die Cambro-4-l-Wanne zum Beispiel ist zu schmal, um ein einfaches Mischen von Hand zu ermöglichen. In runden Behältern lassen sich Zutaten leichter einarbeiten, Kanten und Ecken machen es schwieriger. Bei einer transparenten Wanne kann man das Aufgehen des Teigs mitverfolgen. Und Sie brauchen einen Deckel, damit der Teig während des Gehens nicht austrocknet.

Frischhalteboxen

Zum Wiegen von Salz, Hefe, Käse, Sauce und Toppings auf meiner Digitalwaage verwende ich kleine Plastikboxen, gerade so groß wie eine oder zwei Portionen Kartoffelsalat zum Mitnehmen. Sehr praktisch! Zum Aufbewahren von Tomatensauce im Kühlschrank verwende ich 1-l-Plastikbehälter mit passenden Deckeln. Sie können auch jede andere Art von Vorratsdosen oder -behälter nehmen, die Sie zur Hand haben.

Digitale Küchenwaage

Keine Frage: Das Messen von Zutatenmengen mit Gewichtsanzeige funktioniert besser als das Abwiegen ohne Waage mit Cups und Esslöffeln. Ihre 350 g Wasser werden mit meinem Messresultat identisch sein, aber bei einer Mengenangabe von 1 ½ Cups wäre ich weniger optimistisch. Schon ein Schuss Wasser kann die Konsistenz des Teigs stark verändern. Ebenso kann sich 1 EL mehr oder weniger Mehl auf die Textur des fertigen Teigs auswirken. Mit einer Küchenwaage werden Ihre Backwaren zuverlässig besser, und Sie werden garantiert noch viele andere Verwendungen dafür finden.

Ich empfehle wirklich zwei preiswerte Waagen, obwohl Sie bei größeren Messeinheiten mit nur einer auskommen können – oder suchen Sie nach einer Waage, die von 0,01 bis zu 2000 g (2 kg) messen kann. Fast alle Waagen rechnen Pfund und Unzen in metrische Einheiten um. Zu Hause und in der Arbeit benutze ich gerne Lebensmittelwaagen von Oxo wegen ihrer ausziehbaren Anzeige.

Eine andere günstige Feinwaage (für etwa 13 Euro), die in 1/100-g-Schritten misst, eignet sich gut zum Abwiegen von Hefe. Ich mag die amerikanische Waage ACP-200, die von 0,01 bis 100 g misst. Mehrere Teigrezepte in diesem Buch erfordern sehr kleine Mengen Hefe – 0,1 oder 0,2 g. Vom Volumen her kann ich diese Mengen am ehesten beschreiben, indem ich die Prozent von ¼ TL nach Augenmaß schätze – zum Beispiel ⅕ eines ¼ TL. Dem Gewicht nach sind es 0,2 g Instant-Trockenhefe, und das zu messen, ist unkompliziert und verlässlich. Da jedoch ein ¼ TL Instant-Trockenhefe fast 1 g wiegt, können Sie Bruchteile dieses ¼ TL schätzen, um sich dem Gewicht in jedem Rezept anzunähern (siehe Seite 82).

Lebensmittelfolie

Folienspender mit gezahnter Abrisskante, wie sie im Handel erhältlich sind, haben so ihre Tücken. Frischhaltefolien für den Hausgebrauch sind seltsamerweise viel schwieriger zu handhaben als Lebensmittelfolien aus der Gastrobox. Erstere sind oft nur schwer abreißbar, ihre Haftfähigkeit lässt zu wünschen übrig, und überhaupt, es ist einfach ätzend! Eine Lebensmittelfolie, die für Restaurantküchen entwickelt wurde, wo sie jeden Tag viele Male verwendet wird, um alles ratzfatz zu verpacken, was luftdicht aufbewahrt werden muss, schont die Nerven.

In den Teigrezepten dieses Buches müssen die frisch geformten Panetti luftdicht gelagert werden. Die Teiglinge sollten auf einen oder mehrere bemehlte Teller gelegt und in Folie eingewickelt werden; dann bis zur Verwendung ruhen lassen. Gastroboxen sind selten, wenn überhaupt, in einem Supermarkt erhältlich. Man kann sie online oder in Geschäften für Restaurantbedarf finden, die auch für den Privatgebrauch verkaufen. Eine Box (ca. 30–45 cm breit) hält Jahre, und ich verspreche Ihnen, dass Sie nie wieder die ganz normale Folie verwenden werden.

Digitales Sondenthermometer

Unerlässlich, um sicherzustellen, dass Ihr Schüttwasser die richtige Temperatur hat, und um die Endtemperatur des fertig gemischten Teigs zu messen. Anders als bei analogen Sondenthermometern, die langsamer und weniger genau sind, können Sie hier die Daten sofort ablesen. Beides zu messen, ist einfach und auch wichtig, um eine

gleichbleibend gute Teigqualität zu gewährleisten. Das Thermometer (es sollte weniger als 15 Euro kosten) wird in der Küche auch andere Verwendungszwecke haben, insbesondere um die Kerntemperatur von Fleisch während des Garens zu messen. Taylor, Cooper-Atkins und CDN sind Marken, die ich empfehlen kann.

Teigschaber aus Edelstahl

Einfach unverzichtbar in meinen Bäckereien und Pizzerien. Wir nennen es Tischmesser und verwenden es, um Brot- und Pizzateig manuell in schöne Stücke zu schneiden. Diese sind preiswert (zwischen 5 und 10 Euro) und leicht online und in den meisten Küchengeschäften zu finden.

Nudelholz

Für Bar-Pizzen mit dünnem Boden, Pizza Romana und Pizza nach Staten-Island-Art verwende ich ein Nudelholz, um den Teig – wenn ich das so will – papierdünn auszurollen. Mein Nudelholz hat einen Durchmesser von 4 cm und ist eine schlichte Rolle ganz ohne Griffe. Seitliche Griffe braucht man nur, wenn man auf die Rolle viel Druck ausüben muss, wie zum Beispiel bei Blätterteig. Ohne Griffe haben die Hände das bessere Gefühl für die Rolle und den Teig. Für Butterteige, die beim Auswallen kalt bleiben müssen, sind Rollen aus Metall, Stein oder anderen Materialien besser. Holz wiederum bleibt am Pizzateig weniger hängen.

Halbes Pizzablech

Backbleche werden in einer Bäckerei oder einem Restaurant sehr vielseitig verwendet, sodass wir in jeder meiner Lokalitäten gleich mehrere haben. Ein Gastrobackblech misst 46 × 66 cm und lässt sich bequem in einen handelsüblichen Ofen schieben. Im Privathaushalt passt das halbe Backblech (33 × 46 cm) gut in einen Standardofen. Normalerweise kosten sie in einem Restaurantbedarfsgeschäft etwa 8–10 Euro und bestehen meist aus Aluminium. Die Pfannenpizzen und Pies in diesem Buch – Grandma Pie (Seite 198), Simple Tomato Pie (Seite 183), Pizza Bianca und Pizza Rossa (Seite 179) – verwenden das halbe, manchmal mit Backpapier ausgelegte Backblech.

Deep-Dish-Backform

Dieser Artikel ist kein Muss, da es in diesem Buch nur ein Rezept gibt, Adam Kubans »Love Supreme«-Bar-Pizza (Seite 201). Viele werden feststellen, dass sich der Kauf allein für diese Pizza und andere Bar-Pies lohnt, weil die Backform für eine dicke Kruste unerlässlich ist. Wenn Sie eine kaufen, dann die runde Deep-Dish-Form von Lloyd (RND-14324-PSTK) für 29,99 $ plus 10 $ für den Versand)! Ein niedrigerer Rand (gleich niedriger Preis) macht es leichter, die Pizza aus der Form gleiten zu lassen. Aber das Beste an dieser perforierten Antihaftbackform ist, dass man keinen zusätzlichen Backstahl oder -stein braucht. (Manchmal tropft Käsefett auf den Stein, und dann ist die ganze Küche voller Rauch.)

Rundes Pizzablech für Bar-Pizzen (aus Aluminium, mit 30 cm Durchmesser)

Auch das ist kein Must-have, vor allem weil diese Form nur in der Gastronomie verwendet wird, für Bar-Pies aber ist sie der Clou. Sobald die Pizza auf dem Antihaftblech gebacken ist, lege ich sie mithilfe einer Zange auf das Alublech, schneide den Pie in Stücke und esse ihn direkt aus dieser Form für 5 Euro. Absolut kein Muss. Und doch ...

Backpapier

Zum Backen von Pfannenpizzen vom halben Backblech empfehle ich oft, die Form mit Backpapier auszulegen. Sie können ganze Blätter Backpapier für Gastrobleche verwenden und sie dann auf halbe Größe zuschneiden, oder Sie können auch bereits zugeschnittenes Backpapier (33 × 46 cm) kaufen.

Passiermühle oder Mixer

Die Rezepte in diesem Buch bieten zwei Möglichkeiten für die Saucenzubereitung: in einem Mixer oder in einer Passiermühle. Meist verwende ich einfach den Mixer: Tomaten und andere Zutaten hineingeben, Knopf drücken und ganz kurz pulsieren, bis die Tomaten zerkleinert sind und eine breiige, nicht wässrige Sauce entsteht. Ich drücke nur zwei oder drei Mal sehr kurz auf die Pulse-Funktion, und fertig! Zu starkes Pürieren macht die Sauce wässrig. Einige der besten Pizzerien geben die Tomaten in eine Passiermühle. So bleibt die Textur des Fruchtfleischs erhalten und wird gleichzeitig mit dem Saft aus den Tomatendosen verrührt.

Wenn Sie nur einen Mixer haben, müssen Sie nicht extra noch eine Passiermühle kaufen. Wenn Sie eine solche jedoch haben, ist dies eine hervorragende Verwendung dafür. Und wenn Sie nur eine Passiermühle haben, sind Sie auch gut aufgestellt. Das geht ganz fix: Ich kann damit eine Dose Tomaten in ca. 2 Minuten verarbeiten.

Kastenreibe

Viele der Käsesorten, die wir zum Belegen von Pizzen verwenden, schmelzen am besten, wenn sie gerieben werden. Einige der Rezepte in diesem Buch verlangen feuchtigkeitsarmen (aber nicht fettarmen) Mozzarella, Provolone, Parmigiano Reggiano, Pecorino und Caciocavallo, die alle in Stücken gekauft und händisch gerieben werden sollten. Die Kastenreibe ist günstig und einfach in der Handhabung. Verwenden Sie die großen Reibelöcher für Käse mit mittelfester Konsistenz, wie Provolone und Mozzarella mit niedrigem Feuchtigkeitsgehalt, und mittelfeine Löcher für Hartkäse wie Parmesan.

KAPITEL 5
METHODEN

Selbst wenn Sie noch keine Erfahrung haben, kann ich Ihnen das Einmaleins des Pizzabackens beibringen, das Sie ein Leben lang behalten werden. Der Teig lässt sich ohne Rührgerät in 5 Minuten zubereiten. Nach 2 Stunden Gare braucht man noch mal 5 Minuten, um die Teiglinge zu formen. Auch die Sauce ist schnell gemacht, weil sie nicht gekocht werden muss. Ofen vorheizen, Käse schneiden, frische Basilikumblätter abzupfen, Salamischeiben schneiden, den Teig auf ein Pizzablech verteilen, belegen, und dann ab in den Backofen!

Der kniffligste Teil ist – wenn man noch nicht so geübt ist – das Ausziehen des Teiglings zu einer runden Scheibe. Und auch das Hantieren mit dem Holzschieber will gelernt sein, wenn Sie Ihre Teigscheibe auf den vorgewärmten Pizzastein oder -stahl geben. Ich empfehle Ihnen, zuerst einmal auf der Arbeitsfläche mit einer unbelegten Scheibe zu üben, damit Sie ein Gefühl dafür bekommen; dann noch ein- oder zweimal mit der Schaufel in den Ofen einschieben. Wenn etwas schiefgeht, gibt es keine Sauerei. Es kann ein oder zwei Versuche dauern, bis Sie das aus dem Effeff beherrschen. Wenn es mit dem Transfer klappt, können Sie die Kruste erst vorbacken (siehe Seite 196), dann belegen und fertig backen. So fällt kein Teigling dem Missgeschick zum Opfer. Dies ist der einfachste Weg, möglichst straffrei aus Fehlern zu lernen. Anleitungen im Detail und Fotos finden Sie in diesem Kapitel. Gerne können Sie sich dazu auch meine englischsprachigen Lehrvideos auf kenartisan.com anschauen.

Haben Sie Spaß dabei und scheuen Sie sich nicht, Fehler zu machen. Gerne können Sie auch doppelt so viele Zutatenmengen verarbeiten, damit das Abendessen nicht wegen einer hohen Ausschussquote ins Wasser fällt. Unsicheren Anfängern lege ich die Pan-Pizza-Rezepte ans Herz. Diese Art von Pizza ist einfacher in der Zubereitung – weniger fehleranfällig –, und überhaupt, Grandma Pies sind toll!

Im folgenden Kapitel biete ich mehrere Teigrezepte mit jeweils unterschiedlich langer Teigführung an, die von Teig am selben Tag bis zum 24- oder 48-Stunden-Kühlschrankteig reichen. Die meisten Teige sind vielseitig verwendbar und passen für 90 Prozent der Rezepte in diesem Buch, also wählen Sie entsprechend Ihrem Lebensstil. Guter Pizzateig entsteht nicht in nur ein paar Stunden, daher folgt jedes Teigrezept meiner »Zeit als Zutat«-Philosophie. Dennoch besteht die jeweilige Misch- und Knetzeit nur aus wenigen Minuten.

Sobald Sie sich mit den hier besprochenen Techniken vertraut gemacht haben, darunter das Mischen des Teigs von Hand, das Formen von Teigkugeln, das Stretchen des Teigs zu einer runden Scheibe oder das Auslegen in einer Backform, das Zubereiten von Sauce und das Backen selbst, gelingt Ihnen jede Pizza aus diesem Buch.

WASSER, SALZ, HEFE, MEHL

Wie ich in der Einleitung beschrieben habe, hat meine Recherche-Reise nach Italien meine Herangehensweise verändert und mich zu einigen Kurskorrekturen veranlasst, was das Pizzabacken zu Hause betrifft. Zuallererst musste mein Ansatz unbedingt »italienischer« werden (im Gegensatz zum Titel meines ersten Buchs *Mehl, Wasser, Salz, Hefe – Alles über gutes Brot*), sprich, die Zutaten müssen in der Reihenfolge hinzufügt werden, wie es die *Pizzaioli* machen. Ich habe die Inhalte ihrer Lektion verinnerlicht, weshalb ich Ihnen in diesem Buch folgenden Dreischritt vorschlage:

1. Wasser in die Teigwanne geben, dann das Salz einrühren, bis es sich aufgelöst hat.
2. Die Hefe hinzufügen. Rühren, bis sie sich aufgelöst hat.
3. Mehl hinzugeben und den Teig von Hand kneten.

Wer *Mehl, Wasser, Salz, Hefe – Alles über gutes Brot* gelesen hat, mag stutzig werden: »Aber was ist mit der Autolyse?« Dieser Schritt dauert ungefähr 20 Minuten, und während er für das Brotbacken sehr geeignet ist, ist er für Pizzateig nicht nötig (siehe Seite 63), daher entfällt das in diesem Buch. So wird das in Neapel gemacht, es funktioniert hervorragend, und es spart Zeit.

Ich musste auch lernen, wie ein *Pizzaiolo* statt wie ein Brotbäcker zu denken, um die neapolitanische Teigherstellungspraxis zu übernehmen: Die letzte Reifephase des Teiglings, die als Stückgare bezeichnet wird, muss länger sein als die erste Ruhezeit, die sogenannte Stockgare. Für mich, der immer die Sichtweise eines Brotbäckers auf Pizzateig angewendet hatte, war das eine richtige Kehrtwende, und es dauerte eine Weile, bis ich das vollständig akzeptierte. Aber ich habe es angenommen, denn die Ergebnisse sind unbestreitbar besser: Die Kruste ist zarter und weniger zäh, jedoch knusprig und leicht. Anstatt also Teig zu machen und ihn gehen zu lassen, bis sich sein Volumen verdoppelt hat, lassen wir ihn bei den Rezepten dieses Buchs meistens nur zu 50 Prozent aufgehen und formen dann Teiglinge für die Stückgare, die sich dann auf das Zweifache vergrößern. Man spricht hier eher von Ausdehnung statt von Aufgehen.

GROSSARTIGE PIZZA, SCHRITT FÜR SCHRITT

Nehmen Sie sich bitte Zeit, diesen Abschnitt durchzulesen und den Prozess zu visualisieren, damit Sie beim Pizzabacken weniger nachdenken müssen.

Schritt 1: Teigzutaten messen und kombinieren

Legen Sie sich erst Ihren Beutel Mehl, feines Meersalz und Instant-Trockenhefe oder Starter zurecht. Außerdem brauchen Sie noch einen Behälter für Schüttwasser (1 l ist groß genug, aber was auch immer Sie in Ihrer Küche haben, ist in Ordnung, solange Sie daraus gießen können), Ihre Waage(n), Ihre Thermometer (falls vorhanden; sehr zu empfehlen!), Teigwanne, einen kleinen Behälter zum Messen von Salz und Hefe und einen weiteren 1-l-Behälter zum Messen von Mehl (siehe Kapitel 4, wenn Sie Fragen dazu haben).

SCHÜTTWASSERTEMPERATUR PRÜFEN

Füllen Sie Ihren Wasserbehälter mit heißem und kaltem Leitungswasser, bis eine Temperatur von 32 °C oder 35 °C erreicht ist. Wenn Sie kein digitales Sondenthermometer haben, schätzen Sie die Temperatur: Wasser fühlt sich bei 41 °C ziemlich heiß an.

DIGITALWAAGE

Verwenden Sie eine digitale Küchenwaage, um Ihre Zutaten abzuwiegen: den leeren Behälter auf die Waage stellen und die »Null«-Taste der Waage (manchmal mit »Tara« bezeichnet) drücken. Wenn die Waage auf Null steht, die Zutaten vorsichtig eingießen, bis das gewünschte Gewicht erreicht ist.

Stellen Sie zuerst Ihre leere 6-l-Teigwanne auf die Waage, dann auf Null stellen und die im Rezept angegebene Menge Wasser hineingeben.

SALZ HINZUFÜGEN

Stellen Sie Ihren kleinen Behälter auf die Waage, dann auf Tara einstellen und das Salz laut Rezept abwiegen. In der Teigwanne mit Wasser schwenken, damit es sich auflöst.

HEFE ODER STARTER HINZUFÜGEN

Stellen Sie Ihren kleinen Behälter auf die Waage, auf Tara einstellen und die Hefe oder den Starter für das Rezept abwiegen. Die Wasser-Salz-Lösung hinzufügen, 1 Minute stehen lassen und das Wasser im Behälter schwenken, damit sich die Hefe darin auflöst. Einen Levain (der wohlgemerkt klumpt!) geben Sie von Hand in die Wasser-Salz-Lösung. Die Klümpchen werden beim Fertigmischen des Teigs eingearbeitet.

MEHL HINZUFÜGEN

Stellen Sie die 6-l-Teigwanne auf die Waage, dann auf Null setzen und das Mehl nach Rezept abwiegen.

Schritt 2: Den Teig mischen

Ich empfehle (und genieße es), den Teig von Hand in der Teigwanne zu mischen, in der er dann auch aufgehen wird. Dies ist der effizienteste Weg – es kann in nur 1 Minute erledigt werden, und man hat nur sehr wenig Reinigungsaufwand.

Sobald das Mehl in die Wasser-Salz-Hefe-Lösung in der Teigwanne gegeben wurde, den Wannenrand mit der schwächeren Hand halten und mit der anderen Hand alles miteinander verrühren, dabei unter den sich bildenden Teig greifen und das lose Mehl nach und nach vom Wannenboden abtupfen, bis alles in den Teig eingearbeitet ist.

Dann kneifen Sie im Zangengriff mit Daumen und Zeigefinger große Teigstücke heraus und schnappen so fest zu, dass der Teig durchgeschnitten wird. Tun Sie dies wiederholt und arbeiten Sie sich durch die gesamte Teigmasse. Drehen Sie mit der anderen Hand die Wanne, während Sie mischen, um Ihrer aktiven Hand einen guten Angriffswinkel zu geben.

Den Teig fünf- oder sechsmal durchschneiden und noch ein paar Mal übereinanderfalten. Die Falte entsteht dadurch, dass man gerade unter die Hälfte des Teigs greift, ihn dehnt und über die verbleibende Hälfte faltet. Diesen Vorgang 30–60 Sekunden wiederholen, abwechselnd schneiden und falten. Dann können Sie die Teiglinge mit Ihrer sauberen Hand von Ihrer aktiven Hand abziehen.

Messen Sie am Ende des Mischens die Teigtemperatur mit einem Fühlerthermometer. Ziel ist es, eine Umgebung zu schaffen, die die Gare beschleunigt. Da wir so wenig Hefe verwenden, muss die Teigtemperatur warm genug sein, um den Stoffwechsel der Hefe anzukurbeln.

Notieren Sie am Ende des Mischvorgangs die Zeit und die Teigtemperatur. Wenn die Teigtemperatur deutlich unter dem Sollwert von 27 °C liegt – zum Beispiel 21 °C –, dann wird Ihr Teig länger brauchen, um sich zu entwickeln, und es wäre eine gute Idee, einen warmen Ort für die Stockgare zu finden. In meinen Aufgehplänen basiert die Zeitspanne für die perfekte Teigführung auf einem Raum mit 21–23 °C tagsüber und 19 °C über Nacht. Teig dehnt sich im Sommer schneller und im Winter langsamer aus. Die endgültige Mischtemperatur des Teigs und die Umgebungstemperatur sowie die Menge an Sauerteig bestimmen die Teigentwicklung. Auch Salz spielt eine Rolle, da es die Aktivität der Hefe verlangsamt. Ich habe all diese Elemente für Sie herausgefunden, also keine Sorge, man muss sich nicht alles selbst erarbeiten! Aber wenn Sie

Um von Hand zu mischen, verrühren Sie Mehl, Wasser, Salz und Hefe mit der Hand und wenden dann für die Weiterverarbeitung die Kneiftechnik an.

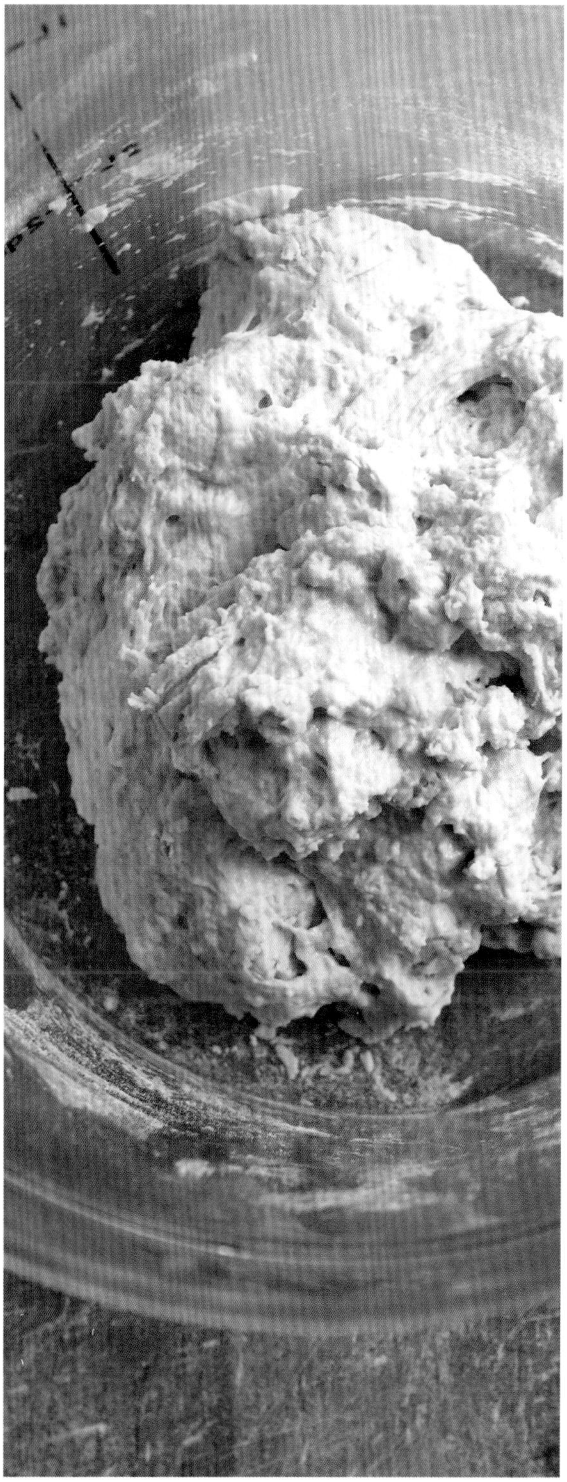

ANPASSUNG VON TEIG-REZEPTEN FÜR PAN-PIZZA

Der Samstags-Pan-Pizzateig (Seite 122) eignet sich gut als Anfängerübung. Aber Sie können jedes der Rezepte für Langzeitführung in diesem Buch verwenden, um eine mitteldicke Pfannenpizza wie den Grandma Pie (Seite 198) zuzubereiten. Anstatt den Teig zu zerteilen, um Panetti zu formen, machen Sie aus der ganzen Charge eine einzige Teigkugel und befolgen Sie dann die restliche Schritt-für-Schritt-Anleitung für diesen Teig.

sich aus einer Laune heraus entscheiden, einen Teig mit kaltem Wasser anzurühren, wissen Sie im Voraus, dass der von mir erfasste Zeitplan nicht mehr funktioniert. Die Teigführung dauert dann länger. Verwenden Sie beim nächsten Mal wärmeres oder kühleres Schüttwasser, wenn Ihre Mischtemperatur unter oder über 27 °C lag.

Schritt 3: Den Teig kneten und aufgehen lassen

Den fertig gemischten Teig 15–20 Minuten stehen lassen und dann zu einer Teigmasse verkneten. Das geht am einfachsten auf einer leicht bemehlten Arbeitsfläche. Mit bemehlten Händen unter den Teig greifen und aus der Teigwanne auf die bemehlte Fläche legen. Schlagen Sie den Teig ein und falten und drehen Sie ihn wiederholt etwa 30 Sekunden lang, bis eine einheitliche Masse mit einer glatten Oberfläche entsteht. Dazu ist kein fester Bewegungsablauf erforderlich. Es reicht völlig aus, den Teig mit welchen sanften Handbewegungen auch immer zu kneten und zu falten, bis eine glatte Kugel entsteht. Fetten Sie den Boden der Teigwanne leicht ein und legen Sie den gekneteten Teig mit der Nahtseite nach unten wieder in die Wanne. Lassen Sie den Teig gemäß jeweiligem Rezept ruhen.

Schritt 4: Teig zerteilen und Panetti formen

Die Arbeitsfläche 60 cm breit mit Mehl bestauben. Stellen Sie die Digitalwaage in der Nähe auf. Die Hände und die Stellen, wo der Teig mit der Wanne in Kontakt kommt, bemehlen (damit sich der klebrige Teig leichter ablöst). Den Teig nicht mit Gewalt abziehen. Helfen Sie ein klein wenig nach, indem Sie den Teig mit Ihrer aktiven Hand aus seinem Behälter lösen. Kippen Sie die Wanne in Richtung Ihrer bemehlten Arbeitsfläche und bestauben Sie den Teig von den Rändern her, damit er nicht zu sehr an der Wanne hängen bleibt, während Sie ihn sehr vorsichtig auf Ihre Arbeitsfläche geben. All diese Sorgfalt soll verhindern, dass die Glutenstränge im Teig reißen.

Verteilen Sie eine sehr dünne Mehlschicht über die Oberseite des Teigs. Schneiden Sie den Teig mit einem Teigschaber aus Metall, einem Schüsselschaber aus Plastik oder einem Kochmesser in gleich große Stücke, um ihn auf der Waage abzuwiegen; wenn Sie keine Waage haben, dann nach Augenmaß. Am Ende sollten nicht zu viele kleine Stücke übrig bleiben, weil sich diese schlecht zusammenfügen lassen. Wenn Sie ein bereits geschnittenes Stück Teig hinzufügen müssen, um das Gewicht der Teigkugel zu erhöhen, geben Sie den zusätzlichen Teig in die Mitte, um einen Teigling zu erhalten, der gut zusammenhält.

20 Minuten nach dem Mischen den Teig falten und kneten, um eine glatte Kugel mit glatter Oberfläche zu erhalten.

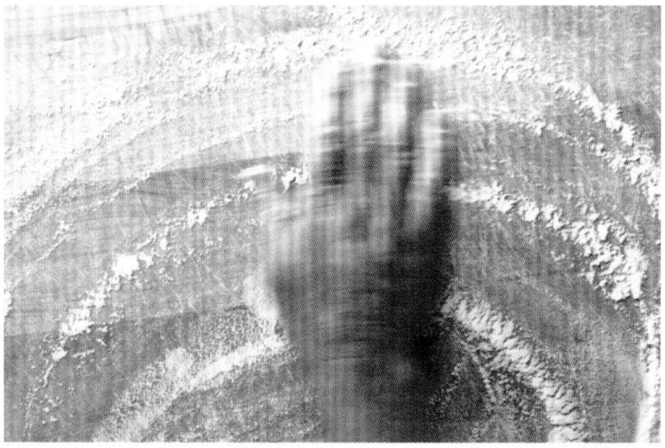

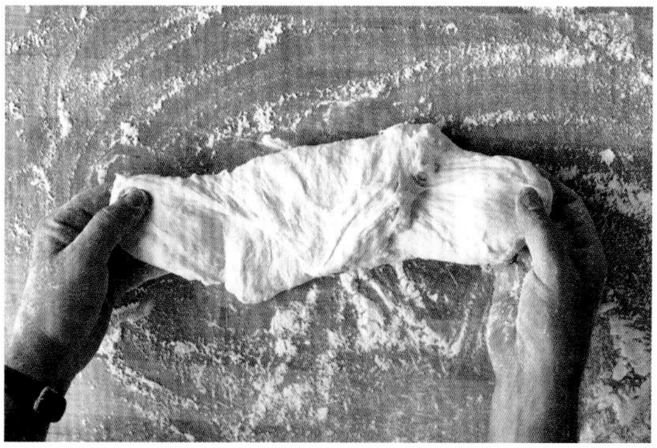

WIE VIELE TEIGKUGELN?

Die Pizzarezepte nach neapolitanischer und New Yorker Art geben an, den Teig in drei gleiche Stücke zwischen 260 und 285 g zu teilen.

Für römische Pizzen sollten Sie den Teig in fünf Stücke zu je 150 g zerteilen. Wenn es weniger Teigkugeln sein sollen, dann einfach die Zutatenmengen des Rezepts halbieren.

Das Rezept für den Bar-Pizzateig (Seite 142) ergibt vier Panetti à 190 g.

So formen Sie die Teiglinge:

1 Nehmen Sie eine Teigkugel und dehnen Sie sie zu einem Drittel seitwärts aus, bis sich der Teig zurückzieht; dann wieder über das Hauptteigstück falten. Wiederholen Sie den Vorgang und arbeiten Sie sich um den Teig herum. Die durch wiederholtes Falten entstehende Teigkugel entwickelt Spannung und bildet eine glatte Außenhaut. Sobald die Kugel einigermaßen rund ist, hören Sie auf.

2 Drehen Sie die fertige Teigkugel dann um und legen Sie sie mit der Naht auf eine unbemehlte Stelle der Arbeitsfläche (die saubere Fläche bietet mehr Reibung bzw. Griffigkeit, sodass Sie im nächsten Schritt Spannung in die Teigkugel bekommen).

3 Umschließen Sie die Teigkugel von hinten mit Ihren Händen, während Sie ihr zugewandt sind, und stellen Sie mit den kleinen Fingern beider Hände Kontakt zur Teigkugel her, wo sie die Arbeitsfläche berührt. Ziehen Sie die gesamte Teigkugel auf der unbemehlten Fläche 10–13 cm in Ihre Richtung aus, führen Sie mit Ihren kleinen Fingern und üben Sie beim Ausziehen genügend Druck nach unten aus, damit die Teigkugel nicht einfach über die Arbeitsfläche rutscht, sondern richtig greift. Dadurch zieht sich die Kugel fester zusammen.

4 Drehen Sie die Teigkugel einmal und wiederholen Sie diesen Vorgang noch ein- oder zweimal, bis sie schön rund ist. Der Teig muss nicht superfest sein, zu locker sollte er aber auch nicht sein. Genauso wenig soll die Teigkugel sichtbare Risse an der Außenhaut haben. Maximale Teigspannung ist nicht erforderlich; eine mittlere Spannung ist völlig ausreichend.

5 Wiederholen Sie den Vorgang mit den restlichen Teiglingen.

Schritt 5: Die Teigkugeln aufgehen lassen

Beim Brotbacken findet die entscheidende Geschmacksentwicklung und das Aufgehen des Teigs während der Stockgare statt – nach dem Mischen des Teigs, aber bevor er zu einzelnen runden oder länglichen Teiglingen geformt wird. Die besten Brote haben eine lange Stockgare – bis zu 6 Stunden oder auch über Nacht. Die Pizzarezepte in diesem Buch sind anders, da Aufgehen und Geschmacksentwicklung während der zweiten Fermentationsphase stattfinden, nachdem die Teiglinge geformt wurden. In dieser Phase passieren zwei Dinge:

1 Die Teigkugeln entspannen sich vollständig, nachdem sie vom Hauptteig abgeschnitten und geformt wurden. Letztendlich entspannt sich das Gluten, und der Teig sollte sich leicht dehnen lassen, während er zusammenhält und seine Zugfestigkeit behält.

2 Das ist die zweite Fermentationsphase des Teigs. Zusätzliches Gas baut sich auf, die Kugeln dehnen sich aus, und die wohlriechenden Gäraromen bauen sich auf. Bei einigen Rezepten kann das bei Raumtemperatur geschehen, bei anderen wiederum im Kühlschrank. Die Zeit erledigt in diesem Schritt die Arbeit für Sie. Jeder Pizzateig hat seine eigene beste

Reifekurve. Die entsprechende Gehzeit ist in jedem Rezept angegeben.

3. Nachdem Sie die Teiglinge zubereitet haben, bestauben Sie ein Backblech oder ein paar Speiseteller leicht mit Mehl. Legen Sie die Teigkugeln mit ein paar Zentimetern Abstand auf das Blech bzw. den Teller, damit sie ihren Aufgehprozess beginnen können. Oben mit Mehl bestauben und mit Frischhaltefolie abdecken. Während der Teigreife dürften die Teiglinge etwas zusammenwachsen. Zum Abtrennen mit etwas Mehl bestauben und mit einem Bankmesser oder der Kante eines Pfannenwenders separieren. Nicht auseinanderreißen!
4. Wann und wie die Kühlung eingesetzt wird, hängt vom Teig und seinem Zeitplan ab. Aus diesem Grund werden Sie von Rezept zu Rezept einige Abweichungen feststellen. Der Kühlschrank ist ein großartiges Tool für lange Teigführung.

Schritt 6: Richten Sie Ihre Pizzastation ein

Ein gut organisierter Arbeitsplatz ist das A und O in der Küche. Es gibt Ihnen das Gefühl, mehr Kontrolle zu haben, und Sie fühlen sich damit selbstsicherer. Die Pizza wird dadurch besser, und es erleichtert das Einhalten des Zeitplans für das Abendessen. Bereiten Sie also, während der Ofen vorheizt, die Zusammensetzung der Pizza vor: Ihre Beläge wie geschnittenen und geriebenen Käse, Salamischeiben und Basilikumblätter. Wenn Sie noch keine Pizzasauce gemacht haben, tun Sie es jetzt; es dauert nur wenige Minuten (siehe Seiten 151–154). Platzieren Sie die Sauce zusammen mit einem großen Löffel und den vorbereiteten Belägen direkt neben dem Teig. Gehen Sie auf etwa 60 cm Abstand zur Arbeitsfläche mit ausreichend Platz für die Pizzaschaufel.

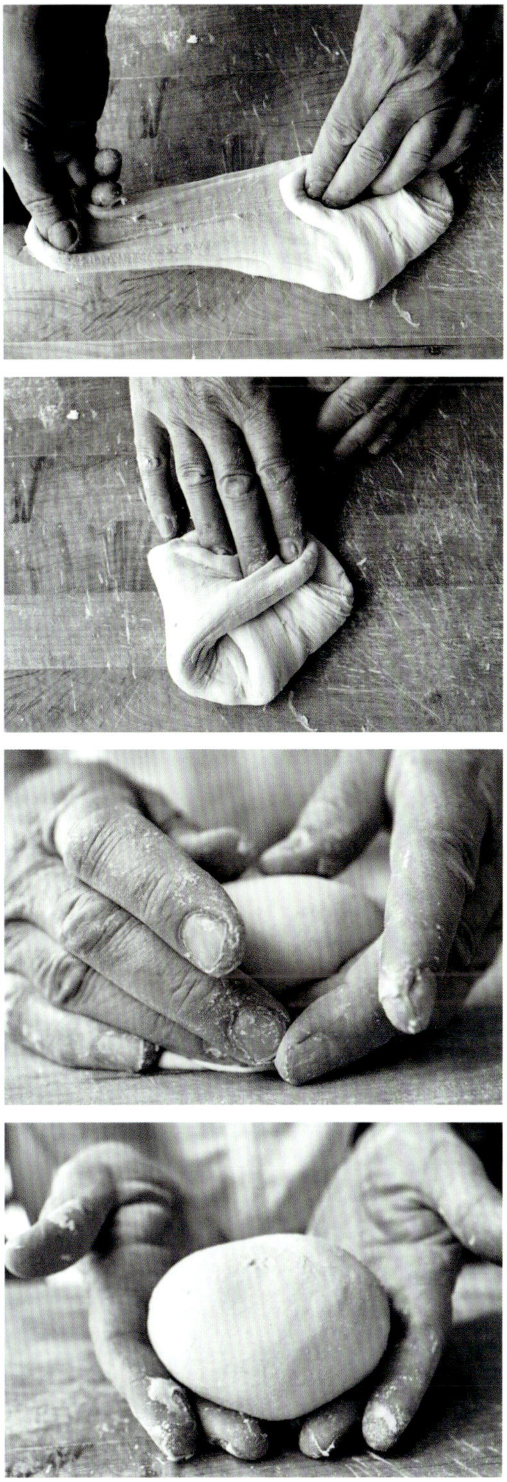

Teigkugeln formen.

KURZER HINWEIS ZU BACKOFENPIZZEN

Für Backofenpizzen den Teig formen und auf eine leicht bemehlte Holzschaufel (kein Metall; der Teig bleibt manchmal an Metallschaufeln kleben) legen, anrichten und dann in den Ofen geben. In amerikanischen und italienischen Pizzerien sieht man häufig *Pizzaioli* den Rohteig auf ihrer Arbeitsfläche anrichten. Dann heben sie die belegte Pizza mit den Händen an und ziehen sie auf die Schaufel, die etwas unterhalb der Arbeitsfläche gehalten wird, um den Transfer zu erleichtern. In anderen Pizzerien schiebt man die Schaufel geschickt unter den Teig. Es gibt italienische Pizzaheber aus Metall mit Perforationen, damit dies besser funktioniert, sodass der Teig weniger an der Oberfläche haften bleibt.

Aber eine aufbereitete Pizza von einer Arbeitsfläche auf einen Schieber zu legen, ist ohne viel Übung in einer professionellen Küche wirklich schwierig. Diese Methode funktioniert auch nicht gut mit den weicheren Pizzateigen, die ich in vielen für den heimischen Herd entwickelten Rezepten verwende. Alles in allem finde ich es am einfachsten, die Pizza erst zu belegen, wenn sich der Teigboden bereits auf einer sehr leicht bemehlten Holzschaufel befindet. Wir verwenden diese Technik bei Ken's Artisan Pizza und für Fladenbrote der Trifecta Tavern & Bakery.

Schritt 7: Den Pizzateig stretchen

Pfannenpizza, neapolitanische Pizza, New Yorker Pizza und römische Pizza haben jeweils Teigdehnungstechniken, die ideal für den jeweiligen Stil geeignet sind. Für die dünne, knusprige Pizza alla Romana und für die American Bar Pizza verwendet man ein Nudelholz. Für Pfannenpizzen den Teig auf einem gefetteten Pizzablech verteilen und ausziehen. Neapolitanische Pizzen und Pizzen im New Yorker Stil werden von Hand geformt.

NEAPOLITANISCHER STIL UND NEW-YORK-STYLE

Es macht Spaß, sich die traditionelle Teigdehnmethode in Neapel anzusehen – sehen Sie sich einige Online-Videos an. Sie ist meiner Meinung nach sowohl auf Geschwindigkeit als auch auf Qualität ausgelegt. Und weil sie richtig cool aussieht. Die neapolitanische Pizza ist in der Mitte dünn, aber nicht zu dünn. Wenn Sie sich Bilder von Pizzen aus einigen der berühmtesten Pizzerien Neapels ansehen, werden Sie feststellen, dass viele davon saftige Pies sind. Auch der Käse ist feucht. Wenn die Kruste zu dünn ist, riskieren Sie einen löchrigen Teig, bei dem die Sauce und geschmolzener Käse auf den Backstein oder den Herdboden durchsickern, und das ist gar nicht spaßig.

Für dieses Buch habe ich die traditionelle neapolitanische Methode (siehe Kasten Seite 101) ein wenig abgeändert, damit sie besser zu den Teigen dieses Buches passt und auch der Einfachheit halber. Das Stretchen des Teigs geht nach der gleichen Methode, die ich in meinem ersten Buch angewandt habe, und diese ist auch in US-Pizzerien sehr verbreitet: Der Teig wird mit geballten Fäusten ausgewirkt. Es funktioniert gut mit den weichen Teigen, die ich verwende, und ich erziele immer noch die besten Ergebnisse mit dieser Technik, egal ob ich New Yorker

Den Teig dehnen.

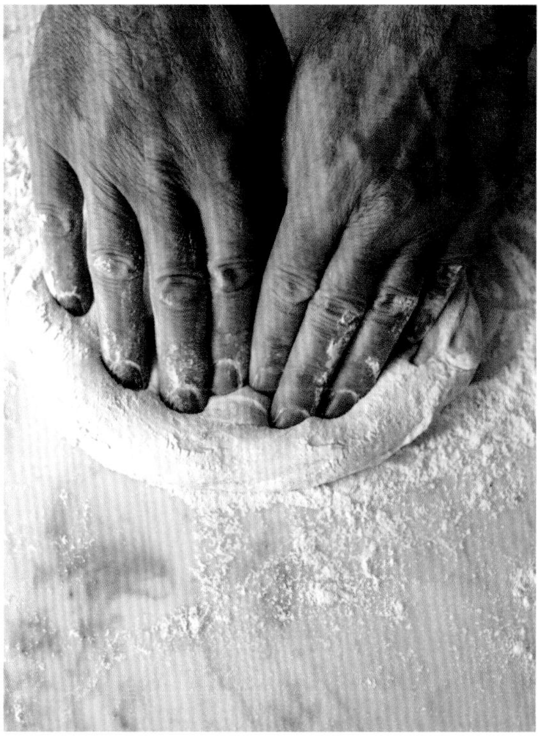

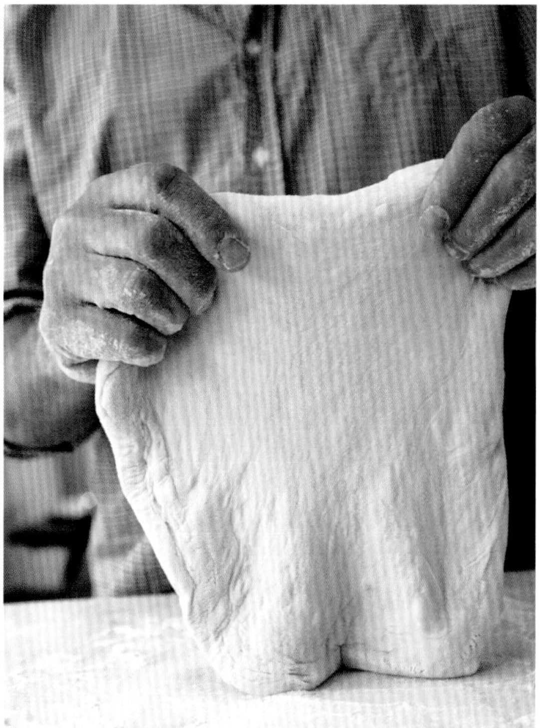

oder neapolitanische Pizza mache. Achten Sie darauf, den Rand des Teigs nicht zu dick zu lassen. Da sich der Rand während des Backens ausdehnt, drückt er alle Beläge in Richtung Mitte. Aus stilistischen Gründen komprimiere ich den Teig, um einen schmalen Rand für Pizzen im New Yorker Stil zu schaffen, wo der Belag fast bis zum Rand reicht, und ich lasse einen etwas dickeren Rand, etwa 1,30 cm, für Pizzen im neapolitanischen Stil.

Legen Sie Ihre Pizzaschaufel auf die Arbeitsfläche neben die Stelle, wo Sie Ihren Teig bearbeiten. Eine Holzschaufel ist definitiv am besten, weil die feuchte, ungebackene Pizza leichter von einer Holz- als von einer Metalloberfläche gleitet. Bestauben Sie die Schaufel leicht mit dem gleichen Mehl, das Sie für Ihren Pizzateig verwendet haben. Verwenden Sie kein Maismehl oder anderes grobkörniges Mehl, da dies die Zartheit der Pizza beeinträchtigt. In guten neapolitanischen Pizzerien wird oft sehr fein gemahlenes Grießmehl verwendet, aber man muss es nicht extra ausfindig machen, nur um den Pizzaheber damit zu bemehlen.

Stellen Sie sicher, dass Sie gemäß den Anweisungen jedes Rezepts mit einer reifen Teigkugel arbeiten. Es sollte sehr wenig Anstrengung erfordern, sie auf Pizzaformat auszudehnen. Ist der Teig zu elastisch, braucht es dafür mehr Zeit.

Beim Bearbeiten der Pizzateige in diesem Buch ist Mehl Ihr Freund und Helfer. Bemehlen Sie Ihre Arbeitsfläche großzügig, lassen Sie dann etwa 1,30 cm Außenrand offen, bearbeiten Sie den Teigboden von der Mitte her mit den Fingerspitzen, um die Luft zum Rand hin zu drücken, drehen Sie den Teig dann um und wiederholen Sie den Vorgang. (Hier wird der Durchmesser des Pizzarands bestimmt – wenn Sie eine teiglastigere Pizza mit großem, dickem Rand oder aber einen schmalen Rand wünschen, ist dies der Punkt, an dem Sie dies erreichen.)

Greifen Sie mit bemehlten Händen etwa in der 10-Uhr- und 2-Uhr-Position an den Rand und heben Sie ihn an, sodass die Kruste senkrecht herunterhängt. Bewahren Sie den äußeren Rand, indem Sie Ihre Daumen etwa 1,30 cm vom Rand für eine Pizza im neapolitanischen Stil oder 0,5 cm vom Rand für einen New Yorker Pie platzieren. Überlassen Sie die restliche Dehnung nach unten der Schwerkraft. Wenn sich der Teig leicht dehnt, lasse ich die Unterseite des Teigs auf der Theke ruhen, während ich ihn drehe, damit ich die Geschwindigkeit und Gleichmäßigkeit seiner Dehnung kontrollieren kann. Führen Sie den Rand zwischen Ihren Händen und arbeiten Sie sich ein paar Mal um den gesamten Umfang des Teigs herum. Sie können so langsam arbeiten, wie Sie möchten. Wenn der Teig klebrig wird, legen Sie ihn hin und bestauben Sie sowohl die Ober- als auch die Unterseite erneut mit Mehl. Der einfachste Weg, dies zu tun, besteht darin, einen bemehlten Bereich auf Ihrer Arbeitsfläche zu lassen und den Teig einfach auf das Mehl zu tupfen und ihn dann umzudrehen, um die andere Seite zu bestauben.

Als Nächstes machen Sie zwei Fäuste und positionieren sie direkt innerhalb des Randes, stets mit nach unten hängender Kante. Den Teig wiederholt

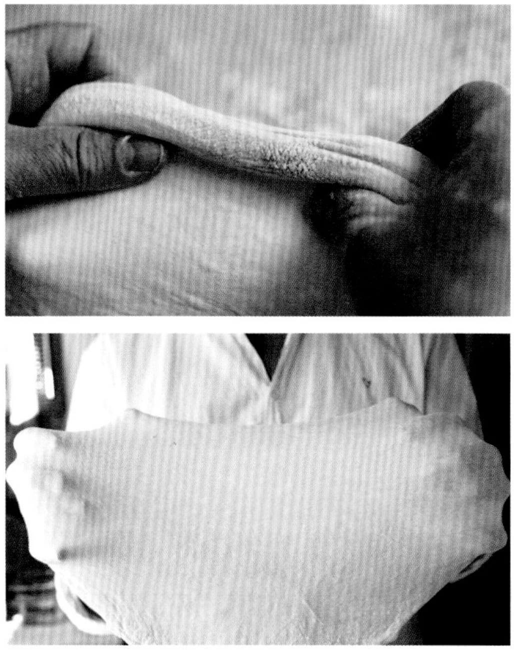

Beim Dehnen des Teigs den Rand beibehalten.

vorsichtig dehnen und drehen, die Unterseite des Teigs nach unten ziehen lassen, während sich die Oberfläche dehnt. Achten Sie genau auf die Dicke des Teigs. Überdehnen bringt keinen Vorteil – wenn der Teigboden fertig ist, ist er fertig, und dann legen Sie ihn auf die bemehlte Pizzaschaufel. Der Pizzaboden sollte dünn sein, aber nicht so dünn, dass er reißt oder das Gewicht der Beläge nicht tragen kann. Wenn Sie am Ende einen kleinen Riss haben, keine Panik! Es ist in Ordnung, ihn zu flicken, indem Sie ein kleines Stück Teig über das Loch falten. Die Teigkugeln in diesem Buch sind so konzipiert, dass sie eine angemessene Dicke ergeben, wenn sie für einen New Yorker Pie mit einem Durchmesser von 30 cm und für eine Pizza im neapolitanischen Stil etwas kleiner (näher an 28 cm) geformt werden.

Man bedenke, dass in einer guten Pizzeria der Teig möglicherweise bis zu der Stelle gedehnt wird, an der er über die Kante der Pizzaschaufel hängt, bevor die Ränder angehoben werden, um ihn wieder in seine ursprüngliche Form zu bringen. Dadurch wird dem Teig jegliche Elastizität entzogen, für vorhersagbares Backen ohne Eingehen.

DER NEAPOLITANISCHE KLAPS

In Italien formen *Pizzaioli* traditionell den Teig auf einer bemehlten Arbeitsfläche, indem sie zuerst die Teigkugel zusammendrücken, gefolgt von einem »neapolitanischen Klaps«. Der Teig wird vorsichtig mit allen Fingern von der Mitte bis zum Rand geschoben, dann gewendet, dann wird der Teig von der Mitte bis zum Rand wieder flach gedrückt. Ziel ist es, das Gas an den Rand des Pizzabodens zu bewegen. Wie Enzo Coccia von La Notizia es ausdrückte: »Die Hände sind entscheidend. Sie müssen die Luft herausdrücken und diese wirklich hohe, fluffige Außenkruste erzeugen.« Dann wird der Teig in einer schnellen zweihändigen Bewegung gedehnt, die den Teig mit einer Hand dehnt, während die Handfläche der anderen Hand die andere Hälfte niederhält und der Teig ein leichtes Schlaggeräusch erzeugt. Jedes Mal, wenn der Teig von Hand zu Hand übergeben wird, erfolgt eine leichte Drehung, um den Teig bei jeder Bewegung sanft zu dehnen. Mit jeder Drehung wird er ein bisschen breiter, und die Pizza wird vollständig geformt. Mit drei bis fünf Schlägen schaffen die das. Ich glaube, dafür gibt es in Neapel ein besonderes Gen.

PAN-BACKPAPIER-METHODE FÜR AL-TAGLIO- UND PFANNENPIZZEN

Römische Bäckereipizzen backen auf der Feuerstelle tiefer Etagenöfen, die auch zum Brotbacken verwendet werden. Die Oberseiten dieser Pizzen haben Öl und Salz (und Tomaten für die Rossa), aber die Böden bleiben trocken. Daher besteht die Backkunst zu Hause darin, eine Backofenpizza ohne Öl oder Fett unter dem Teig zu kreieren und gleichzeitig eine Backpfanne zu verwenden. Wie verhindern wir dann, dass der Teig anklebt? Ganz einfach. Nehmen Sie Backpapier, und damit es nicht verrutscht, gibt es einen Trick, den wir manchmal für Gebäck in meiner Bäckerei anwenden: Wasser wirkt wie ein temporärer Klebstoff. Und so geht's:

1. Sprühen Sie einen hauchdünnen Wasserfilm auf. Wenn Sie keinen Sprüher haben, verteilen Sie mit den Händen eine dünne Schicht Wasser auf das Pizzablech.
2. Schneiden Sie ein Stück Backpapier zurecht, legen Sie es auf das besprühte Blech und glätten Sie es mit den Handflächen, indem Sie von der Mitte des Blechs zu den Rändern streichen. Es klappt!
3. Entfernen Sie die Plastikfolie vom Teig und verteilen Sie eine mittlere Menge Weißmehl auf der Oberseite des Teigs, damit er nicht am Backpapier anklebt.
4. Drehen Sie die Teigscheibe auf die Mitte des Blechs.
5. Greifen Sie mit bemehlten Händen und Fingern unter den Teig und ziehen Sie ihn vorsichtig in jede Richtung an die Ränder des Blechs. Den Teig nur so weit dehnen, bis man keinen Widerstand mehr spürt. Lassen Sie ihn 5 Minuten lang entspannen und wiederholen Sie den Vorgang, bis der Teig die Abmessungen des Pizzablechs hat.

NUDELHOLZMETHODE FÜR RÖMISCHE UND AMERICAN-BAR-PIZZEN

Wir verwenden diese Methode bei Trifecta Tavern & Bakery, und ich mag es, wie dünn wir den Teig hinbekommen. Um die gleiche Größe wie die neapolitanische und die New Yorker Pizza herzustellen, etwa 30 cm im Durchmesser, verwenden wir die Hälfte der Teigmenge, die man für die Herstellung eines neapolitanischen oder amerikanischen Pizzabodens verwenden würde. Mehl ist wichtig, damit der Teig nicht an der Arbeitsfläche oder am Nudelholz kleben bleibt. Verwenden Sie eine Teigrolle aus Holz (im Vergleich zu Rollen aus Stein oder Metall bleibt der Teig weniger kleben), idealerweise ohne Griffe, mit einem Durchmesser zwischen 2,5 und 5 cm. Jede Teigwalze genügt, aber ich bevorzuge das Gefühl und den engeren Kontakt zum Teig, wenn meine Hände auf der Rolle selbst liegen anstatt auf den Griffen.

Tauchen Sie beide Seiten der Teigkugel in Mehl und legen Sie sie auf eine leicht bemehlte Fläche, wobei Sie die Oberseite der Teigkugel mäßig mit mehr Mehl bestauben. Drücken Sie mit einem Nudelholz von der Mitte zu den äußeren Rändern, rollen Sie über die Ränder in jede Richtung und drehen Sie den Teig dabei. Versuchen Sie nicht, den Rand zu erhalten; gehen Sie mit dem Nudelholz darüber und drücken Sie ihn nach unten.

Mehl ist hier Ihr Freund und Helfer. Scheuen Sie sich nicht, es zu verwenden, um zu verhindern, dass der Teig an der Fläche oder das Nudelholz am Teig anklebt.

Wenn der Teig elastisch ist und sich nicht so weit dehnt, wie Sie es möchten, lassen Sie ihn einfach ein paar Minuten ruhen und machen Sie dann weiter. Das ist die normale Situation in meiner Küche.

Bearbeiten Sie den Teig mit dem Nudelholz, bis er sehr, sehr dünn ist – papierdünn für Pizza nach römischer Art oder stoffdünn für eine American-Bar-Pizza.

Schritt 8: Die Pizza belegen und in den Ofen schieben

Den Teig auf der leicht bemehlten Schaufel verteilen, mit den Händen um die Kontur herumfahren, um ihn zu einer Scheibe zu formen und eventuelle Knicke zu kitten. Bevor Sie den Pie belegen, schütteln Sie die Schaufel probeweise, um sicherzustellen, dass der Teig gleitet, ohne anzukleben. Wenn es klebt, den Teig entfernen, die Schaufel etwas großzügiger bestauben und es noch einmal versuchen.

Wenn Sie den Teig geformt haben, verteilen Sie Ihre Sauce mit einer kleinen Schöpfkelle oder einem großen Servierlöffel nicht zu dick darauf; die Sauce mit der Rückseite des Utensils glätten und verteilen. Verteilen Sie die Beläge auf der Oberfläche und verwenden Sie nur moderate Mengen (alle Beläge in den Rezepten dieses Buchs wurden sorgfältig proportioniert, sodass auf die Zutatenmengen Verlass ist), um nicht mehr Gewicht hinzuzufügen, als der Teig bewältigen kann. Beim Anrichten der Pizza sollte berücksichtigt werden, wie viel Kruste frei von Sauce und Belag bleiben soll. Eine typische New Yorker Pizza ist fast bis zum Rand belegt, während eine neapolitanische Pizza mehr Rand behält.

Bevor Sie den Pie in den Ofen gleiten lassen, machen Sie einen weiteren Test, um sich zu vergewissern, dass die Pizza von der Schaufel rutscht: die Schaufel kurz schütteln, aber nicht zu heftig. Wenn ein Teil des Teigs anklebt, versuchen Sie es zuerst mit weiterem schnellen Hin- und Herschütteln. Wenn das nicht ausreicht, müssen Sie den Teig vorsichtig anheben und etwas Mehl darunterstreuen. Ja, das tut weh, aber es ist besser, es im Voraus herauszufinden und damit umzugehen, als die Pizza in einem superheißen Ofen zu vermasseln.

Der Transfer der Pizza von der Schaufel auf den Backstahl oder -stein erfordert ein wenig Übung, aber es sollte Ihnen letztlich gelingen. Versuchen Sie erneut, die ersten paar Male eine unbelegte Pizza in Ihren Ofen zu schieben oder sie mit nur ganz wenig Sauce vorzubacken. Das nimmt Ihnen den Druck.

Halten Sie eine zusätzliche Teigkugel bereit – die Rezepte ergeben drei Teigkugeln, und Sie können Ihre erste Pizza als Test-Pie ansehen, damit Sie ein Gefühl für die Schaufel bekommen und wie Sie den Pie auf den Pizzastahl oder -stein transferieren. Sehen Sie auch, was passiert, nachdem Sie den Pie in den Ofen gegeben haben. Nach ungefähr 1 Minute können Sie den Test-Pizzaboden entfernen, belegen und zum Fertigbacken wieder in den Ofen geben. Wenn der Boden einfach und ohne Sauce ist, wird er in der Mitte Blasen werfen; also nach 45–60 Sekunden aus dem Ofen holen!

Es gibt zwei Techniken, um die Pizza auf den Stahl oder Stein zu platzieren. Wenn Sie mit der Schaufel in den Ofen greifen, löst sich der Teig bei beiden viel leichter und vorhersehbarer, wenn der Griff der Schaufel ein paar Zentimeter höher als die Vorderseite gehalten wird.

Eine Technik besteht darin, den Schieber mit der Pizza darauf ganz in den Ofen zu legen, mit der Vorderkante an der Rückseite des Steins. Bewegen Sie dann in mehreren ruckartigen Bewegungen die Schaufel langsam zu sich zurück und geben Sie den rohen Pizzaboden auf die vorgewärmte Fläche. Sie brauchen Selbstvertrauen, damit diese Technik funktioniert – das ist eine gute Methode, um die ersten beiden Male mit einer ausgezogenen Scheibe aus gedehntem Teig für ein schnelles Vorbacken zu üben. Mit den Übungs-Pies lernen Sie vielleicht, dass Sie sie bei Bedarf tatsächlich ein wenig herumschieben können oder dass es in Ordnung ist, wenn ein Teigrand um 13 mm über den Backstahl hinausragt.

Die zweite Technik ist diejenige, die wahrscheinlich am besten funktioniert, wenn Sie sie ein paar Mal geübt haben und den Dreh raushaben. Schütteln Sie die Schaufel ein paar Mal schnell und leicht hin und her, bevor Sie die Pizza einschieben, damit Sie ein Gefühl dafür bekommen, wie die Pizza gleitet. Führen Sie dann die beladene Schaufel leicht geneigt in den Ofen, bis die Vorderkante der Schaufel mit der Rückseite des Backstahls auf einer Linie ist. Ziehen Sie in diesem Moment die Schaufel mit einem kontrollierten Ruck schnell zu sich zurück. Sie müssen sich voll und ganz darauf einlassen – es erinnert mich an Julia Childs »Vertrauen ist erforderlich«-Anweisungen zum Wenden eines Omeletts: Eine halbe Anstrengung funktioniert möglicherweise nicht. Sobald Sie dies mit unbelegtem Rohteig beherrschen, können Sie auf diese Weise eine vollständig zubereitete Pizza einschieben.

TROCKENÜBUNG

Lassen Sie eine unbelegte Teigscheibe von der Schaufel auf die Arbeitsfläche gleiten statt gleich in den heißen Ofen, um ein Gefühl dafür zu bekommen. Einfach immer wieder machen, bis Sie es selbstsicher beherrschen.

Schritt 9: Pizza backen

Hier nun die Kernkompetenz für die fünf Pizzakategorien in diesem Buch.

PIZZA NAPOLETANA MIT DICKER, ALLA ROMANA MIT DÜNNER KRUSTE UND NEW-YORK-STYLE

Heizen Sie den Ofen auf seine Maximaltemperatur (meist 290 °C) samt Pizzastahl oder -stein auf einem oberen Rost etwa 20 cm unter den Grillstäben, insgesamt 45 Minuten lang. Diese lange Vorlaufzeit ermöglicht es dem Ofen, vollständig mit Hitze gesättigt zu werden, und die Pizza wird besser gebacken, als wenn Sie sie nur vorheizen, um die Temperatur zu erreichen.

Schalten Sie den Ofen etwa 10 Minuten vor dem Einschieben der Pizza auf Grillen. In der Zwischenzeit die Pizza formen und belegen. Schalten Sie nach 10 Minuten Grillen den Ofen aus und legen Sie die Pizza auf den Backstahl oder -stein (siehe Hinweis unten). Schließen Sie die Ofentür und bringen Sie den

Ofen wieder auf maximale Backtemperatur. Stellen Sie den Timer auf 5 Minuten (vorbehaltlich anderer Rezeptvorgaben). Wenn eine Seite der Pizza schneller bäckt als die andere, verwenden Sie eine Zange, um die Vorderseite der Pizza nach hinten zu drehen.

Wenn das Rezept es vorschreibt, schalten Sie den Ofen wieder auf Grillen und stellen Sie den Timer auf 2 Minuten; nach 1 Minute überprüfen und die Pizza entnehmen, wenn sie fertig ist.

Wenn Sie mehr als eine Pizza backen möchten, ziehen Sie den Bratrost heraus (damit Sie sich nicht am Grillelement verbrennen) und verwenden Sie einen Ofenhandschuh oder ein zusammengefaltetes dickes Geschirrtuch, um das am Pizzastahl oder -stein angebrannte Mehl auf einen Teller abzurubbeln; dann wegwerfen.

Stellen Sie den Ofen auf Grillen, um den Stahl oder Stein einige Minuten lang aufzuwärmen, während Sie die nächste Pizza zubereiten. Backen Sie wie zuvor, schalten Sie den Grill aus, um die Pizza einzuschieben, und stellen Sie den Ofen dann wieder auf Maximaltemperatur, sobald Sie die Ofentür geschlossen haben.

Zur Erinnerung: Das Ziel ist, dass die Beläge, die Kruste und der Rand alle im selben Moment den perfekten Backpunkt erreichen. Möglicherweise müssen Sie mit der Position des Pizzasteins oder -stahls spielen. Probieren Sie die oberste Einschubebene oder eine darunter, um die besten Ergebnisse zu erzielen. Jeder Ofen ist anders.

Hinweis: Einige Öfen, wie meiner, geraten aus dem Takt, wenn Sie von einem längeren Grillzyklus auf Backen umschalten, weil sie eine höhere Temperatur als ihre maximale Backtemperatur spüren und dann eine automatische Sicherheitsabschaltung die Stromzufuhr unterbricht. Also warte ich, bis ich den Ofen geöffnet habe, um die Pizza einzuschieben, bevor ich die Backtemperatur wieder auf 290 °C bringe. Wenn die Tür für die kurze Zeit des Einschiebens geöffnet ist, wird genügend Wärme freigesetzt, um zu verhindern, dass der Hochtemperatur-Begrenzungsschalter meines Ofens aktiviert wird.

RÖMISCHE AL-TAGLIO- UND PFANNENPIZZEN

Backen Sie auf der mittleren Schiene, während die Backpfanne auf dem Pizzastahl oder -stein steht, etwa 15 Minuten oder bis der Teigrand goldbraun ist (den Fortschritt nach 10 Minuten überprüfen und die Backform drehen). Der Teig sollte leichte Blasen werfen. Sie haben immer die Möglichkeit, die Pizza direkt auf dem Stahl oder Stein fertigzustellen, wenn der Boden der Pizza mehr Farbe braucht, solange die Backpfanne nicht mit Öl benetzt war (Rauchalarm!). Ihre Küche wird ein schönes Hefearoma haben, das sich im ganzen Haus verströmt.

LERNEN SIE IHREN OFEN KENNEN!

Öfen haben ihren eigenen Charakter, und es braucht oft ein wenig Experimentieren, um zu lernen, wie man in jedem Ofen perfekt eine Pizza bäckt. Die Zeitpläne für das Backen von Pizza mit den Rezepten dieses Buchs funktionieren in dem Standardherd, den ich zu Hause in meiner Küche habe, einem Frigidaire (ich liebe die Ironie dieses Markennamens). Wenn ich eine Backzeit von 5 Minuten bei 290 °C plus 2 Minuten auf dem Grill definiere, benötigen Sie möglicherweise 5 Minuten Backzeit, gefolgt von 3 Minuten auf dem Grill, wenn Ihr Grill länger zum Aufheizen braucht als meiner. Die letzte Phase des Backens geht im Grillmodus sehr schnell voran, und wenn Sie aufpassen, ziehen Sie die Pizza heraus, wenn sie fertig ist. Zum Testen meiner Rezepte benutzte ich einen Backstahl, der auf einem Gestell 20 cm unter den Grillstäben meines Ofens positioniert war. Möglicherweise müssen Sie die Einschubhöhe verändern, um genau die gewünschte Pizza zu erhalten. Das beste Backen, das mein Ofen zulässt, kann ein wenig anders sein als das beste Backen, das Ihr Ofen zulässt.

Ich habe keine Checkliste für das richtige Backen, die für alle Pizzastyles gilt. Bei einer Pizza im neapolitanischen Stil beispielsweise sind mir schwarze Flecken am Boden lieber als bei einer New Yorker Pizza. Bei einer Pfannenpizza möchte ich sicherstellen, dass die Kruste vollständig gebacken ist und dass der Boden genug Farbe und Knusprigkeit hat, damit er nicht zu labberig wird. Oft backe ich eine Pfannenpizza direkt auf dem Pizzastahl oder -stein fertig, um sie knusprig zu machen.

Am Herdboden erhitzt sich der Pfannenboden normalerweise am stärksten, sodass bei einer Backpfanne, die auf einem unteren Rost eingeschoben wird, die Unterseite der Kruste anbrennen kann, bevor der Rest der Pizza vollständig gebacken ist. Oder wenn Sie zwei Backpfannen übereinander eingeschoben haben, sollten Sie vielleicht die Rostpositionen nach der Hälfte des Backvorgangs wechseln.

Wenn Sie etwas experimentierfreudig sind, werden Sie schnell herausfinden, wie Sie in Ihrer einzigartigen Umgebung konstant gute Pizza backen können. Wenn der Boden, die Beläge, der Käse und der Rand der Pizza im selben Moment ihren perfekten Backpunkt erreichen, haben Sie eine perfekt gebackene Pizza.

EXTRA TEIGKUGELN

Die meisten Teigrezepte in diesem Buch basieren auf 500 g Mehl und ergeben genug Teig für drei Pizzen nach neapolitanischer oder New Yorker Art oder für fünf Pizzen mit dünnem Boden nach römischer Art. Sie möchten vielleicht nicht so viel Pizza an einem Abend machen: Was tun mit den zusätzlichen Panetti?

Sie können den Teig im Kühlschrank aufbewahren und am nächsten Tag oder Abend wieder Pizza machen.

Sie können zusätzliche Teigkugeln, bemehlt und fest in Plastik eingewickelt, einfrieren. Lassen Sie sie 24 Stunden im Kühlschrank auftauen, bevor Sie sie verwenden, und nehmen Sie sie dann einige Stunden vor der Pizzazubereitung aus dem Kühlschrank. Es ist eine gute Idee, die gefrorenen Teigkugeln zu datieren (verwenden Sie Klebeband und einen Filzstift) und sie innerhalb von 1 oder 2 Wochen nach dem Einfrieren zu verwenden – zu lange im Gefrierschrank wird die Hefe töten, und Ihr Teig wird ziemlich leblos.

Eine andere Möglichkeit besteht darin, Ihre eigenen Pizzaböden herzustellen, die Sie für das nächste Mal aufbewahren: den Teig nur mit Sauce vorbacken und dann luftdicht in Plastik eingewickelt einfrieren. (Wenn Sie ein Rezept für vorgebackenen Pizzaboden sehen möchten und wissen möchten, wie man damit Pizza macht, sehen Sie sich das Rezept für Pizza mit Peperoniwurst, Pilzen und Zwiebeln auf Seite 195 an.)

Die Aufbewahrung vorgebackener Pizzaböden ist eine gute Option, wenn es um eine spontane Essenszubereitung geht. Sie können den Boden vorbacken und sofort belegen, solange er noch warm ist, und dann fertig backen (Sie können 1 Stunde im Voraus vorbacken), oder Sie können unbenutzte Teigkugeln vorbacken, dann einwickeln und für die spätere Verwendung irgendwann in der nächsten Woche oder in 2 Wochen einfrieren. Die gefrorene Teigplatte kann auftauen, während Ihr Ofen vorheizt. Bedecken Sie den Pizzateig mit 50–60 g (¼ Cup) Pizzasauce. Schieben Sie die Pizza auf einen vorgeheizten Pizzastahl oder -stein, backen Sie sie 3 Minuten lang, stellen Sie auf Grillmodus um und entnehmen Sie den vorgebackenen Boden nach weiteren 2 Minuten.

NUR EINE PIZZA

Wenn Sie Teig für nur *eine* Pizza benötigen, verwenden Sie das Rezept für eine einzelne Teigkugel (Seite 118). Bei zwei Pizzen brauchen Sie natürlich doppelt so viel. Alle Rezepte in diesem Buch lassen sich mengenmäßig variieren. Behalten Sie einfach die Verhältnisse bei, der Rest ist simple Mathematik.

KAPITEL 6
PIZZATEIGREZEPTE

Natürlich könnte ich Ihnen an dieser Stelle Rezepte für ein bis zwei einfache Pizzateige präsentieren und eine Handvoll passender Ideen für den Belag mitliefern, und damit basta. Aber das Tolle an diesem Buch ist doch, dass Sie darin eine ganze Vielfalt an Teigen finden, für eine breite Palette an Pizzaarten, in verschiedenen Schwierigkeitsstufen und für unterschiedliche Zeitkontingente.

Es gibt viele Variationen von Pizza und die unterschiedlichsten Methoden der Teigherstellung. Für alle Teigarten im Buch gelten die gleichen grundlegenden Herstellungstechniken, deshalb kann man sich gut von einem Rezept zum anderen vorarbeiten und das gewonnene Wissen bei den folgenden nutzen. Der einzige Unterschied ist, dass man die etwas festeren Teige idealerweise mit einer Küchenmaschine oder in einem Standmixer zubereitet.

Immer wieder werde ich gefragt, welche Teige ich beim Herumtüfteln an den Rezepten im Buch am häufigsten verwendet habe bzw. am liebsten mochte. Für meine private Zeitplanung empfand ich den 24- bis 48-Stunden-Kühlschrankteig am passendsten. Diesen Teig rühre ich gern an, wenn ich spät abends aus dem Restaurant nach Hause komme, und 2 Stunden später, kurz vor dem Zubettgehen, forme ich die Teiglinge und gebe sie in den Kühlschrank. Am nächsten oder übernächsten Abend mache ich daraus Pizza. Das Ergebnis ist jedes Mal wieder ausgezeichnet, und es bereitet kaum Aufwand. Als ich den Samstagabend-Pizzateig (Seite 114) das erste Mal ausprobierte, war ich verblüfft, wie hauchzart die Kruste wird, und Freunde, an die ich dieses Teigrezept zum Testen weitergab, sagten genau das Gleiche. Mein absoluter Favorit, sowohl in Bezug auf die Textur als auch geschmacklich, ist der Overnight-Levain-Pizzateig (Seite 136). Ich mache ihn meist am Wochenende, weil man um die Mittagszeit zu Hause sein sollte, um die Teigkugeln zu formen. Aber alles in allem ergibt jede der vorgestellten Teigarten eine exzellente Pizza. Kleine Mengen Hefe und lange Gehzeiten sorgen für perfekte Ergebnisse bei Konsistenz, Farbe und Geschmack. Ich gehe davon aus, dass Sie sich je nach verfügbarer Zeit für einen bestimmten Teig entscheiden, möchte Sie aber dennoch dazu ermuntern, bei Gelegenheit auch die anderen auszuprobieren. Ich verspreche Ihnen, Sie werden die feinen Unterschiede deutlich schmecken.

Das Einzige beim Pizzabacken, was wirklich aktives Handeln erfordert, ist das Abwiegen der Zutaten und das Vermengen derselben von Hand – insgesamt also maximal 5 Minuten! Anschließend ruht der Teig 15–20 Minuten und wird dann noch einmal kurz durchgeknetet, etwa 30–60 Sekunden lang. Der Teig darf nun in der Wanne, in der man ihn angesetzt hat, in Ruhe gehen. Der schnellste Teig braucht gerade mal 2 Stunden für die erste Gare, ehe man die fertigen Teiglinge formt. Die längeren Gehzeiten liegen bei 4–72 Stunden, je nach Rezept.

Die Autolyse, die ich in meinem Buch *Mehl, Wasser, Salz, Hefe – Alles über gutes Brot* für Brotteige noch wärmstens empfohlen habe, ist in der Welt der Pizza kaum verbreitet (siehe Seite 63). Das kurze Durchkneten nach dem ersten Ruhen reicht völlig aus, um die Zutaten zu einer kompakten Kugel mit glatter Oberfläche zu verarbeiten. Dieses Vorgehen fand ich für Pizza effektiver, als den Teig in der Wanne zu falten – für Brot finde ich diese Methode aber nach wie vor am besten, also bitte, hören Sie um Himmels willen nicht auf, Ihren Brotteig zu falten! Sie dürfen nicht vergessen: Pizza ist nicht das Gleiche wie Brot.

Warum dieser Zeitaufwand für einen einfachen Teig? Pizzateig ist wie Brotteig, Bier oder Wein das Produkt einer hefegestützten Fermentation. Da ist der Faktor Zeit eine entscheidende Zutat, damit sich eine komplexe Kultur aufbauen und der Geschmack richtig entfalten kann. Daran sind Hefebakterien ebenso beteiligt wie andere Bakterien, Säuren, Estern und natürliche Nebenprodukte der Fermentation. Die Dauer spielt darüber hinaus auch beim langsamen Aufbau von Fermentationsgasen eine Rolle. Guter Geschmack braucht Zeit und entwickelt sich zum Glück von allein, während man selbst mit anderem beschäftigt ist.

Viele der besten Pizzerien in den USA und Italien arbeiten mit dem immer gleichen Teig – und der ist in der Regel für den hauseigenen Pizzastil und den eigenen Backofen optimiert. Pan-Pizza zum Beispiel schmeckt am besten mit einem weichen, nachgiebigen Teig, der einen besonders leichten, lockeren Rand ergibt. Pizzen aus dem Backofen werden optimalerweise aus einem etwas festeren Teig (mit weniger Wasseranteil) zubereitet, damit er die

PASSENDE PIZZASTYLES ZU DEN TEIGREZEPTEN

NEAPOLITANISCHE UND RÖMISCHE PIZZA: Verwenden Sie den Samstagabendteig (Seite 114), den Langschläfer-Pizzahunger-Teig (Seite 116), Enzos Pizzateig (Seite 120), den 24- bis 48-Stunden-Pizzateig (Seite 124), den 48- bis 72-Stunden-Biga-Pizzateig (Seite 126) oder den Overnight-Levain-Pizzateig (Seite 136).
NEW-YORK-STYLE: Zu empfehlen ist vor allem der 48- bis 72-Stunden-New-York-Pizzateig (Seite 130), wobei auch alle anderen Teigarten außer der Samstags-Pan-Pizzateig (Seite 122) oder der Bar-Pizzateig (Seite 142) gut funktionieren, gerade wenn man auf einen extrafluffigen Rand steht.
PAN-PIZZA: Am besten beginnt man mit dem Samstags-Pan-Pizzateig (Seite 122) und adaptiert nach und nach die anderen Teige mit den Schritt-für-Schritt-Anleitungen von Seite 113.
BAR-PIZZA: Verwenden Sie den Bar-Pizzateig (Seite 142).
AL-TAGLIO-PIZZA: Wählen Sie den Al-Taglio-Pizzateig (Seite 140), den ich eigens für die Pizza Bianca und die Pizza Rossa (Seite 179) entwickelt habe.

gewünschte Textur liefert, zum Ofentyp passt und auch die Temperatur, bei der die Pizza gebacken werden soll, gut verträgt. Die Konsistenz des Teigs soll gerade dehnbar genug sein, dass er nicht reißt oder sich Löcher bilden. In der Regel sind die Angestellten einer Pizzeria so vertraut mit ihrem speziellen Teig (Hallo? Es ist jeden Tag der gleiche!), dass der *Pizzaiolo* lediglich einen kurzen Blick darauf werfen muss, egal in welchem Stadium der Zubereitung, und sofort weiß, ob er »fertig« ist: Er erkennt auf Anhieb, ob der Teig noch mehr Schüttwasser benötigt, um die richtige Konsistenz zu erhalten; ob das Mischverhältnis stimmt; ob der Teig ausreichend gegangen ist und reif ist, in Stücke geschnitten und zu Teiglingen gewirkt zu werden; ob ein Teigballen entspannt genug ist, um sich zu einem runden Teigfladen formen zu lassen.

DIE REZEPTTABELLEN RICHTIG LESEN

Die Zutaten werden immer in der Reihenfolge ihrer Verwendung aufgeführt. Der Großteil der Pizzateigrezepte in diesem Buch sind direkt geführte Teige; dies bedeutet, es wird kein Vorteig oder Levain verwendet. Es gibt ein Biga-Rezept und ein Levain-Rezept, die nach etwas mehr Zutaten verlangen. In einer gesonderten Tabelle zeige ich, wie viel von den Zutaten im Vorteig stecken und wie viel im Endteig. Im Folgenden will ich kurz erklären, was die einzelnen Spalten in den verschiedenen Rezepttabellen bedeuten.

Menge

In dieser Spalte wird das Gewicht jeder einzelnen Zutat angegeben, die für eine Teigportion (auf eine Teigwanne von 4–6 l Fassungsvermögen gerechnet) verwendet wird. Die Mengenangaben werden in den einzelnen Zubereitungsschritten der schnelleren Orientierung halber wiederholt. Das beste Ergebnis erzielt man, wenn man bei den Zutaten tatsächlich nach Gewicht geht und nicht nach Flüssigvolumen. Trotzdem liefere ich die ungefähren Volumenmaße der Zutaten mit, die Sie für die Teigherstellung benötigen.

Teigausbeute (»Bäckerprozent«)

Sämtliche Zutaten werden auch als Prozentsatz des Gesamtgewichts des Mehls im Rezept dargestellt. Wenn das Rezept beispielsweise 500 g Mehl und 350 g Wasser beinhaltet, dann liegt die Hydratation des Teigs bei 70 Prozent. Ein Blick auf die Prozentsätze der Zutaten gibt Aufschluss über das Mengenverhältnis im Gesamtrezept, ein hilfreicher Wert für ein besseres Teigverständnis.

PAN-PIZZA

Die Herstellung von Pan-Pizzateig ist dem Brotherstellungsprozess von allen Pizzateigen am ähnlichsten – zumindest in einem Punkt. Brotteige erfordern eine lange erste Gare, ehe sie zu Laiben geformt werden. Die Teiglinge für Backofenpizzen, wie die neapolitanische oder die New-York-Style-Pizza, werden bereits 2 Stunden nach dem Anrühren des Teigs gewirkt, ehe sie ein zweites Mal gehen dürfen.

Die große Schwierigkeit bei einer Pan-Pizza, die auf einem geölten Blech gebacken wird, ist, dass der Teig, wenn er vor dem Einschieben in den Ofen zu lange darauf ruht (zum Beispiel den ganzen Tag lang oder über Nacht im Kühlschrank), das Öl darunter zu sehr aufsaugt und deshalb beim Backen festbrennen kann. (Ich habe diese leidvolle Erfahrung an Ihrer Stelle bereits gemacht, und ich kann Ihnen versichern: Es war kein Spaß, diese Pfanne wieder sauber zu kriegen.) Wenn Sie also einen Teig für Pan-Pizza verwenden, der eine lange zweite Gare erfordert, wie zum Beispiel der 24- bis 48-Stunden-Pizzateig (Seite 124), sollten Sie eine große Teigkugel formen und diese auf einem Speiseteller abgedeckt oder in einer großen Schüssel im Kühlschrank gehen lassen, wie man es mit anderem Teig auch machen würde.

Erst danach gibt man den Teig in einem letzten Schritt auf das geölte Blech, statt ihn die komplette Zeit darauf gehen zu lassen. Teige mit langer Gehzeit erhalten durch die Fermentation einen intensiveren Geschmack und sind im Vergleich zu den schnellen Teigen, die noch am selben Tag weiterverarbeitet werden, ein klein wenig feiner in der Textur. Trotzdem muss man den Teiglingen Zeit geben, um Zimmertemperatur anzunehmen, bevor man sie zu Pizza verarbeitet, damit sie sich gut ausziehen und auf die Form des Blechs bringen lassen, schließlich sollen sie sich beim Backen nicht wieder zusammenziehen (siehe Anweisungen unten).

Das für das Backblech verwendete Fett, sei es nun Olivenöl, ausgelassenes Speckfett, Schweineschmalz oder Entenschmalz, verleiht der Kruste nicht nur Geschmack, sondern macht sie vor allem auch kross (manche Pizzaprofis würden sogar sagen, der Teig wird darin frittiert).

Die Teigrezepte in diesem Buch ergeben eine Menge für ein kleines Backblech (ca. 33 × 45 cm), das bequem in jeden Standardofen passt. Variierende Blechgrößen ergeben Pizzen mit dickerem oder dünnerem Boden, deshalb sollten Sie die Teigmenge notfalls an Ihr Blech anpassen.

Blutige Anfänger starten am besten mit der Samstags-Pan-Pizza (Seite 122). Diese muss zu Beginn 4 Stunden gehen und dann noch einmal 30–45 Minuten lang vor dem Backen in der geölten Pfanne oder auf dem Blech. Diese Pizza ist nicht nur kinderleicht in der Anfertigung, sondern auch noch wahnsinnig lecker.

Die Möglichkeiten, die so eine Pan-Pizza bietet, sind quasi unbegrenzt. Man kann eine Teigkugel von 275–300 g verwenden, zubereitet nach einem der Ofenpizzarezepte, und diese ganz dünn mit einem Nudelholz ausrollen. So erhält man eine Pan-Pizza mit dünnem Boden (siehe die einfache Tomatenpizza Seite 183). Einfach wunderbar! Ansonsten variiere ich gern und bereite auch mal eine sogenannte Streifenpizza zu. Dazu nehme ich eine Teigkugel von 275 g und rolle sie länglich-oval aus – und dann backe ich sie auf einem mit Backpapier belegten Blech.

Teigrezepte für eine Pan-Pizza anpassen

Jeder der Teige, die im Kühlschrank gehen dürfen (also alle bis auf die Samstags-Pizzen), lässt sich an eine Pan-Pizza adaptieren. Dazu geht man folgendermaßen vor:

1. Die Gesamtmenge des Wassers im Teig auf 75 Prozent des Mehlgewichts erhöhen: 375 g Wasser auf 500 g Mehl (die meisten dieser Rezepte verwenden 350 g Wasser).
2. Statt den Teig nach der ersten Gare in kleinere Teiglinge zu zerteilen, formt man einen großen runden Teigballen. Diesen legt man auf einen leicht geölten Speiseteller und deckt ihn mit Frischhaltefolie ab.
3. Nun den weiteren Schritten wie angegeben folgen, bis zu dem Punkt, an dem man die Pizza zum Belegen vorbereitet.
4. 1 ½ Stunden vor der Weiterverarbeitung den gekühlten Teigballen auf einem geölten oder gefetteten Blech ausbreiten und mit einer sehr dünnen Schicht Olivenöl bedecken, damit er nicht austrocknet. Den Teig an einen warmen Ort stellen (Kälte sorgt dafür, dass sich das Gluten im Teig zusammenzieht, es braucht deshalb ein wenig Zeit und Wärme, bis es sich entspannt). Der Teig muss nun zwei bis drei Mal ausgezogen werden, bis er das Blech ausfüllt. Zwischen jedem Dehnen sollten mindestens 10 Minuten Ruhepause liegen, und es sollte immer nur so weit gezogen werden, dass er nicht reißt. Nehmen Sie sich also bitte die nötige Zeit!
5. 45 Minuten vor dem Backen der Pizza den Ofen mit eingeschobenem Pizzastahl oder -stein auf 290 °C vorheizen.
6. Die Pizza mit einer sparsamen Schicht Sauce bedecken und vorbacken (siehe Seite 196) oder bereits fertig belegen, den Käse unter der Sauce, die Pfanne oder das Blech auf den Pizzastahl oder -stein stellen und den Teig backen, bis er den gewünschten Bräunungsgrad erreicht hat.

SAMSTAGABEND-PIZZATEIG

Dieser Teig, der noch am selben Tag verarbeitet werden kann, ist die perfekte Lösung, wenn man schon frühmorgens mit einem Heißhunger auf Pizza aufwacht. Klasse Idee, oder?

Dieses Rezept wurde inspiriert von der Associazione Verace Pizza Napoletana (AVPN), deren Regeln für die original neapolitanische Pizza ich hier gefolgt bin, mit einigen persönlichen Anpassungen an den heimischen Herd. Wir verwenden die vorgeschriebenen Prozentsätze bei Salz und Hefe (die AVPN verlangt allerdings nach frischer Hefe, während wir Trockenhefe zu nur ⅓ der Frischhefemenge verwenden), der zeitliche Aufwand ist vergleichbar. Nach dem Vermengen der Zutaten ruht der Teig 2 Stunden lang. Dann werden die Teigkugeln (*Panetti*) geformt und zugedeckt beiseitegestellt, wo sie bei Zimmertemperatur ein zweites Mal aufgehen dürfen; in Neapel sind das 4–6 Stunden; da es in den neapolitanischen Pizzerien in der Regel aber wärmer ist als in unseren heimischen Küchen, schlage ich eine Gehzeit von 6 Stunden vor. Im Anschluss an diese Zweitfermentation sind die Teiglinge jederzeit einsatzbereit und 4 Stunden lang bei Zimmertemperatur ohne Kühlung haltbar. Der Teig wird am Ende dieser Zeit voller Luftbläschen sein, sehr gut dehnbar und wunderbar glatt und geschmeidig. Am besten stellt man die Panetti nach dieser Zeit in den Kühlschrank, bevor sie zu weich werden, das verlängert ihre Haltbarkeit. Kalte Teiglinge sollte man allerdings erst wieder auf Zimmertemperatur bringen, bevor man sie weiterverarbeitet. Das dauert etwa 45 Minuten und kann somit parallel zum Vorheizen laufen. Die Zusammensetzung dieses Teigs ist ein gutes Beispiel dafür, dass ein hoher Salzanteil – der hier bei 3 Prozent des Mehlgewichts liegt (im Vergleich zu den üblichen 2 Prozent bei den meisten Pizza- und Brotteigrezepten) – die Gärung verlangsamt und dafür sorgt, dass die Teiglinge auch ungekühlt eine Weile halten. Und so wird es in den Pizzerien in Neapel im Normalfall auch gehandhabt.

Ich habe den Wasseranteil auf 70 Prozent des Mehlgewichts erhöht (vom AVPN-Standard abweichend, der eine Hydratation von 55–58 Prozent vorschreibt), als Kompensation dafür, dass wir unsere Pizza im heimischen Ofen backen, der nicht annähernd die Temperaturen eines echten Holzofens (485 °C) erreicht. Das Ergebnis lässt sich durchaus sehen. Und die Kruste ist himmlisch feinporig und leicht.

ERGIBT 3 Teigkugeln für normale Pizza oder 5 für Pizza mit dünnem Boden

ERSTE GARE (STOCKGARE) 2 Stunden

TEIG AUFTEILEN, FORMEN & ABDECKEN 10 Minuten

ZWEITE Gare (Stückgare) 6 Stunden

HALTBARKEIT BEI ZIMMERTEMPERATUR 4 Stunden; bis zum nächsten Abend bei Lagerung im Kühlschrank

BEISPIEL FÜR DIE TEIGFÜHRUNG Man mischt den Teig um 9 Uhr am Vormittag, knetet ihn um 9:20 Uhr, formt ihn um 11 Uhr zu Kugeln und bereitet die Pizza zwischen 17 und 21 Uhr am Abend zu. Will man die Pizza erst am Folgeabend backen, gibt man die Teiglinge 4 Stunden nach der Fertigstellung in den Kühlschrank und nimmt sie 1 Stunde vor der Weiterverarbeitung am nächsten Tag wieder heraus.

ZUTAT	MENGE		TEIGAUSBEUTE
Wasser	350 g	1 ½ Cups	70 %
feines Meersalz	15 g	2 ¾ TL	3 %
Trockenhefe	0,3 g	⅓ von ¼ TL	0,6 %
Pizzamehl Tipo 00 (oder Weizenmehl Type 550)	500 g	4 gestr. Cups	100 %

1 Die Zutaten abwiegen und vermengen. Mithilfe einer Digitalwaage 350 g Wasser (32–35 °C) abwiegen und in die Teigwanne geben (4–6 l Fassungsvermögen). 15 g feines Meersalz zum Wasser geben und umrühren oder die Wanne schwenken, bis es sich aufgelöst hat. 0,3 g (etwa ⅓ von ¼ TL) Trockenhefe abwiegen und zum Wasser geben. 1 Minute ruhen lassen, dann die Wanne schwenken, bis die Hefe sich aufgelöst hat. 500 g Mehl (am besten Pizzamehl Tipo 00) zur Wasser-Salz-Hefe-Mischung geben.

2 Den Teig verkneten. Zunächst mit der Hand in der Wanne rühren, bis sich das Mehl, das Wasser, das Salz und die Hefe gut verbunden haben. Jetzt mithilfe des Zangengriffs (siehe Seite 92) den Teig in Stücke »zerschneiden« und ihn dann falten. So lange im Wechsel »schneiden« und falten, bis ein glatter Teig entsteht, etwa 30–60 Sekunden. Am Ende sollte der Teig eine Temperatur von 27 °C haben; zur Überprüfung ein Einstechthermometer verwenden.

3 Erste Gare. Nach 20 Minuten Ruhezeit den Teig auf leicht bemehlter Arbeitsfläche etwa 30–60 Sekunden durchkneten. Die Oberfläche sollte schön glatt sein. Den Teigballen mit dem Schluss nach unten in die leicht geölte Teigwanne geben. Mit einem gut schließenden Deckel abdecken. 2 Stunden lang bei Zimmertemperatur (optimal 21–23 °C) ein erstes Mal gehen lassen. Zeitlich sind wir bei der Teigführung flexibel, wenn es also schon nach 1–1 ½ Stunden weitergehen soll, kein Thema, dann formt man die Teiglinge eben ein wenig früher und gleicht den Zeitverlust bei der zweiten Gare aus.

4 Formen. Die Arbeitsfläche leicht mit Mehl bestauben und den Teig mit bemehlten Händen vorsichtig aus der Wanne holen. Den Ballen auf die Arbeitsfläche legen und ein wenig flach drücken. Dabei auf eine gleichmäßige Form achten. Die Oberfläche des Teigs leicht bemehlen, dann in drei bzw. fünf gleich große Stücke teilen, je nach gewünschtem Pizzastyle. Mithilfe der Digitalwaage prüfen, ob die Stücke gleich schwer sind. Jedes Teigstück zu einer mittelfesten Kugel wirken (siehe Anweisungen Seiten 94–97), dabei behutsam vorgehen und den Teig nicht reißen.

5 Zweite Gare. Die Teiglinge auf ein oder zwei leicht bemehlte Speiseteller oder ein Backblech legen und auf genügend Abstand achten, damit sie sich ausdehnen können. Nun die Oberflächen leicht mit Mehl bestauben, die Teiglinge luftdicht mit Frischhaltefolie umschließen, 6 Stunden für eine zweite Gärung ruhen lassen. Alternativ bei Zimmertemperatur 4 Stunden ruhen lassen und anschließend in den Kühlschrank stellen. Sie sind so bis zum nächsten Abend haltbar.

6 Fertigstellung der Pizza. Ungekühlt kann der Teig jederzeit in den 4 Stunden nach der zweiten Gare verwendet werden. Ansonsten 1–1 ½ Stunden vor der Weiterverarbeitung aus dem Kühlschrank holen und Zimmertemperatur annehmen lassen, am besten während man den Backofen vorheizt und die Toppings vorbereitet.

LANGSCHLÄFER-PIZZAHUNGER-TEIG

Dieser noch am selben Tag verwendbare Teig ist eine weitere Möglichkeit, wenn der Heißhunger auf Pizza einen recht spontan überfällt. Die besten Teige brauchen selbstverständlich Zeit; der Samstagabend-Pizzateig (Seite 114) zum Beispiel braucht trotzdem 8 Stunden nach dem Ansetzen, bevor man eine Pizza zaubern kann. Wer genügend Zeit zur Verfügung hat und es einrichten kann, sollte besser die lang geführten Teige in Erwägung ziehen. Wenn man aber Sonntag Vormittag gegen elf die Zeitung beiseitelegt und auf die Idee kommt, man hätte gerne Pizza zum Abendessen, ist dieser Teig die Antwort.

Um die Vermehrung der Hefezellen anzustoßen, reicht für dieses Rezept eine vergleichsweise geringe Menge an Hefe. Der Teig wird mit etwas wärmerem Schüttwasser angesetzt – 38 °C im Winter, im Sommer gern ein wenig kühler –, deshalb liegt die Endtemperatur des Teigs nach dem Vermengen bei 28 °C. Nach etwa 1 ½ Stunden Ruhezeit formt man die Teiglinge und lässt sie in einer zweiten Gare im Laufe des Nachmittags aufgehen, bevor man die Pizza zubereitet, mindestens aber 4 Stunden.

ERGIBT 3 Teigkugeln für normale Pizza oder 5 für Pizza mit dünnem Boden

ERSTE GARE (STOCKGARE) 1 ½ Stunden

TEIG AUFTEILEN, FORMEN & ABDECKEN 10 Minuten

ZWEITE GARE (STÜCKGARE) 4 Stunden

BEISPIEL FÜR DIE TEIGFÜHRUNG Man mischt den Teig um 11:30 Uhr am Vormittag, formt ihn um 13 Uhr zu Kugeln und bereitet die Pizza zwischen 17 und 19 Uhr am Abend zu. Will man die Pizza erst später backen, stellt man die Teiglinge in den Kühlschrank und nimmt sie mindestens 1 Stunde vor der Weiterverarbeitung wieder heraus, damit sie Zimmertemperatur annehmen.

ZUTAT	MENGE		TEIGAUSBEUTE
Wasser	350 g	1 ½ Cups	70 %
feines Meersalz	10 g	2 gestr. TL	2 %
Trockenhefe	0,5 g	½ von ¼ TL	0,1 %
Pizzamehl Tipo 00 (oder Weizenmehl Type 550)	500 g	4 gestr. Cups	100 %

1 Die Zutaten abwiegen und vermengen. Mithilfe einer Digitalwaage 350 g Wasser (38 °C) abwiegen und in die Teigwanne geben (4–6 l Fassungsvermögen). 10 g feines Meersalz zum Wasser geben und umrühren oder die Wanne schwenken, bis es sich aufgelöst hat. 0,5 g (etwa ½ von ¼ TL) Trockenhefe abwiegen und zum Wasser geben. 1 Minute ruhen lassen, dann die Wanne schwenken, bis die Hefe sich aufgelöst hat. 500 g Mehl (am besten Pizzamehl Tipo 00) zur Wasser-Salz-Hefe-Mischung geben.

2 Den Teig verkneten. Zunächst mit der Hand in der Wanne rühren, bis sich das Mehl, das Wasser, das Salz und die Hefe gut verbunden haben. Jetzt mithilfe des Zangengriffs (siehe Seite 92) den Teig in Stücke »zerschneiden« und ihn dann falten. So lange im Wechsel »schneiden« und falten, bis ein glatter Teig entsteht, etwa 30–60 Sekunden. Am Ende sollte der Teig eine Temperatur von 28 °C haben; zur Überprüfung ein Einstechthermometer verwenden.

3 Erste Gare. Nach 20 Minuten Ruhezeit den Teig auf leicht bemehlter Arbeitsfläche etwa 30–60 Sekunden durchkneten. Die Oberfläche sollte schön glatt sein. Den Teigballen mit dem Schluss nach unten in die leicht geölte Teigwanne geben. Mit einem gut schließenden Deckel abdecken. 1 ½ Stunden lang bei Zimmertemperatur ein erstes Mal gehen lassen.

4 Formen. Die Arbeitsfläche leicht mit Mehl bestauben und den Teig mit bemehlten Händen vorsichtig aus der Wanne holen. Den Ballen auf die Arbeitsfläche legen und ein wenig flach drücken. Dabei auf eine gleichmäßige Form achten. Die Oberfläche des Teigs leicht bemehlen, dann in drei bzw. fünf gleich große Stücke teilen, je nach gewünschtem Pizzastyle. Mithilfe der Digitalwaage prüfen, ob die Stücke gleich schwer sind. Jedes Teigstück zu einer mittelfesten Kugel wirken (siehe Anweisungen Seiten 94–97), dabei behutsam vorgehen und den Teig nicht reißen.

5 Zweite Gare. Die Teigkugeln auf ein oder zwei leicht bemehlte Speiseteller oder ein Backblech legen und auf genügend Abstand achten, damit sie sich ausdehnen können. Nun die Oberflächen leicht mit Mehl bestauben, luftdicht mit Frischhaltefolie umschließen, 4–6 Stunden bei Zimmertemperatur für eine zweite Gärung ruhen lassen.

6 Fertigstellung der Pizza. Unmittelbar nach der zweiten Gare kann der Teig zur Fertigstellung der Pizza verwendet werden. Wird er erst später gebraucht, stellt man ihn in den Kühlschrank und lässt ihn 1–1 ½ Stunden vor der Weiterverarbeitung Zimmertemperatur annehmen.

EINZELNE TEIGKUGEL

Wer nur eine einzelne Teigkugel benötigt, kann im Grunde jedes Teigrezept in diesem Buch auf diese Menge herunterrechnen. Bei einer Mehlmenge von 500 g erhält man genügend Teig für drei neapolitanische oder New-York-Style-Pizzen für den heimischen Backofen. Passt man die Mengen an einen einzelnen Teigling an, ist das Ergebnis genauso gut: Für die Umrechnung einfach nur die Angaben für jede Zutat durch 3 teilen. Der zeitliche Aufwand und die Teigführung bleiben gleich. Die größte Herausforderung ist in diesem Fall das Abwiegen der Hefe, da in den Rezepten ohnehin nur sehr geringe Mengen verwendet werden. Um hier nichts falsch zu machen, sollte man eine Digitalwaage verwenden, die auf die Hundertstel genau misst (siehe Seite 85), ansonsten muss man nach Augenmaß ¼ TL Hefe in zehn Teile teilen.

ERGIBT eine Teigkugel

ERSTE GARE (STOCKGARE) 2 Stunden

TEIG FORMEN & ABDECKEN 10 Minuten

ZWEITE GARE (STÜCKGARE) 6 Stunden

HALTBARKEIT BEI ZIMMERTEMPERATUR 4 Stunden; oder im Kühlschrank aufbewahrt bis zum nächsten Abend

BEISPIEL FÜR DIE TEIGFÜHRUNG Man mischt den Teig um 9 Uhr am Vormittag, knetet ihn um 9:20 Uhr, formt ihn um 11 Uhr zu einer Kugel und bereitet die Pizza zwischen 17 und 19 Uhr oder am nächsten Tag zu. Will man die Pizza erst am Folgeabend backen, stellt man den Teigling 4 Stunden nach Herstellung in den Kühlschrank und nimmt ihn mindestens 1 Stunde vor der Weiterverarbeitung heraus, damit er Zimmertemperatur annehmen kann.

ZUTAT	MENGE		TEIGAUSBEUTE
Wasser	116 g	½ gestr. Cup	70 %
feines Meersalz	5 g	1 gestr. TL	3 %
Trockenhefe	0,1 g	⅒ von ¼ TL	0,6 %
Pizzamehl Tipo 00 (oder Weizenmehl Type 550)	166 g	1 ⅓ Cups	100 %

1 Die Zutaten abwiegen und vermengen. Mithilfe einer Digitalwaage 116 g Wasser (32–35 °C) abwiegen. Für die geringe Teigmenge reicht eine einfache Rührschüssel, die Teigwanne können Sie getrost im Schrank lassen. 5 g feines Meersalz zum Wasser geben und umrühren, bis es sich aufgelöst hat. 0,1 g (etwa ⅒ von ¼ TL) Trockenhefe abwiegen und zum Wasser geben. Umrühren oder die Schüssel schwenken, bis die Hefe sich aufgelöst hat. Dies dauert einige Minuten. 166 g Mehl (am besten Pizzamehl Tipo 00) zur Wasser-Salz-Hefe-Mischung geben.

2 Den Teig verkneten. Zunächst mit der Hand in der Schüssel rühren, bis sich das Mehl, das Wasser, das Salz und die Hefe gut verbunden haben. Jetzt mithilfe des Zangengriffs (siehe Seite 92) den Teig in Stücke »zerschneiden« und ihn dann falten. So lange im Wechsel »schneiden« und falten, bis ein glatter Teig entsteht, etwa 30–60 Sekunden. Am Ende sollte der Teig eine Temperatur von 27 °C haben; zur Überprüfung ein Einstechthermometer verwenden.

3 Erste Gare. Nach 20 Minuten Ruhezeit den Teig auf leicht bemehlter Arbeitsfläche etwa 30–60 Sekunden durchkneten. Die Oberfläche sollte schön glatt sein. Den Teigballen mit dem Schluss nach unten in die leicht geölte Teigwanne geben. Mit einem gut schließenden Deckel abdecken. 2 Stunden lang bei Zimmertemperatur (optimalerweise 21–24 °C) ein erstes Mal aufgehen lassen.

4 Formen. Den Teig zu einer mittelfesten Kugel wirken (siehe Anweisungen Seiten 94–97), dabei behutsam vorgehen und den Teig nicht reißen.

5 Zweite Gare. Die Teigkugel auf einen leicht bemehlten Speiseteller legen und die Oberfläche mit etwas Mehl bestauben. Dann luftdicht mit Frischhaltefolie umschließen und 6 Stunden bei Zimmertemperatur für eine zweite Gärung ruhen lassen. Alternativ bei Zimmertemperatur 4 Stunden aufgehen lassen und anschließend in den Kühlschrank stellen. Der Teig ist so bis zum nächsten Abend haltbar.

6 Fertigstellung der Pizza. Ungekühlt kann der Teig jederzeit in den 4 Stunden nach der zweiten Gare verwendet werden. Ansonsten 1–1 ½ Stunden vor der Weiterverarbeitung aus dem Kühlschrank holen und Zimmertemperatur annehmen lassen, am besten während man den Backofen vorheizt und die Toppings vorbereitet.

ENZOS PIZZATEIG

Enzo Coccia ist *Pizzaiolo* in dritter Generation, dessen Pizzeria in Neapel, das La Notizia, 2014 von der AVPN für die beste Pizza ausgezeichnet wurde. Die private Unterrichtsstunde, die ich von ihm in Sachen Pizzateig und seiner Geschichte erhielt (für mich das absolute Jahreshighlight!), schloss er mit einem Bericht über seinen persönlichen Durchbruch in der Teigherstellung. Es war im Jahr 2010, als er das La Notizia eröffnete. »Wir verwenden ein mechanisches Gärungsverfahren«, sagte er zu mir und verwendete damit einen Begriff, der mit vollkommen neu war. Nach Enzos Verständnis geht es bei der mechanischen Gärung (auf Italienisch *lievitazione*) darum, den Teig 20 Minuten lang sehr langsam zu kneten, um möglichst viel Luft einzuarbeiten. (Ich habe ihm dabei zugesehen. Voller Stolz präsentierte er mir die entstandenen Luftbläschen, als er unmittelbar nach dem händischen Verkneten ein Stück vom Teig abschnitt.) Der Teig ruht anschließend für weitere 10–20 Minuten, ehe er in Portionen zerteilt wird. Es ist diese kurze Ruhezeit, kombiniert mit der sehr geringen Hefemenge, die man als Enzos Markenzeichen bei der Teigführung betrachten könnte. Die Teiglinge fermentieren anschließend 10 Stunden bei Zimmertemperatur, eine vergleichsweise lange zweite Gare also. Enzo ließ uns von einem Mitarbeiter ein Tablett voll mit reifen Panetti bringen. Das war kurz vor Öffnung des Restaurants an einem Samstagabend. Sie waren wunderbar prall und rund mit makellos glatter Oberfläche.

Ich war selbst überrascht, als ich Enzo bat, mich sein Teigrezept für dieses Buch verwenden zu lassen. Und noch mehr verblüffte mich, dass er sich tatsächlich einverstanden erklärte. Allerdings nur unter der Bedingung, dass ich kein Wort darüber verlor, dass man damit Pizza so gut wie im La Notizia backen könnte. Tja, tut mir leid, Enzo, aber das geht nicht! Du führst eine der besten Pizzerien in ganz Neapel; wir können nur den Hut vor dir ziehen und dein Teigrezept für den heimischen Herd anpassen. Ich selbst betrachte dieses Rezept als ein Lehrstück für guten Pizzateig. Wer trotzdem lieber Pizza im La Notizia isst – ab ins nächste Reisebüro und Flugticket buchen!

Zwei größere Änderungen an Enzos Teigführung habe ich vorgenommen. Zum einen lässt sich in der heimischen Küche das 20-minütige, sehr langsame mechanische Kneten mit der Maschine, wie sie in den meisten neapolitanischen Pizzerien zum Einsatz kommt, kaum nachahmen. Was wir allerdings tun können, ist, den Teig ausgiebig von Hand zu kneten und wiederholt zu falten, um so eine Extraportion Luft einzuarbeiten. Und wir benötigen einen höheren Wasseranteil, damit der Teig im heimischen Backofen nicht zu sehr austrocknet (siehe Seite 58 zum Thema Teighydratation im Hinblick auf Backtemperaturen). Im La Notizia liegt die Hydratation des Teiges bei durchschnittlich 60 Prozent, was recht typisch ist für die neapolitanische Pizza. Ich habe den Wasseranteil auf 70 Prozent erhöht, doch wer einen holzbefeuerten Ofen besitzt, kann es auch mit 300 g Schüttwasser (60 Prozent Hydratation) versuchen. Ich habe außerdem den Hefeanteil erhöht, da es in unseren Privatküchen in der Regel etwas kühler ist als in der Großküche einer Pizzeria. Trotz dieser kleineren Anpassungen funktioniert der Teig einwandfrei, wobei der Großteil der Fermentation nach dem Formen der Teiglinge stattfindet. Aber natürlich reicht das Ergebnis niemals an eine Pizza im La Notizia heran! Enzos Methode ist einzigartig, ich liebe die resultierende Pizza; Sie hoffentlich auch. Wenn Sie sich bei der Zubereitung möglichst nah am La Notizia orientieren wollen, besorgen Sie unbedingt einen qualitativ hochwertigen Mozzarella di Bufala und versuchen Sie es als Erstes mit einer Pizza Margherita (Seite 159) oder der Pizza mit Endivie (Seite 227), am besten gefaltet.

ZUTAT	MENGE		TEIGAUSBEUTE
Wasser	350 g	1 ½ Cups	70 %
feines Meersalz	13 g	2 ½ gestr. TL	2,6 %
Trockenhefe	0,1 g	¹⁄₁₀ von ¼ TL	0,02 %
Pizzamehl Tipo 00 (oder Weizenmehl Type 550)	500 g	4 gestr. Cups	100 %

ERGIBT 3 TEIGKUGELN für normale Pizza

ERSTE GARE (STOCKGARE) 20 Minuten

TEIG AUFTEILEN, FORMEN & ABDECKEN 10 Minuten

ZWEITE GARE (STÜCKGARE) 10 Stunden

BEISPIEL FÜR DIE TEIGFÜHRUNG Man mischt den Teig um 9 Uhr am Vormittag, lässt ihn 15 Minuten ruhen, knetet ihn weitere 5 Minuten und formt ihn um 9:40 Uhr zu Kugeln. Ab 20 Uhr am selben Abend bereitet man die Pizza zu.

1 Die Zutaten abwiegen und vermengen. Mithilfe einer Digitalwaage 350 g Wasser (32–35 °C) abwiegen und in die Teigwanne geben (4–6 l Fassungsvermögen). 13 g feines Meersalz zum Wasser geben und umrühren oder die Wanne schwenken, bis es sich aufgelöst hat. 0,1 g (etwa ¹⁄₁₀ von ¼ TL) Trockenhefe abwiegen und zum Wasser geben. 1 Minute ruhen lassen, dann die Wanne schwenken, bis die Hefe sich aufgelöst hat. 500 g Mehl (am besten Pizzamehl Tipo 00) zur Wasser-Salz-Hefe-Mischung geben.

2 Den Teig verkneten. Zunächst mit der Hand in der Schüssel rühren, bis sich das Mehl, das Wasser, das Salz und die Hefe gut verbunden haben. Jetzt mithilfe des Zangengriffs (siehe Seite 92) den Teig in Stücke »zerschneiden« und ihn dann falten. So lange im Wechsel »schneiden« und falten, bis ein glatter Teig entsteht. Etwa 1–2 Minuten weiterfalten, um möglichst viel Luft in den Teig einzuarbeiten. Am Ende sollte der Teig eine Temperatur von 27 °C haben.

3 Erste Gare. Nach 15 Minuten Ruhezeit den Teig auf leicht bemehlter Arbeitsfläche mit bemehlten Händen 2–3 Minuten falten und kneten, um weitere Luft einzuarbeiten. Die Oberfläche sollte schön glatt sein. Den Teigballen mit dem Schluss nach unten in die leicht geölte Teigwanne geben. Mit einem gut schließenden Deckel abdecken. 20 Minuten lang bei Zimmertemperatur aufgehen lassen.

4 Formen. Die Arbeitsfläche leicht mit Mehl bestauben. Mit bemehlten Händen den Teig vorsichtig aus der Teigwanne holen und auf die Arbeitsfläche legen. Ein wenig flach drücken, dabei auf eine gleichmäßige Form achten. Die Oberfläche des Teigballens mit Mehl bestauben und in drei gleich große Stücke zerteilen. (Anmerkung: Jedes Teigstück sollte etwa 275 g wiegen; Enzos Teigkugeln im La Notizia haben ein Gewicht von 210–220 g.) Jedes Stück Teig zu einer mittelfesten Kugel wirken (siehe Anweisungen auf den Seiten 94–97), dabei behutsam vorgehen, damit der Teig nicht reißt.

5 Zweite Gare. Die Teigkugeln mit reichlich Abstand auf ein bis zwei leicht bemehlte Speiseteller oder ein Backblech legen und die Oberflächen mit etwas Mehl bestauben. Dann luftdicht mit Frischhaltefolie umschließen und 10 Stunden bei Zimmertemperatur für eine zweite Gärung ruhen lassen.

6 Fertigstellung der Pizza. Die Teigkugeln können in den nächsten 3–4 Stunden jederzeit zu Pizza weiterverarbeitet werden.

SAMSTAGS-PAN-PIZZATEIG

Dieses Rezept ist supereinfach und perfekt geeignet, wenn man noch am selben Tag Pan-Pizza backen will. Blechpizzen sind allseits beliebt und tragen liebevolle Namen wie »Grandma Pie« oder »Nonnas Pizza«. Man benötigt lediglich ein halbes Backblech und einen guten Teig, außerdem gutes Olivenöl, Tomaten und Käse. Den Pie kann man sehr einfach belegen, oder man geht in die Vollen. Aber Vorsicht, bei allem Enthusiasmus ist Zurückhaltung geboten, sonst übertreibt man es schnell, und dann ist das Ergebnis ein Kaliber mit einem Kampfgewicht von 5 Pfund. Angesichts ihrer Größe und Form ist die Pan-Pizza der perfekte Kandidat für eine »Half & Half«-Pizza mit zwei verschieden belegten Hälften oder für eine dreifarbige Pizza Tricolore in den Farben der italienischen Flagge Grün, Weiß und Rot.

Entscheidend ist, dass man die Pizza auf unterer Schiene vorbäckt, damit der Boden ausreichend Hitze von unten abbekommt, schließlich wollen wir ihn schön knusprig haben. Die besten Ergebnisse erziele ich in meinem Ofen, wenn ich auf der Schiene direkt unterhalb der Mitte backe. Ideal ist, wenn man das Backblech auf einen Pizzastahl oder -stein stellt, aber auch auf offenem Rost funktioniert es einwandfrei. Man kann auch gleich mehrere Bleche mit leicht mit Sauce bestrichenem Teig vorbacken und ihn mehrere Stunden in der Küche stehen lassen, ehe man ihn im nächsten Schritt zum Verzehr weiterverarbeitet: Dazu toppt man den Teig mit einer weiteren Schicht Sauce sowie den gewünschten Belägen, und dann backt man ihn erneut, bis die Kruste und die Toppings perfekt sind. Kinderspiel. Die fertige Pizza vom Blech nehmen, in lange Streifen schneiden und in rechteckige Stücke geschnitten servieren.

Dieser Teig darf 4 Stunden lang gehen, bevor er auf ein geöltes Backblech kommt. Wer eine Pan-Pizza mit dünner Kruste bevorzugt, teilt den Teig in zwei Stücke und rollt diese jeweils mit dem Nudelholz aus oder bereitet zwei Bleche zu. Ich bevorzuge das Backen in zwei Schritten: Erst wird die Kruste mit einer feinen Schicht Olivenöl und Tomatensauce vorgebacken, bis die Sauce in den Teig eingezogen und an den Rändern leicht karamellisiert ist; anschließend wird der Teig abermals mit Sauce bestrichen und mit Käse und den ausgewählten Toppings belegt, entweder sofort oder einige Stunden später, je nach Belieben. Dann erst wird er fertig gebacken (siehe das Rezept für den Grandma Pie auf Seite 198).

ERGIBT eine Grandma Pizza oder zwei Pan-Pizzen mit dünner Kruste (kleines Backblech mit hohem Rand, ca. 33 × 45 cm)

ERSTE GARE (STOCKGARE) 4 Stunden

TEIG AUF DEM BLECH VERTEILEN 5 Minuten

ZWEITE GARE 30 Minuten

BEISPIEL FÜR DIE TEIGFÜHRUNG Man mischt den Teig um 12 Uhr mittags, verteilt ihn um 16 Uhr auf dem Blech und backt ihn um 16:30 Uhr vor. Am Abend bereitet man die Pizza dann fertig zu.

ZUTAT	MENGE		TEIGAUSBEUTE
Wasser	375 g	1 ½ Cups + 4 TL	75 %
feines Meersalz	11 g	2 gestr. TL	2,2 %
Trockenhefe	2 g	½ TL	0,2 %
Brotmehl (oder Pizzamehl Tipo 00, alternativ Weizenmehl Type 550)	500 g	4 gestr. Cups	100 %
Olivenöl	75 g	5 EL	
Tomatensauce (fein püriert)	200 g	¾ Cup	

1 **Die Zutaten abwiegen und vermengen.** Mithilfe einer Digitalwaage 375 g Wasser (32–35 °C) abwiegen und in die Teigwanne geben (4–6 l Fassungsvermögen). 11 g feines Meersalz zum Wasser geben und umrühren oder die Wanne schwenken, bis es sich aufgelöst hat. 2 g (etwa ½ TL) Trockenhefe abwiegen und zum Wasser geben. 1 Minute ruhen lassen, dann die Wanne schwenken, bis die Hefe sich aufgelöst hat. 500 g Mehl (am besten Brotmehl oder Pizzamehl Tipo 00) zur Wasser-Salz-Hefe-Mischung geben.

2 **Den Teig verkneten.** Zunächst mit der Hand in der Wanne rühren, bis sich das Mehl, das Wasser, das Salz und die Hefe gut verbunden haben. Jetzt mithilfe des Zangengriffs (siehe Seite 92) den Teig in Stücke »zerschneiden« und ihn dann falten. So lange im Wechsel »schneiden« und falten, bis ein glatter Teig entsteht, etwa 30–60 Sekunden. Am Ende sollte der Teig eine Temperatur von 27 °C haben; zur Überprüfung ein Einstechthermometer verwenden.

3 **Erste Gare.** Nach 20 Minuten Ruhezeit den Teig auf leicht bemehlter Arbeitsfläche etwa 30–60 Sekunden durchkneten. Die Oberfläche sollte schön glatt sein. Den Teigballen mit dem Schluss nach unten in die leicht geölte Teigwanne geben. Mit einem gut schließenden Deckel abdecken. 4 Stunden lang bei Zimmertemperatur (21–23 °C) ein erstes Mal gehen lassen. Nach 4 Stunden sollte der Teig zu doppeltem Volumen aufgegangen sein.

4 **Vorheizen.** Einen Pizzastahl oder -stein auf unterer Schiene in den Backofen geben. Den Backofen 45 Minuten lang auf 290 °C vorheizen.

5 **Formen.** Die Arbeitsfläche leicht mit Mehl bestauben und den Teig mit bemehlten Händen vorsichtig aus der Wanne holen. Den Teig durch vorsichtiges Ziehen in eine rechteckige Form bringen (vorerst füllt er noch nicht das gesamte Blech aus). 60 g (4 EL) Olivenöl auf einem kleinen Backblech verteilen, den inneren Rand nicht vergessen. Die Teigplatte auf das Blech legen, die restlichen 15 g (1 EL) Öl darüberträufeln und den Teig gleichmäßig mit den Handballen zum Rand des Blechs hin verteilen, bis er spürbar Widerstand leistet. 10 Minuten ruhen lassen, dann weiter auf die Länge und Breite des Blechs ausdehnen (aber keinen erhöhten Rand bilden). Etwa 30 Minuten ruhen lassen, während der Backofen vorheizt.

6 **Vorbacken.** Die Tomatensauce auf dem Teigfladen verteilen, bis ungefähr 1 cm zum Rand hin. Etwa 15 Minuten backen, bis die Ränder der Kruste beginnen, goldbraun zu werden, und die Sauce am Rand leicht karamellisiert. Der Boden der Kruste sollte von einem hellen Goldbraun und knusprig sein. Der Teig selbst sollte durchgebacken sein.

7 **Fertigstellung der Pizza.** In einem zweiten Schritt wird die Pizza fertig gebacken, entweder sofort oder einige Stunden später (siehe Rezept für den Grandma Pie Seite 198).

24- BIS 48-STUNDEN-PIZZATEIG

Dieser gelingsichere Teig ergibt eine hervorragende Kruste, feinporig und vielschichtig im Geschmack. Den Teig kann man zu jeder Zeit des Tages anrühren (ich bereite meinen am Abend zu), dann lässt man ihn ein erstes Mal bei Zimmertemperatur aufgehen, ehe man ihn einige Stunden später zu Teiglingen rund wirkt. Diese bis zum nächsten (oder übernächsten) Abend zugedeckt im Kühlschrank ruhen lassen.

In den Vormittagsstunden gibt es bei diesem Rezept nichts zu tun. Werfen Sie Ihren Teiglingen einfach nur einen liebevollen Handkuss zu, bevor Sie morgens zur Arbeit aufbrechen, und lassen Sie sie im Kühlschrank ihr Ding tun. Bei Ihrer Rückkehr am Abend sind die Teigkugeln reif. Jetzt brauchen Sie nur noch den Backofen vorzuheizen, eine schnelle Sauce anzurühren, ein wenig Käse zu reiben, und – ecco la! – fertig ist die Pizza.

Allerdings ist es nicht irgendeine Pizza. Ich war selbst überrascht, was für ein wunderbares Resultat dieser Teig liefert. Ich möchte sogar behaupten, es ist einer der besten Teige im ganzen Buch. Die lange Fermentation verleiht der Kruste eine sehr zarte Leichtigkeit, und die Luftigkeit des *Cornicione* ist einfach nur … wow. Sie werden beeindruckt sein, da bin ich mir sicher. Die Italiener würden einen lange geführten Teig wie diesen als »leicht verdaulich« bezeichnen. Ich liebe Italien!

ERGIBT 3 Teigkugeln für normale Pizza oder 5 für Pizza mit dünnem Boden

ERSTE GARE (STOCKGARE) 2 Stunden

TEIG AUFTEILEN, FORMEN & ABDECKEN 10 Minuten

ZWEITE GARE (STÜCKGARE) 16–48 Stunden im Kühlschrank

BEISPIEL FÜR DIE TEIGFÜHRUNG Man mischt den Teig um 19 Uhr, formt ihn um 21 Uhr zu Kugeln, stellt diese abgedeckt über Nacht in den Kühlschrank und bereitet die Pizza am folgenden Abend (optimal) oder am übernächsten Tag zu (ebenfalls kein Problem).

ZUTAT	MENGE		TEIGAUSBEUTE
Wasser	350 g	1 ½ Cups	70 %
feines Meersalz	13 g	2 ½ gestr. TL	2,6 %
Trockenhefe	1,5 g	¾ von ½ TL	0,3 %
Pizzamehl Tipo 00 (oder Weizenmehl Type 550)	500 g	4 gestr. Cups	100 %

1 **Die Zutaten abwiegen und vermengen.** Mithilfe einer Digitalwaage 350 g Wasser (32–35 °C) abwiegen und in die Teigwanne geben (4–6 l Fassungsvermögen). 13 g feines Meersalz zum Wasser geben und umrühren oder die Wanne schwenken, bis es sich aufgelöst hat. 1,5 g (etwa ¾ von ½ TL) Trockenhefe abwiegen und zum Wasser geben. 1 Minute ruhen lassen, dann die Wanne schwenken, bis die Hefe sich aufgelöst hat. 500 g Mehl (am besten Pizzamehl Tipo 00) zur Wasser-Salz-Hefe-Mischung geben.

2 **Den Teig verkneten.** Zunächst mit der Hand in der Schüssel rühren, bis sich das Mehl, das Wasser, das Salz und die Hefe gut verbunden haben. Jetzt mithilfe des Zangengriffs (siehe Seite 92) den Teig in Stücke »zerschneiden« und ihn dann falten. So lange im Wechsel »schneiden« und falten, bis ein glatter Teig entsteht, etwa 30–60 Sekunden. Am Ende sollte der Teig eine Temperatur von 27 °C haben; zur Überprüfung ein Einstechthermometer verwenden.

3 **Erste Gare.** Nach 20 Minuten Ruhezeit den Teig auf leicht bemehlter Arbeitsfläche etwa 30–60 Sekunden durchkneten. Die Oberfläche sollte schön glatt sein. Den Teigballen mit dem Schluss nach unten in die leicht geölte Teigwanne geben. Mit einem gut schließenden Deckel abdecken. 2 Stunden lang bei Zimmertemperatur (optimal 21–23 °C) ein erstes Mal aufgehen lassen.

4 **Formen.** Die Arbeitsfläche leicht mit Mehl bestauben und den Teig mit bemehlten Händen vorsichtig aus der Wanne holen. Den Ballen auf die Arbeitsfläche legen und ein wenig flach drücken. Dabei auf eine gleichmäßige Form achten. Die Oberfläche des Teigs leicht bemehlen, dann in drei bzw. fünf gleich große Stücke teilen, je nach gewünschtem Pizzastyle. Mithilfe der Digitalwaage prüfen, ob die Stücke gleich schwer sind. Jedes Teigstück zu einer mittelfesten Kugel wirken (siehe Anweisungen Seiten 94–97), dabei behutsam vorgehen, damit der Teig nicht reißt.

5 **Zweite Gare.** Die Teigkugeln mit reichlich Abstand auf ein bis zwei leicht bemehlte Speiseteller oder ein Backblech legen und die Oberflächen mit etwas Mehl bestauben. Dann luftdicht mit Frischhaltefolie umschließen und sofort in den Kühlschrank stellen. Kühl halten bis zur Weiterverarbeitung, entweder am selben Abend (ideal) oder am übernächsten Tag (ebenfalls gut).

6 **Fertigstellung der Pizza.** Die Teigkugeln 1–1 ½ Stunden vor dem Backen aus dem Kühlschrank nehmen und Zimmertemperatur annehmen lassen.

48- BIS 72-STUNDEN-BIGA-PIZZATEIG

Biga ist nicht viel mehr als Mehl, Wasser und eine kleine Menge Hefe, die man vermischt und zum Gären stehen lässt, für gewöhnlich über Nacht. Biga ist einfach nur italienisch für einen Vorteig, der mit herkömmlicher Hefe hergestellt wird; bereitet man Teig mit Biga zu, führt man den Teig in zwei Schritten. Sobald die Biga reif ist – in unserem Fall am Morgen nach dem Ansetzen –, mischt man einen weiteren Teig mit Mehl, Wasser und Salz an und verknetet ihn mit der Biga, um den endgültigen Teig herzustellen.

Wer einen solchen Vorteig verwendet, muss rechtzeitig planen, aber es ist den Aufwand wert. Der Pizzaboden, den man mit dieser Methode erhält, ist mein persönlicher Favorit in diesem Buch, sowohl was den Geschmack als auch die Konsistenz betrifft. Für eine Sonntagabend-Pizza sollten Sie die Biga am Freitagabend ansetzen. Am Samstagmorgen bereitet man dann den endgültigen Teig zu. Nach 1 Stunde sind die Teiglinge fertig, die man nun weitere 2 Stunden bei Raumtemperatur aufgehen lässt (1 Stunde reicht, wenn Sie an einem Ort wie Miami leben oder es gerade sommerlich warm ist). Anschließend kommen die Teiglinge in den Kühlschrank. Aus diesen können Sie nun am Sonntag jederzeit eine Pizza zubereiten und sich freuen. Ich hole den Teig in der Regel etwa 1 ½ Stunden vor der Verarbeitung aus dem Kühlschrank, damit er langsam Zimmertemperatur annehmen kann. Dabei entspannt sich das Gluten, sodass der Teig sich leichter ausdehnen lässt.

Dieser Teig ergibt einen Pizzaboden mit leicht erdigem Aroma und einer sehr feinporigen Struktur. Der Rand ist schön fest, aber luftig, platzt stellenweise auf und hat den perfekten Crunch. Geschmacklich ist er sehr vielschichtig, mit einem feinen Hefe-Nachgeschmack, der besonders gut mit leicht geschwärzten Stellen an der Kruste harmoniert.

Die Biga verleiht dem Teig ein etwas grasiges, säuerlich-alkoholisches Aroma, das einem entgegenströmt, sobald man am nächsten Morgen den Deckel des Behälters öffnet. Das weckt Vorfreude. Und erst der Geschmack!

Ich bevorzuge es, die Biga mit Mehl zu mischen, das gut mit einer längeren Gehzeit zurechtkommt; entweder ein Brotmehl mit höherem Proteinanteil oder ein Pizzamehl Tipo 00 (die rote Tüte von Caputo). Für den endgültigen Teigmix verwende ich ein Mehl mit weniger Protein, das blaue von Caputo oder ein einfaches Weizenmehl Type 550. Diese Mischung kommt zum einen der längeren Gehzeit entgegen, ohne dass der Teig zusammenfällt, und ergibt dennoch einen feinporigen, nicht zu weichen Boden.

ERGIBT 3 Teigkugeln für normale Pizza oder 5 für Pizza mit dünnem Boden

BIGA-GARE 12–14 Stunden

HAUPTTEIG 10 Minuten; 20 Minuten später wird geknetet

ERSTE GARE DES ENDTEIGS 45 Minuten

TEIG AUFTEILEN, FORMEN & ABDECKEN 10 Minuten; dann 2 Stunden bei Zimmertemperatur ruhen lassen

ZWEITE GARE 36–60 Stunden im Kühlschrank

BEISPIEL FÜR DIE TEIGFÜHRUNG Man mischt die Biga um 20 Uhr am Abend, verknetet sie mit dem Hauptteig um 8 Uhr am nächsten Morgen, formt diesen um 9 Uhr zu Kugeln, legt sie um 11 Uhr in den Kühlschrank und bereitet die Pizza am nächsten Tag zu jeder beliebigen Zeit zu. Der Teig ist dann noch weitere 24 Stunden haltbar.

BIGA

ZUTAT	MENGE	
Wasser	165 g	⅔ Cup + 1 ½ TL
Hefe	0,2 g	⅕ von ¼ TL
Weizenmehl Type 550, Brotmehl oder Pizzamehl Tipo 00 (das rote von Caputo)	250 g	2 Cups

ENDTEIG

ZUTAT	MENGE (ENDTEIG)		TEIGAUSBEUTE IN % (GESAMTREZEPT)
Wasser	185 g	¾ Cup + 1 ½ TL	70 %
feines Meersalz	13 g	2 ½ gestr. TL	2,6 %
Trockenhefe	–	–	0,04 %
Pizzamehl Tipo 00 (oder Weizenmehl Type 550)	250 g	2 Cups	100 %
Biga	415 g	alle obigen Zutaten	50 %

1 Herstellen der Biga. Zwei Abende vorher die Zutaten für die Biga abwiegen. 165 g Wasser (32–35 °C) in eine Teigwanne (4–6 l Fassungsvermögen) geben. (Bei höheren Temperaturen in der Küche darf das Wasser etwas kälter sein.) 0,2 g Hefe (etwa ⅛ von ¼ TL) hinzufügen und 1 Minute lang Wasser ziehen lassen, dann den Behälter schwenken, bis sie sich aufgelöst hat. Das Mehl hinzugeben und mit der Hand durchrühren. Jetzt mithilfe des Zangengriffs (siehe Seite 92) den Teig in Stücke »zerschneiden« und ihn dann falten. So lange im Wechsel »schneiden« und falten, bis die Zutaten sich gut verbunden haben, etwa 30–60 Sekunden. Den Deckel auf den Behälter legen und über Nacht bei Zimmertemperatur gehen lassen. Bei 20 °C sollte die Biga nach 12 Stunden reif sein; die Menge sollte sich verdreifacht haben und Gasbläschen sichtbar sein.

2 Herstellen des Hauptteigs. Die Biga vorsichtig aus der Teigwanne holen und auf die bemehlte Arbeitsfläche legen (die Wanne wird für den Endteig benötigt, also nicht auswaschen). Nun 185 g Wasser (35–38 °C) in die Teigwanne geben. 13 g Salz zum Wasser geben und die Wanne schwenken oder darin rühren, bis es sich aufgelöst hat. 250 g Mehl zur Wasser-Salz-Mischung geben und von Hand vermengen, bis sich ein kompakter Teig ergibt.

3 Biga und Hauptteig vermengen. Nun die Biga wieder in die Teigwanne zum Hauptteig geben und so lange von Hand kneten, bis sich die beiden Teige gut verbunden haben. Die Arbeitshand leicht anfeuchten, damit der Teig nicht an den Fingern kleben bleibt. Mithilfe des Zangengriffs (siehe Seite 92) den Teig in Stücke »zerschneiden« und ihn dann falten. So lange im Wechsel »schneiden« und falten, bis ein glatter Teig entsteht. Einige Minuten auf diese Weise kneten. Zwischendurch darf der Teig gerne 5–10 Minuten ruhen, bevor es weitergeht. Weil die Biga und der Hauptteig unterschiedliche Konsistenzen haben, dauert es in der Regel länger, bis die Teige sich verbinden. Eine kleine Ruhepause zwischendurch kann hier hilfreich sein. Am Ende sollte der Teig eine Temperatur von 24 °C haben.

FORTSETZUNG NÄCHSTE SEITE

48- BIS 72-STUNDEN-BIGA-PIZZATEIG, FORTSETZUNG

4 **Erste Gare.** Nun den Teig 20 Minuten lang ruhen lassen, dann auf einer leicht mit Mehl bestäubten Arbeitsfläche 30–60 Sekunden kneten. Die Oberfläche des Teigs sollte schön glatt sein. Den Teigballen mit dem Schluss nach unten in die leicht geölte Teigwanne geben. Mit einem gut schließenden Deckel abdecken. 45 Minuten lang aufgehen lassen.

5 **Formen.** Die Arbeitsfläche leicht mit Mehl bestauben. Mit bemehlten Händen den Teig vorsichtig aus der Teigwanne holen und auf die Arbeitsfläche legen. Dabei auf eine gleichmäßige Form achten. Die Oberfläche des Teigs mit Mehl bestauben und in drei bzw.fünf gleich große Stücke zerteilen, je nach gewünschtem Pizzastyle. Jedes Stück Teig zu einer mittelfesten Kugel wirken (siehe Anweisungen auf den Seiten 94–97), dabei behutsam vorgehen, damit der Teig nicht reißt.

6 Zweite **Gare.** Die Teigkugeln auf ein oder zwei leicht bemehlte Speiseteller legen und auf genügend Raum dazwischen achten, damit sie sich ausdehnen können. Nun die Oberflächen leicht mit Mehl bestauben, mit Frischhaltefolie bedecken, 2 Stunden ruhen lassen und erst dann in den Kühlschrank stellen. Die Teigkugeln sind im Kühlschrank 2–3 Tage haltbar.

7 **Herstellung der Pizza.** Den Teig 1–1 ½ Stunden vor der Weiterverarbeitung aus dem Kühlschrank holen und zu runden Fladen formen.

48- BIS 72-STUNDEN-NEW-YORK-PIZZATEIG

Dieser Teig verbringt eine vergleichsweise lange Zeit in der Kühlung – ein Standardverfahren in guten New Yorker Pizzerien (wenn auch in Neapel eher selten). Die lange, kalte Gärung im Kühlschrank sorgt dafür, dass sich nach und nach die Geschmacksnuancen und die milde Säure aufbauen und sich die Proteine im Teig gerade richtig spalten. So entsteht eine zartere Kruste, in der das volle Aroma steckt.

Weil der Teig nicht so aktiv gärt, bläht sich der Rand auch nicht so stark auf wie bei einer neapolitanischen Pizza, er gerät flacher. Die Toppings bleiben so an Ort und Stelle, statt vom aufgeblähten Rand zur Mitte hin geschoben zu werden.

New Yorker Pizzen werden in der Regel bei niedrigeren Temperaturen, dafür einige Minuten länger gebacken als die neapolitanischen, was zu einem stärkeren Feuchtigkeitsverlust in der Kruste führt. Und das wiederum heißt: Das Resultat ist erheblich knuspriger. Versucht man eine Pizza aus diesem Teig zu schneiden, ist der Boden wunderbar stabil, es hängt nichts herab. Mehr Details zum Zusammenhang zwischen Temperatur und Teighydratation finden Sie auf Seite 58.

Wegen des etwas festeren Teigs, den dieses Rezept ergibt, empfehle ich die Verwendung eines Standmixers mit Teighaken, statt ihn von Hand zu kneten. Das erleichtert die Sache erheblich. Wer keinen Standmixer besitzt, kann eine Küchenmaschine mit Metallklinge verwenden, um den Teig ganz kurz durchzumischen (das funktioniert wirklich!). (Und wenn Sie schon dabei sind, befördern Sie etwaige Teigklingen aus Plastik bitte geradewegs in den Müll. Gluten entwickelt sich nämlich am besten, wenn es geschnitten und nicht mit einer stumpfen Plastikklinge gerissen wird.)

Wenn Sie andere Pizzateige in diesem Buch, zum Beispiel den Samstagabend-Pizzateig (Seite 114), in einen New-York-Style Pizzateig umwandeln wollen, ersetzen Sie das proteinreiche Brotmehl durch Pizzamehl Tipo 00 und verwenden Sie dieselbe Menge an Schüttwasser wie in diesem Rezept.

ERGIBT 3 Teigkugeln für normale Pizza

ERSTE GARE (STOCKGARE) 2 Stunden

TEIG AUFTEILEN, FORMEN & ABDECKEN 10 Minuten

KALTE GARE 48–72 Stunden

BEISPIEL FÜR DIE TEIGFÜHRUNG Man mischt den Teig um 19 Uhr am Abend, formt ihn um 21 Uhr zu Kugeln und bereitet die Pizza zwei Tage später (optimal) oder am dritten Tag zu (immer noch perfekt).

ZUTAT	MENGE		TEIGAUSBEUTE
Wasser	320 g	1 ⅓ Cups + 1 TL	64 %
feines Meersalz	14 g	2 ½ TL	2,8 %
Trockenhefe	1,2 g	¼ TL + 1/16 TL	0,3 %
proteinreiches Brotmehl	500 g	4 Cups	100 %

1 Die Zutaten abwiegen und vermengen. Mithilfe einer Digitalwaage 320 g Wasser (32 °C) abwiegen und in den Behälter des Standmixers geben. 14 g feines Meersalz zum Wasser geben und umrühren, bis es sich aufgelöst hat. 1,2 g (¼ plus 1/16 TL) Trockenhefe abwiegen und zum Wasser geben. 1 Minute ruhen lassen, dann den Behälter schwenken, bis die Hefe sich aufgelöst hat. 500 g proteinreiches Brotmehl zur Wasser-Salz-Hefe-Mischung geben.

2 Den Teig verkneten. Mit dem Knethaken 90 Sekunden auf niedrigster Stufe mixen. Bitte nicht länger, sonst wird der Teig nach dem Backen zu zäh und fest. Der Teig sollte eine Temperatur von 26–27 °C haben. Mit feuchten oder bemehlten Händen den Teig vorsichtig aus dem Mixbehälter holen, am besten die Hand darunterschieben, damit er nicht reißt. Den Teigballen mit dem Schluss nach unten in die leicht geölte Teigwanne geben. Mit einem gut schließenden Deckel abdecken. Alternativ kann man eine Küchenmaschine mit Metallklinge verwenden: Die Zutaten in der gleichen Reihenfolge hinzufügen und nur so lange pulsieren, bis ein glatter Teig entsteht. Eine dritte Möglichkeit ist, den Teig von Hand zu vermengen, allerdings mit einer kleinen Änderung: Man fügt als Letztes nur 400 g Mehl hinzu und knetet, bis sich alles gut verbunden hat, erst dann gibt man die restlichen 100 g portionsweise hinzu und knetet weiter, bis alles eingearbeitet ist. Mithilfe des Zangengriffs (siehe Seite 92) den Teig in Stücke »zerschneiden« und dann falten. So lange im Wechsel »schneiden« und falten, bis ein glatter Teig entsteht. Das ist ein wenig Arbeit, aber machbar. Nach Bedarf etwas mehr Schüttwasser hinzufügen.

3 Erste Gare. Nach dem Mischen des Teigs muss dieser lediglich 2 Stunden gehen. Die restliche Fermentation findet in den Teiglingen statt. Der Teig dehnt sich in diesen 2 Stunden um 40–50 Prozent seines ursprünglichen Volumens aus.

4 Formen. Die Arbeitsfläche leicht mit Mehl bestauben und den Teig mit bemehlten Händen vorsichtig aus der Wanne holen. Den Ballen auf die Arbeitsfläche legen und ein wenig flach drücken. Dabei auf eine gleichmäßige Form achten. Die Oberfläche des Teigs leicht bemehlen, dann in drei gleich große Stücke teilen. Jeden Teigling zu einer mittelfesten Kugel wirken (siehe Anweisungen Seiten 94–97), dabei behutsam vorgehen, damit der Teig nicht reißt.

5 Zweite Gare. Die Teigkugeln mit reichlich Abstand auf ein bis zwei leicht bemehlte Speiseteller legen und die Oberflächen mit etwas Mehl bestauben. Dann luftdicht mit Frischhaltefolie umschließen und sofort in den Kühlschrank stellen. Die Teiglinge sind im Kühlschrank bis zu 3 Tage haltbar. Am besten zu verarbeiten sind sie an Tag 2.

6 Fertigstellung der Pizza. Die Teigkugeln 1–1 ½ Stunden vor dem Backen aus dem Kühlschrank nehmen, so entspannt sich das Gluten.

WILDE HEFEKULTUREN (LEVAIN)

Egal, ob man es Sauerteig, Levain oder Wildhefe nennt, gemeint ist immer das Gleiche. Eine Wildhefekultur entsteht, wenn Hefezellen aus der Luft (jepp, die sind so ziemlich überall) sich mit denen im Mehl verbinden und eine lebende Kultur bilden, die Brotteig, Pizzateig und sogar Pfannkuchenteig aufgehen lässt. Das ist vergleichbar mit einer Tüte Trockenhefe, nur dass man sie selbst herstellt! Man züchtet eine eigene Hefekultur, indem man 7 Tage lang täglich Mehl und Wasser mischt. Das kostet einen gerade mal 5 Minuten pro Tag, inklusive Saubermachen. Man nimmt einfach eine Frischhaltedose aus Plastik (Fassungsvermögen 1 l), gibt 100 g sehr warmes Wasser und 100 g Weizenvollkornmehl hinein, rührt mit der Hand um, bis sich alles schön verbindet, und lässt die Mischung 1 Tag lang stehen. Am nächsten Tag gibt man wieder 100 g Mehl und 100 g warmes Wasser hinzu und rührt wieder mit der Hand darin, bis sich alles gut vermischt hat. An den Tagen 3 und 4 schüttet man die Hälfte der Mischung weg, ehe man den Rest wieder mit je 100 g Mehl und Wasser »füttert«. Nach 4 Tagen ist die Kultur bereits aktiv, alkoholisch und bildet kleine Bläschen. Jetzt ist die Mischung reif. Sie lässt sich nun zu etwas verarbeiten, das man verwenden kann, um Pizzateig (oder Brotteig oder Pfannkuchenteig!) auf natürliche Weise zu säuern. Am 6. Tag füttert man mit Weißmehl, und anschließend ist die Starterkultur einsatzbereit: An Tag 8 können Sie schon eine perfekt gelungene Pizza aus dem Ofen holen, komplett natürlich gesäuert, mit einer Kultur, die Sie und die Natur mühelos gezüchtet haben.

Beginnen Sie mit 100 Prozent Vollkornmehl, weil es im Vergleich zu Weißmehl eine viel natürlichere Flora besitzt, die wir zum Starten der Kultur benötigen. Die äußeren Schichten des Weizenkorns, die sogenannte Frucht- und Samenschale, aber auch der Keimling im Inneren enthalten die benötigten Hefebakterien und Nährstoffe, um die Bildung einer neuen Kultur in Gang zu setzen. Sobald diese stabil ist, hält man sie durch Füttern mit Weißmehl aktiv. Erhält man die Kultur durch regelmäßiges Füttern (alles bis auf 50 g wegschütten, mit je 100 g Mehl und Wasser füttern) über mehrere Wochen lebendig, muss man den Startprozess nur ein Mal durchlaufen.

Nach Veröffentlichung meines ersten Buches stellte ich fest, dass man eine gute, aktive Wildhefekultur (auch bekannt als natürlicher Levain) mit weniger als der Hälfte des Mehls erhält, die ich bei meinem ersten Versuch verwendet hatte, und das in nur 6 Tagen. Für die Starterkultur benötigt man lediglich 600 g Mehl, wenn man den hier beschriebenen Mengenangaben folgt. Man könnte es im Vergleich zu meinem Vorgängerrezept auch Levain 2.0 nennen.

Es folgen noch nähere Details, aber vorerst will ich Ihnen einen Überblick geben, wie eine Wildhefekultur (Levain) im Kontext des Pizzabackens funktioniert. Sobald Sie einen Levain gezüchtet haben – nach 1 Woche täglichem Füttern –, verfügen Sie über eine Menge, um einen Pizzateig herzustellen und ungefähr 200 g der Ursprungskultur zur weiteren Verwendung zurückzubehalten. Man lässt sie einfach in einem luftdichten Plastikbehälter im Kühlschrank stehen und nimmt jedes Mal, wenn man einen neuen

Pizzateig herstellen will, 50 g davon, um sie zum Säuern des Teigs als Starter zu verwenden: Dazu mischt man die 50 g der Kultur mit 100 g Schüttwasser (38 °C) und 100 g Mehl. Den Starter setzt man am Abend an, den Pizzateig dann am nächsten Morgen. 2 Stunden später dreht man ihn zu Teigkugeln und bäckt die Pizza am gleichen Abend oder am nächsten Tag. Hat man das ein paarmal gemacht und den Rhythmus intus, kommt einem der zeitliche Aufwand gar nicht mehr so groß vor. Dafür wird man mit einer ganz besonderen Pizza belohnt, die Ihre ganz eigene Handschrift tragen wird. Nun folgen die Schritt-für-Schritt-Anweisungen.

HERSTELLUNG DES LEVAIN

Man nehme einen leeren Plastikbehälter mit passendem Deckel (Fassungsvermögen 1 l). Den Behälter wiegen und das Leergewicht auf ein Stück Klebeband schreiben, das man außen dranklebt. Dieser Wert wird später benötigt.

Tag 1, beliebige Tageszeit: 100 g Wasser (38 °C) von Hand mit 100 g Weizenvollkornmehl (Zimmertemperatur) im Behälter vermischen. Einige Stunden offen stehen lassen, erst dann den Deckel aufsetzen.

Tag 2, am Abend: 24–36 Stunden nach Ansetzen der neuen Kultur 100 g Wasser (38 °C) und 100 g Weizenvollkornmehl (Zimmertemperatur) hinzufügen. Von Hand gut verrühren und wieder offen stehen lassen, am besten mehrere Stunden, um möglichst viele Hefebakterien aus der Luft einzufangen. Anschließend den Deckel schließen.

Tag 3, am Abend: 48 Stunden nach Ansetzen der neuen Wildhefekultur sollte sie schon aktiv und voller Bläschen sein. Sie lebt! Nun die Hälfte der Mischung aus dem Behälter entfernen (am besten mit angefeuchteter Hand), diese kann entsorgt werden. Zur restlichen Mischung 100 g Wasser (38 °C) und 100 g Weizenvollkornmehl (Zimmertemperatur) hinzufügen und von Hand vermischen. Mit Deckel ungekühlt stehen lassen.

Tag 4, am Abend: Etwa ¾ der nun gärenden Mischung entfernen und entsorgen, dann wieder 100 g Wasser (diesmal 29–32 °C warm) und 100 g Weizenvollkornmehl hinzufügen. Von Hand gut vermischen. Mit Deckel bei Zimmertemperatur stehen lassen.

Tag 5, am Abend: Das Leergewicht des Behälters mit berücksichtigend, behält man nun 50 g der Kultur zurück, der Rest wird entsorgt. Dann 150 g Wasser (29 °C) und 75 g Weizenvollkornmehl sowie 75 g Weißmehl (Weizenmehl Type 550) hinzufügen. Von Hand gut vermengen. Mit Deckel bei Zimmertemperatur stehen lassen.

Tag 6, am Abend: Die Wildhefekultur ist nun fast schon einsatzbereit. Wieder alles bis auf 50 g der Kultur aus dem Behälter entfernen und mit 100 g Wasser (29 °C) und 100 g Weißmehl (Weizenmehl Type 550) füttern. Von Hand vermengen und mit Deckel über Nacht stehen lassen.

Tag 7, am Morgen: Die Kultur sollte nun voller Luftbläschen und klebrig-zähflüssig sein, voller Leben eben, und schön milchig und leicht alkoholisch duften. Jetzt darf die Mischung in den Kühlschrank. Noch am selben Abend können Sie den Starter mischen, und morgen in der Früh bereiten Sie den Pizzateig für leckere Pizza am Abend von Tag 8 zu.

DEN LEVAIN AKTIV HALTEN

Einmal pro Woche (bis maximal anderthalb Wochen) sollte man alles bis auf 25 g vom Levain aus dem Behälter entfernen und entsorgen. Dann gibt man 100 g Weißmehl (Weizenmehl Type 550) und 100 g Wasser (29 °C) hinzu, vermischt alles von Hand und lässt die Mischung 10–12 Stunden draußen stehen, ehe man sie zurück in den Kühlschrank stellt. Die Kultur sollte sich die ganze nächste Woche gut verwenden lassen, und die Menge sollte ausreichen, um ganze vier Portionen des Levain-Teigrezepts in diesem Buch herzustellen. Wer mehr benötigt, füttert ganz einfach doppelt so viel: 50 g Kultur, 200 g Weißmehl und 200 g Schüttwasser (29 °C).

Jede Umgebung ist anders: Wenn man in einer Weingegend lebt, hat man automatisch mehr Hefebakterien in der Luft als anderswo, vor allem während der Erntezeit. In dem Fall wird Ihre Hefekultur ganz bestimmt aktiver sein und müheloser herzustellen als in anderen Regionen.

LEVAIN-VOLUMENRECHNER

Ich empfehle Ihnen wärmstens, die Zutaten für den Levain nach Gewicht und nicht nach Volumen abzumessen; die folgenden Volumenangaben sind nur grobe Annäherungen.

100 G WEIZENVOLLKORNMEHL = ¾ CUP + ½ EL
100 G WASSER = ⅓ CUP + 4 TL
50 G LEVAIN = 2 EL + 1 TL

OVERNIGHT-LEVAIN-PIZZATEIG

Ich hätte nie gedacht, dass ein Teig, zubereitet aus einem natürlichen Triebmittel wie Wildhefekulturen (auch bekannt als Sauerteig), eine bessere Pizza ergibt als eine aus einem lange geführten Teig mit herkömmlicher Handelshefe. Anders, das ja, aber besser? Dann bekam ich eine Pizza vom Meister persönlich serviert, Franco Pepe vom Pepe in Grani. Francos Pizzakruste spielt in einer ganz eigenen Liga, sie ist zart, unglaublich leicht und durch die Milchsäuregärung reich an Aromen. Sein natürlich gesäuerter Teig wird von Hand gemischt und darf über Nacht aufgehen. Da steckt einfach Magie drin, anders kann man es nicht ausdrücken, so etwas kriegt nur ein echter *Pizzaiolo* hin, der seinen Pizzateig wie ein Lebewesen behandelt. Außerdem bin ich der Meinung, dass ein bestimmter Teig immer nur bei dieser einen Person gleich gut wird. Anthony Mangieri von Una Pizza Napoletana in San Francisco ist ein weiteres Beispiel für einen *Pizzaiolo*, der beinahe eine spirituelle Verbindung zu seiner Pizza unterhält, hergestellt mit natürlichem Levain. Variationen bei Temperatur, Feuchtigkeitsgehalt und verwendeter Mehlsorte erfordern allesamt minimale Anpassungen, aber letztlich sind es das erfahrene Auge und die geschulte Hand, die dem Pizzabäcker sagen, wann der Teig reif ist. Und dafür muss man den Teig kennen, wie ein Lebewesen. Verstehen Sie mich nicht falsch, ich will Sie keineswegs abschrecken. Ich will damit nur meine Bewunderung für diejenigen zum Ausdruck bringen, die dieses feinsinnige Handwerk so meisterhaft beherrschen. Denn es erfordert schon einiges an Urteilsvermögen und noch mehr an Erfahrung als bei der Zubereitung von Pizzateig mit einem Päckchen Trockenhefe.

Die Herstellung von Pizzateig aus einer Wildhefekultur, die man selbst züchtet (siehe Seite 133), ist ein höchst beglückendes Erlebnis. Es braucht zwar ein bisschen mehr Zeit und Vorausplanung, aber wenn man mit dem Verfahren erst einmal vertraut ist, stellt es keine Schwierigkeit mehr dar. Mit wachsender Routine lernt man die Feinheiten und die Vorteile dieses Teigs immer mehr zu schätzen. Es handelt sich um die traditionelle Methode der Sauerteigherstellung. Der Teig ist also vergleichbar mit einem aus der guten alten Zeit, bevor man einfach in den nächsten Laden spazieren und Handelshefe kaufen konnte. Beachten Sie aber, dass Sie beim ersten Mal, wenn Sie noch keinen Levain angesetzt haben, 7–8 Tage im Voraus beginnen müssen (bzw. 6 Tage vor Ansetzen des Teigs), bevor Sie diese leckere Pizza backen können.

ERGIBT 3 Teigkugeln für normale Pizza oder 5 für Pizza mit dünnem Boden

HERSTELLUNG DES LEVAIN 6 Tage

HERSTELLUNG DES LEVAIN-STARTERS 10–12 Stunden (über Nacht)

HERSTELLUNG DES ENDTEIGS 10 Minuten; 20 Minuten später wird geknetet

ERSTE GARE (STOCKGARE) 3 Stunden

TEIG AUFTEILEN, FORMEN & ABDECKEN 10 Minuten

ZWEITE GARE (STÜCKGARE) 5–6 Stunden bei Zimmertemperatur, Haltbarkeit 3–4 Stunden

BEISPIEL FÜR DIE TEIGFÜHRUNG Man mischt den Levain-Starter am Abend, bereitet den Pizzateig am nächsten Morgen um 9 Uhr zu und formt ihn mittags zu Teigkugeln. Die Pizza kann man dann zwischen 17 und 21 Uhr zubereiten. Alternativ stellt man die Teiglinge um 16 Uhr in den Kühlschrank und nimmt sie am nächsten Tag mindestens 1 Stunde vor der Weiterverarbeitung heraus, damit sie Zimmertemperatur annehmen.

LEVAIN-STARTER

ZUTAT	MENGE	
Wildhefekultur (Levain, siehe Seiten 133–135)	50 g	2 EL + 1 TL
Wasser	100 g	⅓ Cup + 4 TL
proteinreiches Brotmehl (kann durch Weizenmehl Type 550 oder Pizzamehl Tipo 00 ersetzt werden)	100 g	¾ Cup + 2 TL

ENDTEIG

ZUTAT	MENGE (ENDTEIG)		TEIGAUSBEUTE IN % (GESAMTREZEPT)
Wasser	225 g	1 gestr. Cup	70 %
feines Meersalz	14 g	2 ½ TL	2,8 %
Levain-Starter	250 g	alle obigen Zutaten	25 %
Pizzamehl Tipo 00 (oder Weizenmehl Type 550)	375 g	2 Cups	100 %

1 Starter-Zutaten abwiegen und vermengen. Am Vorabend des Tages, an dem man die Pizza zubereiten möchte, mithilfe der Digitalwaage 100 g Wasser (38 °C) in eine Teigwanne (4–6 l Fassungsvermögen) geben. 50 g von der Wildhefe (Levain) direkt aus dem Kühlschrank abwiegen, hinzufügen und von Hand unterrühren; der Starter braucht sich nicht komplett aufzulösen. 100 g Brotmehl zur Levain-Mischung geben und von Hand rühren, bis ein glatter, zähflüssiger Teig entsteht. Den Deckel auf den Behälter legen und über Nacht bei Zimmertemperatur gehen lassen. Je wärmer der Raum, desto stärker entwickeln sich die Aromen aus der Milchsäuregärung später in der Kruste. Lässt man die Starterkultur zu lange gären, dominiert der alkoholische, essigsaure Geschmack. In wärmeren Gegenden, wo die Temperatur in Innenräumen auch nachts relativ hoch ist, sollte man den Levain mit etwas kälterem Wasser vermischen (24 statt 38 °C).

2 Herstellung des Hauptteigs. 10–12 Stunden nach Ansetzen des Levain-Starters sollte die Mischung voller Luftbläschen, klebrig-zähflüssig und lebendig-aktiv sein. Nun 225 g Wasser (32–35 °C) in die Teigwanne geben (4–6 l Fassungsvermögen). 14 g Salz zum Wasser geben und die Wanne schwenken, bis es sich aufgelöst hat. Den Levain-Starter dazugeben und von Hand mit der Wasser-Salz-Mischung vermengen. Mit Zangenbewegungen den Teig von Hand in Stücke schneiden (der Levain-Starter braucht sich nicht vollständig aufzulösen). 375 g Mehl zur Wasser-Salz-Starter-Mischung geben.

3 Den Hauptteig vermengen. Zunächst mit der Hand in der Mischung rühren, bis sich Mehl, Wasser, Salz und Hefe zu einem glatten Teig verbunden haben. Mithilfe des Zangengriffs (siehe Seite 92) den Teig in Stücke »zerschneiden« und dann falten. So lange im Wechsel »schneiden« und falten, bis ein glatter Teig entsteht, etwa 30–60 Sekunden. Am Ende sollte der Teig eine Temperatur von 27 °C haben; zur Überprüfung ein Einstechthermometer verwenden.

FORTSETZUNG NÄCHSTE SEITE

OVERNIGHT-LEVAIN-PIZZATEIG, FORTSETZUNG

4 **Erste Gare.** Nach 20 Minuten Ruhezeit den Teig auf einer leicht mit Mehl bestäubten Arbeitsfläche 30–60 Sekunden kneten. Die Oberfläche des Teigs sollte schön glatt sein. Den Teigballen mit dem Schluss nach unten in die leicht geölte Teigwanne geben. Mit einem gut schließenden Deckel abdecken. 3 Stunden lang bei Zimmertemperatur (21–23 °C) gehen lassen. Zeitlich sind wir bei der Teigführung flexibel, wenn es also schon nach 2 Stunden weitergehen soll, kein Thema, dann formt man die Teiglinge eben ein wenig früher und gleicht den Zeitverlust bei der zweiten Gare aus.

5 **Formen.** Die Arbeitsfläche leicht mit Mehl bestauben. Mit bemehlten Händen den Teig vorsichtig aus der Teigwanne holen und auf die Arbeitsfläche legen. Dabei auf eine gleichmäßige Form achten. Die Oberfläche des Teigs mit Mehl bestauben und in drei bzw. fünf gleich große Stücke zerteilen, je nach gewünschtem Pizzastyle. Mithilfe der Digitalwaage prüfen, ob die Teigstücke gleich schwer sind. Jedes Stück Teig zu einer mittelfesten Kugel wirken (siehe Anweisungen Seiten 94–97), dabei behutsam vorgehen, damit der Teig nicht reißt.

6 **Zweite Gare.** Die Teigkugeln auf ein oder zwei leicht bemehlte Speiseteller oder auf ein Backblech legen und auf genügend Raum dazwischen achten, damit der Teig sich ausdehnen kann. Nun die Oberflächen mit etwas Mehl bestauben, mit Frischhaltefolie bedecken, 5 Stunden bei Zimmertemperatur (21 °C) ruhen lassen. Die Teigkugeln sind nun 4 Stunden haltbar und reif für die Zubereitung der Pizza. Alternativ spätestens 4 Stunden nach dem Formen in den Kühlschrank stellen, um sie am nächsten Tag zu Pizza zu verarbeiten.

7 **Herstellung der Pizza.** Den Teig, falls gekühlt, 1–1 ½ Stunden vor der Weiterverarbeitung aus dem Kühlschrank holen. Dieser Teig eignet sich fantastisch für jede Art von Pizza.

Pizza mit Fleischbällchen, Seite 187

AL-TAGLIO-PIZZATEIG

Wer Lust hat, sich an einer römisch inspirierten Pizza Bianca oder Pizza Rossa (Seite 179) zu versuchen, für den ist dies hier der perfekte Teig. Ziel ist es, einen gut fermentierten Teig voller Gärbläschen herzustellen – der vielleicht sogar ein klein wenig überreif sein darf. Gebacken wird auf einem kleinen Backblech. Die fertige Pizza kommt knusprig und golden aus dem Ofen, aber ohne verkohlte Stellen. Optimalerweise ist die Kruste außen kross und innen schön weich, außerdem dünn genug, um sie zusammenzufalten und wie ein Sandwich zu essen, als würde man über den Markt am Campo de' Fiori in Rom schlendern, in dessen näherer Umgebung es die besten Exemplare dieses Klassikers zu kaufen gibt.

Die Teigmenge ist hier etwas kleiner als bei anderen Rezepten im Buch, die fast alle auf einer Mehlmenge von 500 g basieren. Die Menge ist auf ein kleines Backblech (ca. 33 × 45 cm) abgestimmt, sodass sich genau die richtige Teigdicke für eine Pizza Bianca ergibt, wie man sie meiner Erfahrung nach in den besten Bäckereien Roms bekommt. Am besten legt man das Blech mit Backpapier aus, dann klebt der Teig nicht fest. Die Pizza sollte schön goldbraun sein, damit der Boden kross, die Mitte hingegen weich und nicht zu zäh ist. Zart, leicht und knusprig, aber nicht trocken, das ist das angestrebte Ideal.

ERGIBT Teig für 1 kleines Backblech (ca. 33 × 45 cm) bzw. 1 Pizza Bianca oder 1 Pizza Rossa

ERSTE GARE (STOCKGARE) 12–14 Stunden

TEIG AUF EINEN GEÖLTEN SPEISETELLER GEBEN 5 Minuten

ZWEITE GARE (STÜCKGARE) 3 Stunden

BEISPIEL FÜR DIE TEIGFÜHRUNG Man mischt den Teig um 20 Uhr am Abend, legt ihn um 9 Uhr am nächsten Morgen auf einen geölten Speiseteller und bäckt die Pizza zur Mittagszeit.

1 **Die Zutaten abwiegen und vermengen.** Mithilfe einer Digitalwaage 255 g Wasser (32–35 °C) abwiegen und in die Teigwanne geben (4–6 l Fassungsvermögen). 10 g feines Meersalz zum Wasser geben und die Wanne schwenken, bis es sich aufgelöst hat. 0,3 g (etwa ¼ von ¼ TL) Trockenhefe abwiegen und zum Wasser geben. 1 Minute ruhen lassen, dann die Wanne schwenken, bis die Hefe sich aufgelöst hat. 355 g Mehl zur Wasser-Salz-Hefe-Mischung geben und von Hand rühren, bis sich Wasser und Mehl verbunden haben.

2 **Den Teig verkneten.** Die Hand befeuchten, damit der Teig nicht daran kleben bleibt, und kneten. Mithilfe des Zangengriffs (siehe Seite 92) den Teig in Stücke »zerschneiden« und dann falten. So lange im Wechsel »schneiden« und falten, bis ein glatter Teig entsteht, etwa 30–60 Sekunden. Dies kann man auf der Arbeitsfläche tun, doch erspart einem das Kneten in der Wanne das Saubermachen. Am Ende sollte der Teig eine Temperatur von 27 °C haben.

ZUTAT	MENGE		TEIGAUSBEUTE
Wasser	255 g	1 Cup + 1 EL	72 %
feines Meersalz	10 g	2 gestr. TL	2,8 %
Trockenhefe	1,5 g	¼ von ¼ TL	0,07 %
Pizzamehl Tipo 00 (oder Weizenmehl Type 550)	355 g	2 ¾ Cups + 1 EL	100 %

3 Erste Gare. Nach 20 Minuten Ruhezeit den Teig auf leicht bemehlter Arbeitsfläche etwa 30–60 Sekunden durchkneten. Die Oberfläche sollte schön glatt sein. Den Teigballen mit dem Schluss nach unten in die leicht geölte Teigwanne geben. Mit einem gut schließenden Deckel oder Frischhaltefolie abdecken. Wenn das Teigvolumen sich verdoppelt hat, ungefähr 12–14 Stunden nach dem Mischen, hat er sich in der Teigwanne ausgebreitet, und an der Oberseite zeigen sich Gärbläschen (es handelt sich um eine kleine Teigmenge, deshalb breitet er sich mehr aus, als dass er nach oben aufgeht).

4 Formen. Einen Speiseteller leicht ölen. Den Teig vorsichtig aus der Wanne holen und auf den Teller legen, dabei in eine rechteckige Form bringen, die den Großteil des Tellers bedeckt. Die Oberfläche des Teigs leicht bemehlen und mit Frischhaltefolie abdecken. 3 Stunden bei Raumtemperatur gehen lassen. Ungefähr 15 Minuten vor Ende der Gehzeit einen Pizzastahl oder -stein auf mittlerer Schiene in den Backofen schieben und auf 290 °C vorheizen.

5 Den Teig auf das Blech geben. Ein Stück Backpapier auf die Größe des Blechs zuschneiden. Mithilfe einer Sprühflasche das Blech mit Wasser einsprühen oder einen dünnen Film Wasser mit der Hand darauf verteilen. Das Backpapier auf das angefeuchtete Blech legen und mit den Händen glatt streichen. So verrutscht es nicht! Die Oberfläche des Teigs leicht bemehlen, dann durch Umdrehen des Tellers auf die Mitte des Backblechs geben (sodass die bemehlte Seite unten ist, die geölte oben). Mit bemehlten Händen den Teig an beiden Enden greifen und ziehen, um ihn zu den Rändern hin zu dehnen. Wenn der Teig Widerstand leistet, am besten 10 Minuten ruhen lassen, dann weiterziehen, bis er das komplette Blech bedeckt. Den Teig in Form bringen, ohne ihn zu stark zu drücken, und auf eine gleichmäßige Dicke achten.

6 Fertigstellung der Pizza. Den Teig kann man nun zu einer Pizza Bianca oder einer Pizza Rossa verarbeiten (siehe Seite 179).

BAR-PIZZATEIG

Dies ist die Adaption eines Rezepts von Bar-Pizza-Aficionado Adam Kuban, die perfekte Grundlage für seine »Love Supreme«-Bar-Pizza auf Seite 201. Dieser Teig ist außerdem die perfekte Wahl für eine einfache Käse- oder Salamipizza. Die Pizza wird dünn, knusprig, einfach klassisch. Sie benötigen für die Herstellung dieses Teigs einen Standmixer und idealerweise ein tiefes Pizzablech mit Antihaftbeschichtung (à 30 cm Durchmesser). Auch eine geölte Pfanne (25 cm Durchmesser) funktioniert gut, allerdings sollte man in dem Fall mit kleineren Teigkugeln arbeiten (160 statt 190 g).

Dieses Teigrezept reicht für vier Pizzen. Bei einer geringeren Menge bekommt der Standmixer Probleme, die Zutaten zu fassen und ordentlich zu verkneten. Übrig gebliebene Teigkugeln lassen sich luftdicht verschlossen im Gefrierfach mehrere Wochen aufbewahren; sie sollten nur vor der Weiterverarbeitung 8–10 Stunden bei Zimmertemperatur (oder 24 Stunden im Kühlschrank) ruhen.

ERGIBT 4 Teigkugeln für Bar-Pizza

ERSTE GARE (STOCKGARE) 6 Stunden

TEIG AUFTEILEN, FORMEN & ABDECKEN 10 Minuten

ZWEITE GARE (STÜCKGARE) 24–72 Stunden

BEISPIEL FÜR DIE TEIGFÜHRUNG Man mischt den Teig gegen Mittag, formt ihn um 18 Uhr zu Kugeln und stellt sie abgedeckt in den Kühlschrank. Die Pizza bereitet man dann am nächsten Abend oder am übernächsten Tag zu.

ZUTAT	MENGE		TEIGAUSBEUTE
Wasser	280 g	1 Cup + 3 EL	60 %
feines Meersalz	12 g	2 ¼ gestr. TL	2,5 %
Trockenhefe	0,8 g	⅘ von ¼ TL	0,17 %
Raps- oder Olivenöl	9 g	2 TL	5 %
Weizenmehl Type 550	465 g	3 ¾ Cups	100 %

1 **Die Zutaten abwiegen und vermengen.** Mithilfe einer Digitalwaage 280 g Wasser (32–35 °C) abwiegen und in den Behälter eines Standmixers geben. 12 g feines Meersalz zum Wasser geben und umrühren oder den Behälter schwenken, bis es sich aufgelöst hat. 0,8 g (etwa ⅘ von ¼ TL) Trockenhefe abwiegen und zum Wasser geben. 1 Minute ruhen lassen, dann den Behälter schwenken, bis die Hefe sich aufgelöst hat. Das dauert einige Minuten. 9 g Öl hinzufügen und umrühren. 465 g Mehl zur Wasser-Salz-Hefe-Öl-Mischung geben.

2 **Den Teig verkneten.** Mit dem Knethaken den Teig im Standmixer auf mittlerer Stufe kneten, bis er glatt und leicht glänzend aussieht, das dauert etwa 2 Minuten. Jetzt den Behälter fest mit Frischhaltefolie verschließen oder den Teig in eine Teigwanne mit passendem Deckel geben.

3 **Erste Gare.** Den Teig bei Zimmertemperatur gehen lassen, bis er sein Volumen fast verdoppelt hat, etwa 6 Stunden.

4 **Formen.** Die Arbeitsfläche leicht mit Mehl bestauben und den Teig mit bemehlten Händen vorsichtig aus dem Behälter oder der Wanne holen. Den Ballen auf die Arbeitsfläche legen und ein wenig flach drücken. Dabei auf eine gleichmäßige Form achten. Die Oberfläche des Teigs leicht bemehlen, dann in vier gleich große Stücke zu je 190 g teilen (mit der Digitalwaage prüfen). Jedes Stück Teig zu einer mittelfesten Kugel wirken (siehe Anweisungen Seiten 94–97), dabei behutsam vorgehen und den Teig nicht reißen.

5 **Zweite Gare.** Die Teigkugeln auf ein oder zwei leicht bemehlte Speiseteller legen und auf genügend Abstand achten, damit sie sich ausdehnen können. Nun die Oberflächen mit etwas Mehl bestauben, luftdicht mit Frischhaltefolie umschließen und die Teiglinge in den Kühlschrank stellen. Sie sind so 48–72 Stunden haltbar.

6 **Fertigstellung der Pizza.** Am besten, Sie sehen sich gleich das »Love Supreme«-Pizzarezept auf Seite 201 an.

GLUTENFREIER PIZZATEIG

Immer bessere glutenfreie Mehle erobern neuerdings den Markt. Das ist ermutigend, und wenn Sie wie so viele zu einer glutenfreien Ernährung gezwungen sind, sollten Sie die Augen offen halten und nach neuen Mischungen und Marken suchen. Teig aus glutenfreiem Mehl hat eine andere Konsistenz als Teig aus normalem Weizenmehl und verhält sich auch anders, deshalb muss man bei der Herstellung einige Anpassungen vornehmen. Zusätzlich zur Hefe verwende ich in diesem Rezept Backpulver, damit der Teig besser aufgeht. Da ihm das Gluten fehlt, lässt er sich nicht so gut dehnen wie herkömmliche Pizzateige. Stattdessen presst man ihn auf einem Backblech oder in einer Pfanne in Form.

Die Textur der Kruste ist einem Kuchen ähnlicher als einer Pizzakruste aus Weizenmehl. Aber wenn es für Sie keine andere Möglichkeit gibt, Pizza zu genießen, dann werden Sie Ihre Freude an diesem Rezept haben. Zwei Marken glutenfreien Mehls, die ich guten Gewissens empfehlen kann, sind Cup4Cup und Caputo. Caputos »Fioreglut« enthält Stand jetzt, da ich dies schreibe, glutenfreie Weizenstärke, wodurch das Mehl zwar glutenfrei ist, aber trotzdem den typischen Weizengeschmack behält. Möglicherweise bekommen Sie es nur über den Online-Handel, und stellen Sie sich auf höhere Preise im Vergleich zu herkömmlichem Weizenmehl ein. Ich empfehle Ihnen trotzdem, verschiedene Marken glutenfreier Mehle auszuprobieren, um herauszufinden, mit welchem Sie am besten zurechtkommen. Die Wasseraufnahme wird sich von einem glutenfreien Mehl zum anderen stark unterscheiden, je nach Zusammensetzung von Korn und Stärke. Geben Sie nicht gleich das gesamte Schüttwasser zum Teig, sondern behalten Sie einen Teil zurück (etwa 20 Prozent) und fügen Sie es nach und nach hinzu, bis sich die Zutaten gut verbunden haben. Der Teig ist etwas klebriger, aber nicht feuchter oder lockerer als andere.

Ich mag die knusprigere Textur der Kruste, wenn man den Teig etwa 3–4 Minuten vorbäckt, bevor man ihn belegt und zu Ende bäckt. Genauso gut kann man bereits den rohen Teig mit Sauce und Käse belegen – so habe ich es in den besten Pizzerien gesehen. Es liegt ganz bei Ihnen. Eine gusseiserne Pfanne ist perfekt zum Backen von glutenfreien Pizzateigen geeignet. Wer eine 30-cm-Pizza mit diesem Teig in der Pfanne zubereiten möchte, benötigt Teigkugeln von 370 g Gewicht. Gegen Ende sollte man die Pizza allerdings aus der Pfanne nehmen und direkt auf dem Pizzastahl oder -stein fertig backen, damit der Boden einen schönen Crunch erhält.

ERGIBT 3 Teigkugeln für Pfannenpizza (23–25 cm Ø)

BEISPIEL FÜR DIE TEIGFÜHRUNG Weil sich bei diesem Teig kein Gluten entwickeln muss, ist man bei der Teigführung relativ frei. Ich persönlich gönne dem Teig gern Ruhe, ehe ich die Teiglinge herstelle. Die Pizza kann man anschließend jederzeit herstellen. Die Teigkugeln sind, einzeln in Frischhaltefolie im Kühlschrank aufbewahrt, mindestens 5 Tage haltbar.

ZUTAT	MENGE		TEIGAUSBEUTE
Wasser	365 g	2 ¾ Cups + 2 EL	73 %
feines Meersalz	14 g	2 ½ TL	2,8 %
Trockenhefe	0,5 g	⅛ TL	0,1 %
Backpulver	1,5 g	⅓ TL	0,3 %
Olivenöl Nativ Extra	45 g	3 EL + 1 TL	0 %
glutenfreies Mehl	500 g	3 ⅔ Cups	100 %

1 Die Zutaten abwiegen und vermengen. Mithilfe einer Digitalwaage 365 g Wasser (32–35 °C) abwiegen und in die Teigwanne geben (4–6 l Fassungsvermögen). 14 g feines Meersalz zum Wasser geben und umrühren, bis es sich aufgelöst hat. 0,5 g (⅛ TL) Trockenhefe sowie 1,5 g (⅓ TL) Backpulver abwiegen. Die Hefe und das Backpulver zum Wasser geben und rühren, bis die Hefe sich aufgelöst hat. Dies dauert einige Minuten, dauerndes Rühren ist nicht nötig. Anschließend 45 g Olivenöl hinzugeben und umrühren. 500 g glutenfreies Mehl zur Mischung geben und von Hand rühren, bis das Mehl das komplette Wasser aufgenommen hat. Nach und nach die verbliebenen 65 g Wasser hinzufügen bzw. so viel, wie nötig ist, dass der Teig sich gut verbindet und leicht klebrig ist (möglicherweise braucht man nicht das komplette Schüttwasser).

2 Den Teig verkneten. Die Hand befeuchten, damit der Teig nicht daran kleben bleibt, und kneten. Mithilfe des Zangengriffs (siehe Seite 92) den Teig in Stücke »zerschneiden« und dann falten. So lange im Wechsel »schneiden« und falten, bis ein glatter Teig entsteht.

3 Erste Gare. Jetzt den Teig 30–60 Minuten aufgehen lassen.

4 Formen. Die Arbeitsfläche leicht mit Mehl bestauben und den Teig mit bemehlten Händen vorsichtig aus der Wanne holen. Dann in drei gleich große Stücke teilen. Jedes Stück Teig zu einer Kugel formen, indem man ihn auf der bemehlten Arbeitsfläche mehrmals ineinanderfaltet.

5 Kühlen. Jede Teigkugel einzeln in Frischhaltefolie wickeln und für eine spätere Verwendung im Kühlschrank aufbewahren. Gekühlt sind die Teiglinge mindestens 5 Tage haltbar.

6 Fertigstellung der Pizza. Die einfachste Art, aus diesem Teig in der heimischen Küche eine Pizza herzustellen, ist in der gusseisernen Pfanne.

KAPITEL 7
PIZZAREZEPTE

Den größten Spaß bei diesem Buchprojekt hatte ich am Kreieren neuer Rezepte, sowohl für Pizzateige als auch für verschiedene Kombinationen von Belägen. Einige, wie die Pizza Ferdinando (Seite 162), sind meine persönliche Interpretation von Rezepten, die ich irgendwo mal gelesen habe, während ich bei anderen bekannte »Food Pairings«, wie zum Beispiel Mortadella und Pistazien oder Salami und Wodkasauce, einfach mal auf gut Glück auf eine Pizza geworfen habe, auch wenn sie da klassischerweise nicht hingehören. Andere – zum Beispieldie »Schnee-Eule« (Seite 223), die Endivien-Pizza (Seite 227), die Pizza mit Delicata-Kürbis (Seite 229), die Tommy-Habetz-Pizza (Seite 239) und die Carbonara-Pizza (Seite 177) – sind aus einer Laune heraus entstanden, eine Blitzidee, die sich beim Anblick der Zutaten ergab. Kombinationen wie die Brooklyn Hot Honey Pizza (Seite 193) oder A. J.'s Pizza (Seite 189) wurden inspiriert von den Kreationen anderer Pizzabäcker, die mir richtig gut geschmeckt haben. Dazwischen finden sich ein paar Klassiker, wie der Grandma Pie (Seite 198), die Pizza Margherita (Seite 159) und die Pizza Marinara (Seite 156), plus unsere Klassiker bei Ken's Artisan Pizza, eine Tarte Flambée (Flammkuchen) (Seite 217) und einige Flatbreads (Fladenbrote) aus der Trifecta Tavern – all das zusammen bildet eine breite Palette an verschiedenen Pizzarezepten, die ein aufregendes Backabenteuer garantieren. Warum gleich drei New Yorker Käsepizzen? Weil sie alle unterschiedlich sind! Und jeder waschechte New Yorker weiß, wie vielfältig die Pizzen in den einzelnen Pizzerien sind, auch wenn alle scheinbar die gleiche Pizza mit dem gleichen Namen anbieten.

Bevor wir uns auf die Rezepte stürzen, möchte ich Ihnen noch einige hilfreiche Hinweise mitgeben. Trockene Käsesorten wie geriebener Parmigiano Reggiano, Grana Padano und Pecorino Romano werden häufig in Kombination mit Mozzarella verwendet, und in der Regel bildet der trockene Käse die untere Schicht. Dies verhindert, dass der geriebene Hartkäse unter der hohen Hitze des Grills verbrennt. Das Gleiche gilt für die anderen Beläge: Um sie vor dem Verkohlen zu schützen, sollte man sie unter dem Käse verstecken. Die Endivie zum Beispiel wird mit Provolone und Mozzarella bedeckt; die Mortadella bekommt eine schützende Decke aus Käse, auch wenn sie meiner Meinung nach ruhig hier und da hervorspitzen und ein wenig kross werden darf. Andere Toppings wie kleine Scheibchen von Knoblauch oder rohe Zwiebeln werden vorab mit Olivenöl beträufelt, damit sie nicht schwarz werden.

Mozzarella kommt bei mir sehr häufig zum Einsatz, aber auf keiner einzigen der folgenden Pizzen habe ich geräucherten Mozzarella verwendet. Sollten Sie guten geräucherten Mozzarella finden, versuchen Sie ihn unbedingt auf einer weißen Pizza und schauen Sie sich die Idee von Chris Bianco (von der Pizzeria Bianco) ab, der sie zusätzlich mit Salsiccia und Röstzwiebeln belegt (er nennt sie den »Wiseguy«). Mozzarella ist meine erste Wahl, wenn es um Pizza geht, häufig gepaart mit geriebenem Hartkäse darunter. Aber auch die verschiedenen Provolone-Sorten eignen sich hervorragend.

Ich habe es bereits erwähnt, aber ich möchte trotzdem noch einmal kurz darauf hinweisen: Für eine gute Pizza sollte man ausschließlich gute Zutaten verwenden. Die Qualitätsunterschiede, gerade bei Mozzarella, sind enorm, nicht nur in Bezug auf den Geschmack, sondern auch was die Backqualität betrifft – jeder Käse verhält sich anders im Ofen, weil auch der Reifegrad und der Wassergehalt variieren. Manche trockenen Mozzarellasorten, die man oft schon vorgerieben kaufen kann, bräunen schneller als andere. Und lassen Sie sich nicht entmutigen, wenn Ihre erste Wahl nicht das perfekte Ergebnis geliefert hat. Damit ging es mir nicht anders; mancher Käse nahm viel zu schnell Farbe an, und ich musste erst herausfinden, welche Marken nicht so schnell braun wurden. Probieren Sie sich einfach durch das Angebot!

Den Großteil der Vorbereitungen – selbst das Zubereiten der Sauce – können Sie erledigen, während der Backofen vorheizt, und vieles bereitet man sogar im vorheizenden Ofen direkt zu, zum Beispiel Pilze, die man darin vorröstet. Am zeitaufwendigsten ist der Butternut-Kürbis, der vorab 1 Stunde im Ofen garen muss, abgesehen von den Teigen natürlich. Dass ich die Rezepte allesamt zu Hause in meiner privaten Küche entwickelt habe, hat mich davon abgehalten, die Rezepte allzu arbeitsintensiv zu gestalten. Und Pizza erfordert ohnehin keinen großen Aufwand, um grandios zu schmecken.

Über die Breite des *Cornicione* (des Pizzarandes) können Sie beim Formen des Fladens selbst bestimmen. Wer einen breiteren Rand bevorzugt, drückt den Fladen nicht ganz so weit flach. Für New-York-Style-Pizzen lässt man einen schmaleren Bereich (maximal 1 cm) etwas höher stehen. Je breiter der Rand, desto mehr wird der Belag beim Backen zur Mitte hin geschoben.

Die Rezepte sind nach Pizzaarten sortiert, aber im Grunde kann man jede Pizza in jedem Stil zubereiten – suchen Sie sich einfach Ihren Lieblingsteig aus, wählen Sie Ihre Lieblingssauce, und los geht's. Die Pizza mit Artischocke und Bacon (Seite 233) zum Beispiel kann man auch im römischen Stil zubereiten, mit superdünnem, knusprigem Boden, der mit dem Nudelholz ausgerollt wird. Nur beim Belag sollte man in dem Fall ein wenig sparsamer sein.

Es gibt zahlreiche Möglichkeiten, eine Pizza noch aufzupeppen, wenn sie aus dem Ofen kommt. Mit einem guten, aromatischen Olivenöl zum Beispiel, das man auf eine fertige Margherita oder Marinara träufelt. Beugen Sie sich darüber und atmen Sie tief ein! Herrlich, dieser Duft, nicht wahr? Viele Pizzen vertragen noch eine zusätzliche Portion geriebenen Hartkäse, einen Parmigiano Reggiano, Grana Padano oder Pecorino Romano, oder einen Caciocavallo, und auch etwas Zitronen-, Orangen- oder Mandarinenzeste macht sich gut auf einer weißen Pizza. Eingelegte Anchovis sollte man ebenfalls erst nach dem Backen auf die Pizza geben, nicht vorher. Luftgetrocknete Schinkensorten wie Prosciutto, Culatello, Coppa, Speck oder Bresaola sollten sehr fein geschnitten auf der Pizza drapiert werden, sobald sie aus dem Ofen kommt. Dann verschmelzen die Scheiben wunderbar mit dem heißen Belag. Im Ken's Artisan Pizza verwenden wir sehr häufig Rucola als Topping (mit ein wenig Olivenöl und Salz mariniert). Auch Gourmetsalze, wie sie neuerdings populär sind, bilden die Krönung einer jeden Pizza. Ich mag ganz besonders gern die großen Salzflocken meines Freundes bei der Jacobsen Salt Co. hier in Oregon. Bei der Salamipizza meiner Kindheit wäre das undenkbar gewesen. Ich bin froh, dass ich das noch miterleben darf.

Natürlich werden Sie auch improvisieren und eigene Kombinationen finden: Belegen Sie Ihre Pizza einfach nach Lust und Laune mit Zutaten, die Sie gerne mögen. Zwei Tipps möchte ich Ihnen noch mitgeben: Sorgen Sie beim Belag für ein harmonisches Verhältnis aus Salzigem und Saftigem. Bei sehr salzigen Belägen wie Schinken oder Salami sollten Sie einen frischen Käse wie jungen Mozzarella verwenden. Ein salzigerer Käse wie reifer Mozzarella oder frisch geriebener Pecorino darf es sein, wenn die restlichen Toppings weniger salzig sind. Und mein zweiter Rat: Verwendet man zu viel Sauce und zu viel Käse, wird der Belag sehr suppig, sobald der Käse zerlaufen ist, also ist hier Vorsicht geboten. Sehr feuchter Käse wie ein in Lake eingelegter Mozzarella setzt beim Backen zusätzliche Feuchtigkeit frei und wird vom Boden aufgesaugt, deshalb ist es vielleicht besser, man legt ihn erst nach der Hälfte der Backzeit darauf, wie ich es beim Margherita-Rezept auf Seite 159 empfehle.

Jetzt wünsche ich Ihnen aber vor allem viel Spaß beim Ausprobieren. Geben Sie Ihr Bestes. Und bleiben Sie dran, denn Übung macht schließlich den Meister.

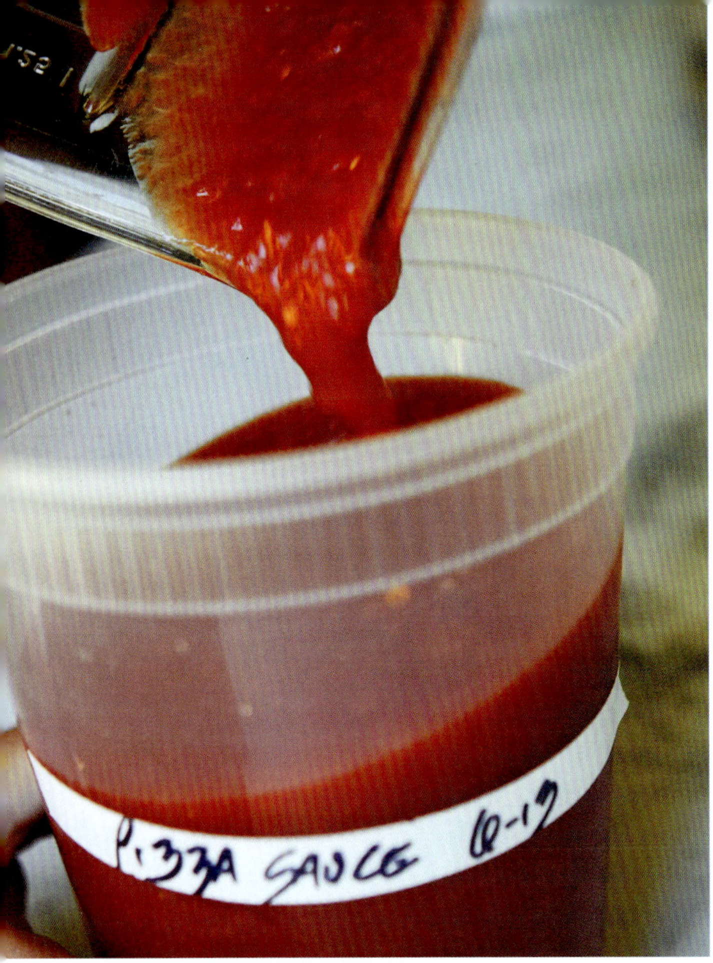
PIZZA SAUCE

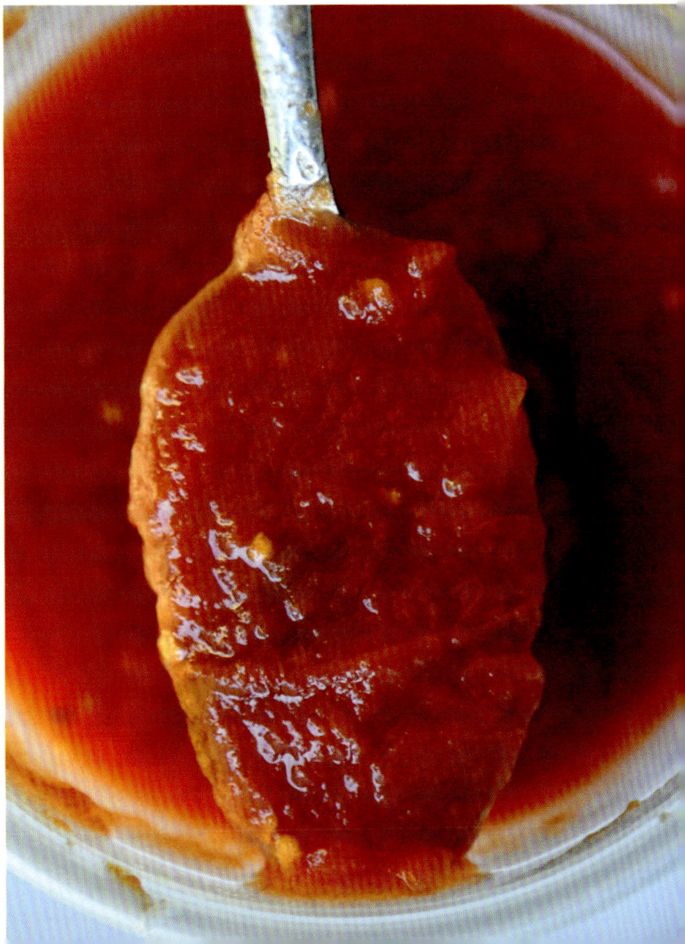

BASIS-TOMATENSAUCE

Diese Sauce kommt bei mir so gut wie auf jeder Pizza zum Einsatz, einzig bei der Herstellung variiere ich zwischen Zubereitung im Mixer oder mit dem Passiergerät (der Flotten Lotte), da sich dadurch unterschiedliche Konsistenzen ergeben. Das Ganze dauert etwa 2 Minuten.

ERGIBT ca. 750 g, genug für 7 Pizzen à 30 cm Ø

800 g ganze Tomaten aus der Dose
8 g (1 ½ TL) feines Meersalz

MIT DEM STANDMIXER

1 Den Inhalt der Dose in den Mixer geben. Das Salz hinzufügen. Auf niedrigster Stufe nur ganz kurz pulsieren, gerade so lange, dass die Tomaten zerkleinert sind.

2 Die Sauce in einen verschließbaren Behälter geben. Den Behälter mit dem Herstellungsdatum beschriften und im Kühlschrank aufbewahren. Gekühlt 1 Woche haltbar.

MIT DEM PASSIERGERÄT

1 Das Passiergerät mit dem gröbsten Sieb in eine Schüssel hängen.

2 Die Hälfte des Doseninhalts in das Passiergerät geben und kurbeln, bis die Tomaten zerkleinert sind. Das Fruchtfleisch, das noch im Sieb hängt, ebenfalls in die Schüssel geben. Mit den restlichen Tomaten ebenso verfahren. Es ist nicht nötig, irgendetwas wegzuwerfen. Das Salz zu den Tomaten in die Schüssel geben und mit einem Löffel kräftig durchrühren.

3 Die Sauce in einen verschließbaren Behälter geben. Diesen mit dem Herstellungsdatum beschriften und im Kühlschrank aufbewahren. Gekühlt 1Woche haltbar.

MWSH-SAUCE

Dieses Rezept, das aus meinem ersten Buch *Mehl, Wasser, Salz, Hefe – Alles über gutes Brot* stammt, ist eine sämige rote Sauce, verfeinert mit Olivenöl, Knoblauch, getrocknetem Oregano und Chiliflocken. Ich habe das Rezept hier etwas angepasst und auf das Abtropfen der Dosentomaten verzichtet. Die Sauce wird immer noch dick genug, sofern man sie nicht zu lange mixt.

Verwenden Sie nur den besten getrockneten Oregano; am allerbesten ist der kalabrische.

ERGIBT ca. 750 g, genug für 5 Pizzen à 30 cm Ø

20 g (1 ½ EL) Olivenöl Nativ Extra
1 Knoblauchzehe, gehackt
8 g (1 ½ TL) feines Meersalz
0,3 g (¼ TL) getrockneter Oregano
0,4 g (¼ TL) Chiliflocken
800 g ganze Tomaten aus der Dose

1 Das Olivenöl, den Knoblauch, das Salz, den Oregano und die Chiliflocken in einen Mixer geben. 1 EL von den Tomaten zugeben und kurz mixen, bis der Knoblauch und das Öl sich verbunden haben. Dann den Rest der Tomaten zugeben und einige Male kurz pulsieren, bis die Zutaten zerkleinert und durchgemischt sind. Bei zu langem Mixen setzen die Tomaten Flüssigkeit frei, und die Sauce wird zu dünn.

2 Die Sauce in einen verschließbaren Behälter geben. Diesen mit dem Herstellungsdatum beschriften und im Kühlschrank aufbewahren. Gekühlt 1 Woche haltbar.

WODKASAUCE

Diese Sauce dient als Grundlage für die Pizza mit Wodkasauce und Salsiccia auf Seite 190, sie schmeckt aber genauso lecker auf einer simplen Käsepizza, wie im Rubirosa in New York City, wo es eine Wodkapizza mit dünnem Boden gibt. Aber ganz gleich, ob auf Pizza oder zur Pasta, dieser Saucenklassiker passt ausgezeichnet zu Krustentieren, besonders zu Shrimps und Hummer. Die Sauce muss eine Weile köcheln, damit sich die Aromen voll entfalten und vereinen können. Ich denke, 30 Minuten sind okay, aber wer möchte, darf gern auch länger. Behalten Sie sie nur im Auge und fügen Sie notfalls einige Löffel Wasser hinzu, wenn sie zu sehr eindickt.

ERGIBT 825 g, genug Sauce für 4 Pizzen à 30 cm Ø

75 g Wodka

50 g Schlagsahne

750 g MWSH-Sauce (siehe Seite 152)

5 g (1 EL) geriebener Grana Padano oder Parmigiano Reggiano

1 Den Wodka in einen Topf geben und auf mittlerer Stufe einreduzieren, bis etwa 2 EL übrig sind, etwa 4 Minuten lang. Die Sahne zugießen und sanft auf niedriger Stufe köcheln lassen, etwa 1–2 Minuten, dabei ein paarmal umrühren.

2 Die Sauce und den Käse zufügen. Die Temperatur nun auf hohe Stufe stellen und kurz aufwallen lassen, dann die Temperatur wieder auf mittlere Stufe reduzieren und ohne Deckel etwa 30 Minuten weiterköcheln lassen. Die Sauce dabei im Auge behalten, sie sollte nicht zu stark kochen.

3 Die Sauce zum Abkühlen beiseitestellen und anschließend in einen verschließbaren Behälter geben. Diesen mit dem Herstellungsdatum beschriften und im Kühlschrank aufbewahren. Gekühlt 1 Woche haltbar.

NEW YORKER PIZZASAUCE

Diese Sauce wird gekocht und leicht mit Zucker gesüßt, eine Sauce, wie sie viele New Yorker Pizzerien verwenden. Sie sollte nach dem Abkühlen nicht allzu dick sein; im Grunde handelt es sich um eine leichte Abwandlung der MWSH-Sauce (Seite 152), die bereits mit Oregano, Knoblauch und Chiliflocken aromatisiert ist.

ERGIBT 765 g, genug Sauce für 5 Pizzen à 30 cm Ø

750 g MWSH-Sauce (siehe Seite 152)
15 g (1 EL) Zucker

1 In einem Topf die Sauce mit dem Zucker verrühren und auf mittlerer Stufe 15–20 Minuten köcheln lassen, dabei gelegentlich umrühren, bis die Sauce leicht eingedickt, aber immer noch gut streichbar ist. Sie sollte eine intensive Süße und ein kräftiges Tomatenaroma entwickeln.

2 Die Sauce zum Abkühlen beiseitestellen und anschließend in einen verschließbaren Behälter geben. Diesen mit dem Herstellungsdatum beschriften und im Kühlschrank aufbewahren. Gekühlt 1 Woche haltbar.

Pizza Marinara mit Sardellen, Seite 156

PIZZA MARINARA

Die Marinara-Pizza führt in den USA ein viel zu großes Schattendasein und wird zu Unrecht verkannt. Hierzulande gilt Pizza ohne Käse als Sakrileg, aber in Neapel und auch in meiner Familie ist sie sehr beliebt. Sie eignet sich hervorragend als leichtes Mittagessen, als Appetizer oder als Begleitung zu einem Hauptgericht. Die Marinara, die, wie manche behaupten, sogar noch älter ist als die Margherita, hat ihren Ursprung wohl im 17. Jahrhundert. Ursprünglich handelte es sich um einen Teigfladen ohne Tomaten, belegt mit Knoblauch, Olivenöl und Oregano. Erst als sich die Tomate von Amerika aus auch in Europa ausbreitete und am Fuße des Vesuvs wuchs, nahm die Marinara ihre jetzige Form an. In Zeiten, in denen Pizzerien noch keine Sitzplätze anboten, wurde die Pizza gefaltet und unterwegs im Freien gegessen oder in Papier verpackt mit nach Hause genommen. Die Marinara erhielt ihren Namen von den Fischern, die die Pizza während der Arbeitswoche gern als Mittagssnack mit an Bord nahmen.

Für ein erfolgreiches Ergebnis verlangt diese minimalistische Pizza nach einem gelungenen Boden und nur den besten Zutaten für den Belag: Tomaten – vor allem hiervon nur die besten! –, Knoblauch, getrockneter Oregano und Olivenöl. Träufelt man qualitativ hochwertiges Olivenöl Nativ Extra erst nach dem Backen darüber, bleiben die Aromen umso besser erhalten. Eine meiner Lieblingspizzen ist eine Marinara belegt mit drei bis vier in Öl eingelegten Sardellen – die Filets von Scalia sind köstlich, es gibt sie in kleinen praktischen Gläschen zu 80 g.

Ich liebe diese Pizza als Snack auf Basis eines leichteren, superdünnen Bodens alla Romana, aber die klassische Variante ist die neapolitanische. Entscheiden Sie selbst, welche Teigart und welchen Stil Sie bevorzugen. Für eine dünne Kruste im römischen Stil verwenden Sie eine kleine Kugel Teig, etwa 150 g. Für die neapolitanische Variante wählen Sie eine Teigkugel mit 260–270 g.

ERGIBT eine Pizza à 30 cm Ø, normal oder mit dünner Kruste

1 Kugel Teig (Menge siehe oben)

1 Knoblauchzehe

Olivenöl Nativ Extra

100 g Basis-Tomatensauce (siehe Seite 151)

0,5 g (½ TL) getrockneter Oregano von bester Qualität, am besten kalabrischer

Meersalz

3–4 Sardellenfilets (optional)

1 Ist der Teig gekühlt, diesen etwa 1–1 ½ Stunden vor der Weiterverarbeitung aus dem Kühlschrank holen. Den Pizzastein oder -stahl auf oberer Schiene in den Backofen schieben, maximal 20 cm unter dem Grill. Den Ofen 45 Minuten lang auf 290 °C vorheizen.

2 Die Knoblauchzehen in feine Scheibchen schneiden, in ein kleines Schälchen geben und leicht mit Olivenöl bedecken. Mit den Fingern vermengen, damit jedes Knoblauchstück benetzt ist, sonst verbrennen sie. Beiseitestellen. (Traditionell schneidet man den Knoblauch in Scheibchen, aber Sie können ihn auch gehackt verwenden, wenn Sie das vorziehen!)

3 Die Arbeitsfläche leicht mit Mehl bestauben. Eine Pizzaschaufel bereitlegen und auch diese mit Mehl bestauben. Die Sauce, den Knoblauch und den Oregano sowie einen großen Löffel oder einen Spatel für die Sauce bereithalten. 10 Minuten vor Einschieben der Pizza die Grillfunktion zuschalten.

4 Zum Formen des Fladens den Teig auf die bemehlte Arbeitsfläche legen und einmal wenden, damit beide Seiten bemehlt sind. Mithilfe einer der beiden Ausziehmethoden (neapolitanisch oder römisch, Seiten 98–102) formen. Den Teigfladen (*il disco di pasta!*) auf die Pizzaschaufel legen. Mit dem Handballen einmal am Rand entlangdrücken, damit der Teig sich entspannt, dabei Falten glätten.

5 Die Tomatensauce bis etwa 1 ½ cm zum Rand hin verteilen und mit dem Löffelrücken oder dem Spatel in kreisförmigen Bewegungen glatt streichen. Den getrockneten Oregano gleichmäßig auf dem Fladen verteilen. Den Knoblauch ebenfalls gleichmäßig darüberstreuen.

6 Die Grillfunktion ausschalten, dann die Pizza vorsichtig auf den Pizzastein oder -stahl schieben. Die Backofentür schließen und die Pizza bei 290 °C 5–6 Minuten backen, bis der Rand goldbraun mit dunkleren Stellen ist. (Bei dieser Pizza schalten wir die Grillfunktion abschließend nicht noch einmal zu, da der Knoblauch verkohlen würde.) Mithilfe einer Küchenzange oder einer Gabel die Pizza auf einen großen Teller geben.

7 Etwas Olivenöl darüberträufeln und mit feinem Meersalz abschmecken. Wer Sardellen auf seiner Pizza haben möchte, legt sie jetzt auf die fertige Pizza. Als Ganzes oder in Stücke geschnitten servieren.

PIZZA MARGHERITA

Die Margherita ist der Inbegriff von Pizza, ein echter Klassiker. Benannt nach Königin Margherita, nach ihrem Besuch in Neapel am 9. Juni 1889, als *Pizzaiolo* Raffaele Esposito und seine Frau, Rosa Brandi, ihr diese Pizza servierten.

Die Pizza Margherita trägt das EU-Qualitätssiegel S.T.G. (garantiert traditionelle Spezialität) und ist dadurch geschützt. Bei diesem Rezept verwenden wir die Zutaten und die Mengen, wie sie von der Associazione Verace Pizza Napoletana (AVPN) festgelegt werden. Und trotzdem gibt es gewisse Unterschiede: Die Kruste dieser Pizza, die ungefähr 7 Minuten lang im heimischen Ofen gebacken wird, ist knuspriger als die einer echten Pizza Margherita, die in maximal 1 ½ Minuten im Holzofen bei 485 °C gebacken wird. Unsere Pizza hat einen weicheren Rand, ist aber auch in der Mitte etwas nachgiebiger. Trotzdem steht die zu Hause selbst gemachte dem Original in nichts nach, sie wird ausgezeichnet, schließlich backe ich sie daheim selbst am häufigsten von allen. Ich mag sie, in dieser Version wie in der original neapolitanischen Variante.

Der Mozzarella kommt erst nach 4 Minuten Backzeit auf die Pizza; so erhält der Käse annähernd die Konsistenz wie in den Pizzerien in Neapel. Wenn man die Pizza von Anfang an mit dem Mozzarella belegt, verflüssigt er sich vollständig, und dann erinnert das Ergebnis mehr an eine New Yorker Käsepizza mit Basilikum und hat mit einer echten neapolitanischen Margherita nicht mehr viel zu tun.

Eine entscheidende Frage ist noch, ob das Basilikum vor oder nach dem Backen auf die Pizza gehört. Traditionell werden die Basilikumblätter vor dem Backen auf der Pizza verteilt. Aber Franco Pepe vom Pepe in Grani gibt die frischen Blätter erst nach dem Backen auf seine Margherita, genau wie andere *Pizzaioli*, denen meine Verehrung gilt. Ich persönlich mag beide Varianten.

Wenn man diese Pizza als Ganzes oder einfach nur halbiert isst, erhält man meiner Meinung nach den größten Genuss. Denn schneidet man sie nach amerikanischer Art in Stücke, tropft sehr viel von dem flüssigen Zentrum auf das Schneidbrett. Und ich habe den flüssigen Käse lieber im Mund! Eine Küchenschere ist neben Messer und Gabel ein hilfreiches Werkzeug bei Tisch, wenn man sich das lästige Schneiden lieber spart und dennoch Stücke bevorzugt.

Eine Anmerkung noch zur Größe der Teiglinge: Die Vorgabe der AVPN für eine Pizza Margherita liegt bei einem Gewicht zwischen 180 und 250 g pro Kugel. 180 g ergeben allerdings eine sehr kleine Pizza. Einige der bekannteren Pizzerien in Neapel, wie das Starita, verwenden Teigportionen zu je 260–270 g, eine Größe, die auch gut für die Variante zu Hause geeignet ist. Die Wahl des Teiges bleibt natürlich Ihnen überlassen, aber der Samstagabend-Pizzateig (Seite 114) kommt am nächsten an die echte, von der AVPN abgesegnete Pizza Margherita heran.

FORTSETZUNG NÄCHSTE SEITE

PIZZA MARGHERITA, FORTSETZUNG

ERGIBT eine Pizza à 30 cm Ø

1 Kugel Teig (Menge siehe oben)

60–80 g Basis-Tomatensauce (siehe Seite 151)

Olivenöl Nativ Extra

10–15 g geriebener Pecorino Romano oder Parmigiano Reggiano

80–100 g frischer Vollmilch-Mozzarella (Fior di Latte) oder Mozzarella di Bufala in Lake, in kurze, 8 mm dicke Streifen geschnitten

3–5 frische Basilikumblätter

1 Ist der Teig gekühlt, diesen 1–1 ½ Stunden vor der Weiterverarbeitung aus dem Kühlschrank holen. Den Pizzastahl oder -stein auf oberer Schiene in den Backofen schieben, maximal 20 cm unter dem Grill. Den Ofen 45 Minuten lang auf 290 °C vorheizen.

2 Die Arbeitsfläche leicht mit Mehl bestauben. Die Pizzaschaufel bereitlegen und ebenfalls leicht bemehlen. Die Sauce, das Öl, den Käse und das Basilikum sowie einen Spatel oder großen Löffel bereithalten. 10 Minuten vor Einschieben der Pizza die Grillfunktion zuschalten.

3 Zum Formen des Fladens die Teigkugel auf die bemehlte Arbeitsfläche geben und wenden, um beide Seiten leicht zu bemehlen. Mithilfe der Techniken auf den Seiten 98–101 formen.

4 Den Teigfladen auf die Pizzaschaufel legen. Mit dem Handballen einmal am Rand entlangdrücken, damit sich der Teig entspannt, dabei Falten glätten.

5 Die Tomatensauce bis etwa 1 ½ cm zum Rand hin verteilen und mit dem Löffelrücken glatt streichen. Die Grillfunktion abstellen, dann den Fladen vorsichtig auf den Pizzastahl oder -stein schieben. Den Backofen schließen und die Pizza bei 290 °C etwa 4 Minuten backen, bis der Rand goldbraun wird. Mithilfe einer Küchenzange oder einer Gabel die Pizza auf einen großen Teller legen. 1 EL Olivenöl darüberträufeln und mit dem geriebenen Pecorino bestreuen. Dann den Mozzarella und die Basilikumblätter gleichmäßig auf der Pizza verteilen. Den Teigfladen wieder auf den Pizzastahl oder -stein legen und 1–2 Minuten weiterbacken.

6 Die Grillfunktion wieder zuschalten und die Pizza fertig backen, bis der Käse geschmolzen und die Kruste goldbraun mit dunkleren bis schwarzen Stellen ist, ungefähr 2 Minuten (nach 1 Minute zur Sicherheit kontrollieren). Mithilfe einer Küchenzange oder einer Gabel die Pizza vom Pizzastein oder -stahl auf einen großen Teller geben. Mit etwas Olivenöl besprenkeln und ganz oder in Stücke geschnitten servieren.

VARIANTE Geben Sie zusätzlich einige Kirschtomaten auf die Pizza, sobald sie aus dem Ofen kommt, für einen extra tomatigen Geschmack.

Margherita »Extra« mit Kirschtomaten

PIZZA FERDINANDO

Stellen Sie sich vor, Sie wären der König von Neapel, es ist das Jahr 1782. Sie wollen Pizza, aber Ihre Ehefrau, Königin Maria Karolina, soll nichts davon mitbekommen. Also verkleiden Sie sich als einfacher Bürger, schleichen sich heimlich aus dem Schloss und laufen unerkannt durch die Gassen der Stadt zu einer Pizzeria namens Ntuono (Tonys), um Ihren Heißhunger auf Pizza zu stillen. Pizza, das ist Essen für das gemeine Volk, nichts für einen König wie Sie; wussten Sie das nicht? Sie bestellen die gleiche Pizza wie alle anderen, belegt mit Olivenöl, Knoblauch, Oregano und Salz und nach dem Backen mit etwas Käse bestreut. Mist, sie wird den Knoblauch in Ihrem Atem riechen!

Wenn die Pizza so gut war, dass Ferdinando sich dafür klammheimlich aus dem Schloss stahl und den Zorn seiner königlichen Gemahlin riskierte, muss sie schon ausgezeichnet gewesen sein. Außerdem ist diese historische Pizza aus Neapel das beste Beispiel dafür, wie köstlich die einfachsten Speisen sein können. Wie alle einfachen Pizzen verlangt diese jedoch unbedingt nach dem perfekten Boden.

Bei diesem Rezept überspringen wir beim Backen den Schritt mit dem Grillen, wie ich es bei den meisten anderen Pizzen im Buch empfehle, und holen den Teigfladen schon nach 5 Minuten Backzeit wieder aus dem Ofen. An diesem Punkt sollten Öl und Knoblauch perfekt sein. Jedes weitere Backen oder Grillen zum Schluss würde sowohl den Knoblauch als auch die Luftblasen am Rand zu stark verkohlen.

ERGIBT eine Pizza à 30 cm Ø

1 Kugel Teig

Olivenöl Nativ Extra

3–4 Knoblauchzehen

0,5 g (½ TL) getrockneter Oregano

Meersalz

15 g fein geriebener Pecorino

1 Ist der Teig gekühlt, diesen 1–1 ½ Stunden vor der Weiterverarbeitung aus dem Kühlschrank holen. Den Pizzastahl oder -stein auf oberer Schiene in den Backofen schieben, maximal 20 cm unter dem Grill. Den Ofen 45 Minuten lang auf 290 °C vorheizen.

2 Den Knoblauch in feine Scheibchen schneiden, in ein Schälchen geben und leicht mit Olivenöl bedecken. Mit den Fingern vermengen, damit jedes Knoblauchstück benetzt ist, sonst verbrennen sie. Beiseitestellen.

3 Die Arbeitsfläche leicht mit Mehl bestauben. Die Pizzaschaufel bereitlegen und ebenfalls leicht bemehlen. Das Olivenöl, den Knoblauch, den Oregano, das Meersalz und den Käse bereithalten. 10 Minuten vor Einschieben der Pizza die Grillfunktion zuschalten.

4 Zum Formen des Fladens die Teigkugel auf die bemehlte Arbeitsfläche legen und einmal wenden, damit beide Seiten leicht bemehlt sind. Mithilfe der Techniken auf den Seiten 98–101 formen. Den Teigfladen auf die Pizzaschaufel legen. Mit dem Handballen am Rand entlangdrücken, damit sich der Teig entspannt, dabei Falten glätten.

5 Etwa 20 g (1 ½ EL) Olivenöl über den Teig träufeln. Den Knoblauch und den Oregano gleichmäßig über der Pizza verteilen. Mit Meersalz würzen. Jetzt die Grillfunktion ausschalten und den Fladen vorsichtig auf den Pizzastein oder -stahl schieben. Den Backofen schließen und die Pizza bei 290 °C etwa 5 Minuten lang backen, bis der Rand goldbraun mit dunkleren Stellen ist. Im Grunde entscheidet der Bräunungsgrad des Knoblauchs darüber, wann man die Pizza aus dem Ofen holt – er sollte höchstens mittelbraun werden. Das Wiederzuschalten der Grillfunktion überspringen wir, da der Knoblauch sonst verbrennt. Mithilfe einer Küchenzange oder Gabel die Pizza auf einen großen Teller geben.

6 Die Pizza mit dem geriebenen Käse bestreuen, mit etwas Olivenöl beträufeln und als Ganzes oder in Stücke geschnitten servieren.

POMODORO ROYALE (MIT KÄSE)

Auf diese Pizza kommt nichts weiter als Tomatensauce und Basilikum, und erst nachdem sie aus dem Ofen kommt, geben wir noch geriebenen Käse darüber. Wenn Sie Caciocavallo bekommen können, ein halbfester Schnittkäse aus Süditalien, hergestellt im Filata-Verfahren, geben Sie ihm unbedingt eine Chance – er enthält die Milch einer seltenen Milchkuhrasse, der Podolica. Diese werden jedes Jahr im Frühjahr hoch ins Gebirge auf eine Höhe von bis zu 1000 m getrieben, wo sie Gras, Beeren und Wildkräuter fressen. Parmigiano Reggiano, Grana Padano und reifer Pecorino sind leichter erhältliche Alternativen und eignen sich ebenfalls hervorragend für diese Pizza, die Sie alla Romana mit dünner Kruste oder als neapolitanische Variante zubereiten können.

ERGIBT eine Pizza à 30 cm Ø, normal oder mit dünner Kruste

1 Kugel Teig

100 g Basis-Tomatensauce (siehe Seite 151)

6–8 frische Basilikumblätter

Olivenöl Nativ Extra

20–30 g Caciocavallo (oder ein anderer Hartkäse)

1 Ist der Teig gekühlt, diesen etwa 1–1 ½ Stunden vor dem Backen aus dem Kühlschrank holen. Den Pizzastahl oder -stein auf der oberen Schiene in den Backofen schieben, maximal 20 cm unter dem Grill, und 45 Minuten lang auf 290 °C vorheizen.

2 Die Arbeitsfläche leicht mit Mehl bestauben. Die Pizzaschaufel bereitlegen und ebenfalls leicht bemehlen. Die Sauce, das Basilikum, das Öl und den Käse sowie einen Spatel oder großen Löffel bereithalten. 10 Minuten vor Einschieben der Pizza die Grillfunktion zuschalten.

3 Zum Formen des Fladens die Teigkugel auf die bemehlte Arbeitsfläche legen und einmal wenden, damit beide Seiten leicht bemehlt sind. Mithilfe einer der beiden Techniken (neapolitanisch oder römisch, siehe Seiten 98–102) formen. Den Teigfladen auf die Pizzaschaufel legen. Mit dem Handballen am Rand entlangdrücken, damit sich der Teig entspannt, dabei Falten glätten.

4 Die Tomatensauce bis etwa 1 ½ cm zum Rand hin verteilen und mit dem Löffelrücken glatt streichen. Jetzt die Grillfunktion ausschalten und den Fladen vorsichtig auf den Pizzastein oder -stahl schieben. Den Backofen schließen und die Pizza bei 290 °C 5 Minuten lang backen, bis der Rand goldbraun ist. Während die Pizza im Ofen ist, den Käse reiben.

5 Die Grillfunktion wieder zuschalten und die Pizza fertig backen, bis die Kruste goldbraun mit einigen dunkleren und schwarzen Stellen ist, ungefähr 2 Minuten (nach 1 Minute zur Sicherheit kontrollieren). Mithilfe einer Küchenzange oder einer Gabel die Pizza vom Pizzastein oder -stahl auf einen großen Teller geben. Mit Olivenöl besprenkeln und den geriebenen Käse darauf verteilen. Als Ganzes oder in Stücke geschnitten servieren.

PIZZA MIT PROSCIUTTO UND BUFALA

Auf diese einfache Pizza, die nur mit Sauce und ein paar Spritzern Olivenöl gebacken wird, kommen zum Schluss einige Stücke frischer Büffelmozzarella sowie Prosciutto. Den Käse gibt man in der letzten halben Minute vor Ende der Backzeit darauf, um ihn nur leicht anzuschmelzen. Die heiße Kruste sowie die Sauce sollten den frischen Käse von unten her leicht verflüssigen. Der darübergelegte Prosciutto isoliert den Käse zusätzlich. In einer perfekten Welt würde ich den Boden ohne Belag backen, sogar ohne Sauce, doch leider passiert dann Folgendes: Der Teig bildet eine riesengroße Luftblase und wird dann an manchen Stellen zu stark gebräunt. Die Sauce verhindert diese Blasenbildung, deshalb könnte man sagen, sie dient hier eher einem funktionalen Zweck als dem Geschmack.

»Je einfacher, desto besser« lautet mein Motto, aber dazu muss der Boden perfekt sein und der Belag von bester Qualität. Wenn man den Prosciutto leicht wellig auf der Pizza drapiert, statt ihn flach aufzulegen, ergibt das einen sehr hübschen optischen Effekt. Servieren Sie diese Pizza mit einem Glas Prosecco und einem frischen Salat, zum Beispiel als herrliches Mittagessen am Wochenende. Diese Pizza funktioniert sowohl auf neapolitanische als auch auf römische Art.

ERGIBT eine Pizza à 30 cm Ø, normal oder mit dünner Kruste

1 Kugel Teig

50 g Basis-Tomatensauce (siehe Seite 151)

30 g frischer Mozzarella di Bufala, in mundgerechte Stücke gezupft

Olivenöl Nativ Extra

55 g Prosciutto (3–4 sehr feine Scheiben)

1 Ist der Teig gekühlt, diesen 1–1 ½ Stunden vor der Weiterverarbeitung aus dem Kühlschrank holen. Den Pizzastahl oder -stein auf oberer Schiene in den Backofen schieben, maximal 20 cm unter dem Grill. Den Ofen 45 Minuten lang auf 290 °C vorheizen.

2 Die Arbeitsfläche leicht mit Mehl bestauben. Die Pizzaschaufel bereitlegen und ebenfalls leicht bemehlen. Die Sauce, den Käse, das Öl und den Prosciutto sowie einen Spatel oder großen Löffel bereithalten. 10 Minuten vor Einschieben der Pizza die Grillfunktion zuschalten.

3 Zum Formen des Fladens die Teigkugel auf die bemehlte Arbeitsfläche legen und einmal wenden, damit beide Seiten leicht bemehlt sind. Mithilfe einer der beiden Techniken (neapolitanisch oder römisch, siehe Seiten 98–102) formen. Den Teigfladen auf die Pizzaschaufel legen. Mit dem Handballen am Rand entlangdrücken, damit sich der Teig entspannt, dabei Falten glätten.

FORTSETZUNG NÄCHSTE SEITE

PIZZA MIT PROSCIUTTO UND BUFALA, FORTSETZUNG

4 Die Tomatensauce bis etwa 1 ½ cm zum Rand hin verteilen und mit dem Löffelrücken von der Mitte her kreisförmig glatt streichen. Die Grillfunktion wieder ausschalten und den Fladen vorsichtig auf den Pizzastahl oder -stein geben. Die Backofentür schließen und die Pizza bei 290 °C 4 Minuten backen, bis der Rand goldbraun ist.

5 Die Grillfunktion wieder zuschalten und die Pizza fertig backen, bis die Oberfläche der Kruste voll leicht geschwärzter Luftblasen ist, ungefähr 1 Minute (aber zur Sicherheit im Auge behalten). Mithilfe einer Küchenzange oder Gabel die Pizza vom Pizzastahl oder -stein auf einen großen Teller geben. Die Käsestücke gleichmäßig darauf verteilen.

6 Nun den Fladen noch einmal in den Ofen geben und in 30 Sekunden unter dem Grill fertig backen (notfalls etwas länger, wenn Ihr Grill langsam heizt). Der Käse sollte weich, aber nicht geschmolzen sein. Die Pizza wieder auf den Teller ziehen, mit Olivenöl beträufeln und den Prosciutto auf dem Käse drapieren, dann nach Geschmack noch einmal mit etwas Öl besprenkeln. Als Ganzes oder in Stücke geschnitten servieren.

PIZZA MIT MORTADELLA UND PISTAZIEN

Manchmal ist eine Kombination aus verschiedenen Zutaten so naheliegend, dass sie einfach danach verlangt, zusammen auf einer Pizza zu landen. Diese Pizza wird großzügig mit Pistazien und Knoblauch bestreut. Die Mortadella ist zum Großteil unter dem Mozzarella verborgen, sodass sie in erster Linie warm wird. Nur die Ränder der Mortadella, die freiliegen und der direkten Hitze ausgesetzt sind, werden hübsch kross. Spannend ist hier vor allem der Kontrast an Konsistenzen.

Während die Heimat der Mortadella Bologna in Italien ist, stellen auch Framani in Berkeley, Kalifornien, und Olympia Provisions hier in Portland eine gute amerikanische Mortadella her. Wenden Sie sich an den Delikatessladen Ihres Vertrauens und kaufen Sie gewöhnliche Sandwich-Mortadella in Scheiben. Wenn Sie es mit einem anderen Käse als dem Fior-di-Latte-Mozzarella versuchen wollen, probieren Sie einen weichen, jungen Asiago fresco.

Für diese Pizza empfehle ich eher die neapolitanische Variante statt der dünnbodigeren römischen Variante, weil der Belag doch ein ordentliches Gewicht hat (wobei Sie durchaus auch New-York-Style versuchen können).

ERGIBT eine Pizza à 30 cm Ø

1 Kugel Teig

25 g (3 EL) Pistazien ohne Schale

1–2 Knoblauchzehen, in feine Scheibchen geschnitten

Olivenöl Nativ Extra

10–15 g geriebener Parmigiano Reggiano oder Grana Padano

75 g Mortadella in Scheiben, in mundgerechte Stücke geschnitten

120 g frischer Vollmilch-Mozzarella oder Asiago fresco, in Scheiben geschnitten

frisch gemahlener schwarzer Pfeffer (optional)

1 Ist der Teig gekühlt, diesen 1–1 ½ Stunden vor der Weiterverarbeitung aus dem Kühlschrank holen. Den Pizzastahl oder -stein auf oberer Schiene in den Backofen schieben, maximal 20 cm unter dem Grill. Den Ofen 45 Minuten lang auf 290 °C vorheizen.

2 Die Pistazien in einem Mörser (oder mit einem anderen Hilfsmittel) zerdrücken, aber nicht zu fein mahlen. Dann in einem kleinen Schälchen mit dem Knoblauch vermengen und mit Olivenöl bedecken. Mit den Händen durchmischen, sodass alles gleichmäßig benetzt ist, und beiseitestellen.

FORTSETZUNG NÄCHSTE SEITE

PIZZA MIT MORTADELLA UND PISTAZIEN, FORTSETZUNG

3 Die Arbeitsfläche leicht mit Mehl bestauben. Die Pizzaschaufel bereitlegen und ebenfalls leicht bemehlen. Das Olivenöl, den Käse, die Mortadella, die Pistazien-Knoblauch-Mischung und den Pfeffer bereithalten. 10 Minuten vor Einschieben der Pizza die Grillfunktion zuschalten.

4 Zum Formen des Fladens die Teigkugel auf die bemehlte Arbeitsfläche legen und einmal wenden, damit beide Seiten leicht bemehlt sind. Mithilfe der Techniken auf den Seiten 98–102 formen. Den Teigfladen auf die Pizzaschaufel legen. Mit dem Handballen am Rand entlangdrücken, damit sich der Teig entspannt, dabei Falten glätten.

5 Etwa ½ EL Olivenöl über den Teig träufeln, dann mit dem geriebenen Parmigiano Reggiano bestreuen. Die Mortadellastreifen über den Käse geben und die Pistazien-Knoblauch-Mischung mit den Fingern darauf verteilen. Jetzt die Grillfunktion ausschalten und den Fladen vorsichtig auf den Pizzastein oder -stahl schieben. Den Backofen schließen und die Pizza bei 290 °C 5 Minuten lang backen, bis der Rand goldbraun ist.

6 Die Grillfunktion wieder zuschalten und die Pizza fertig backen, bis der Käse geschmolzen und die Kruste goldbraun mit dunkleren bis schwarzen Stellen ist, ungefähr 2 Minuten (nach 1 Minute zur Sicherheit kontrollieren). Mithilfe einer Küchenzange oder Gabel die Pizza auf einen großen Teller ziehen und nach Belieben mit Pfeffer würzen. Als Ganzes oder in Stücke geschnitten servieren.

PIZZA MIT ZUCCHINIBLÜTEN

Überall in Italien findet man im Frühjahr und im Sommer *fiori di zucca* (Zucchiniblüten) auf den Speisekarten und auf Bauernmärkten. Am besten sehen auch Sie sich auf einem Bauernmarkt um, denn idealerweise verwendet man sie ganz frisch unmittelbar nach der Ernte. Über eine Pizza mit dünnem Boden im römischen Stil (für die wir eine Teigkugel von 150 g benötigen), belegt mit den schmackhaften gefüllten Blüten und einigen Minzblättern, braucht man keine großen Worte zu verlieren – ein nettes Gespräch oder genussvolles Schweigen beim Essen reichen völlig aus.

ERGIBT eine Pizza mit dünnem Boden à 30 cm Ø

1 Kugel Teig (150 g)

150 g frischer Ricotta

15 g fein geriebener Pecorino Romano

1 Eigelb

Schale von ¼ Zitrone (ungespritzte Bioqualität)

Meersalz

10 Blätter frische Minze, fein gehackt oder mit der Schere geschnitten

6 Zucchiniblüten

aromatisches Olivenöl Nativ Extra

75 g Basis-Tomatensauce (siehe Seite 151)

1 Ist der Teig gekühlt, diesen 1–1 ½ Stunden vor der Weiterverarbeitung aus dem Kühlschrank holen. Den Pizzastahl oder -stein auf oberer Schiene in den Backofen schieben, maximal 20 cm unter dem Grill. Den Ofen 45 Minuten lang auf 290 °C vorheizen.

2 In einer mittelgroßen Schüssel den Ricotta mit dem Pecorino, dem Eigelb, der Zitronenzeste, einer Prise Salz und der Hälfte der Minzblätter mit einer Gabel zu einer glatten Masse verrühren. Die Stängel der Zucchiniblüten abschneiden, jede Blüte an einer Seite aufschneiden und mithilfe der Finger oder einer Schere den Blütenstempel entfernen. Jede Blüte mit etwa 1 EL Käsemischung füllen. Die Blüten durch Verdrehen schließen. Die restliche Käsefüllung als Belag für die Pizza beiseitestellen. Die Oberfläche der Blüten vorsichtig mit Olivenöl einreiben, damit sie nicht verkohlen.

3 Die Arbeitsfläche leicht mit Mehl bestauben. Die Pizzaschaufel bereitlegen und ebenfalls leicht bemehlen. Die Sauce, die gefüllten Zucchiniblüten, die restliche Käsemischung, die restliche Minze und das Olivenöl sowie einen Spatel oder großen Löffel bereithalten. 10 Minuten vor Einschieben der Pizza die Grillfunktion zuschalten.

4 Zum Formen des Fladens die Teigkugel auf die bemehlte Arbeitsfläche legen und einmal wenden, damit beide Seiten leicht bemehlt sind. Den Teig alla Romana (Seite 102) mit dem Nudelholz auswellen.

Die Pizza auf die Pizzaschaufel legen. Mit dem Handballen am Rand entlangdrücken, damit sich der Teig entspannt, dabei Falten glätten.

5 Jetzt die Grillfunktion ausschalten und den Fladen vorsichtig auf den Pizzastein oder -stahl schieben. Den Backofen schließen und die Pizza bei 290 °C nur 45 Sekunden lang backen, bis sich leichte Luftblasen bilden. Durch diesen Zwischenschritt erhält der Teig genügend Festigkeit, um gut mit den doch recht feuchten Belägen klarzukommen. Mithilfe einer Küchenzange oder Gabel die Pizza auf einen großen Teller geben.

6 Die Tomatensauce bis etwa 1 ½ cm zum Rand hin verteilen und mit dem Löffelrücken von der Mitte her kreisförmig glatt streichen. Die gefüllten Zucchiniblüten darauf verteilen. Sechs etwa münzgroße Kleckse der übrigen Käsemischung auf die Pizza geben. Die Pizza wieder auf den Pizzastahl oder -stein geben und weitere 5 Minuten backen, bis der Rand goldbraun wird.

7 Die Grillfunktion wieder zuschalten und die Pizza fertig backen, bis die Kruste goldbraun mit dunkleren bis schwarzen Stellen ist, ungefähr 2 Minuten (nach 1 Minute zur Sicherheit kontrollieren). Achten Sie darauf, dass die Blüten nicht verkohlen. Mithilfe einer Küchenzange oder Gabel die Pizza auf einen großen Teller geben. Die übrigen Minzblätter darauf verteilen und etwas Olivenöl darüberträufeln. Als Ganzes oder halbiert servieren.

PIZZA VOM FLUSS PO

Der Fluss Po fließt von Ost nach West quer durch Italien, durch das Herz des Piemont, der Lombardei und der Emilia-Romagna, drei der fruchtbarsten und reichsten Regionen des Landes. Es gibt eine unglaubliche Fülle an tollen regionalen Produkten, von handgemachter Pasta wie Agnolini und Tortellini über DOP-Produkte wie Prosciutto di Parma, Culatello di Zibello, Parmigiano Reggiano und Aceto Balsamico di Modena. Die Pinienkerne, die in den Wäldern rund um Ravenna geerntet werden, sind weltbekannt. Die erstklassigen Rotweine aus dem Piemont – der Barbaresco, der Barolo, der Barbera und der Dolcetto – gehören zu meinen absoluten Lieblingsweinen.

Diese Pizza vereint pfeffrigen Rucola, eine vielverwendete Salatpflanze in dieser Region, mit Parmigiano Reggiano und Provolone, gekrönt von Pinienkernen und Salame Felino. Ich bin ein großer Fan von einer Schicht Grünzeug unter geschmolzenem Käse, weil dieser den Salat oder das Gemüse darunter leicht anwelkt. Ein winziger Spritzer Zitronensaft auf dem Rucola verleiht dem Ganzen genau die richtige Portion Säure, um den intensiven Aromen des Käses, der Salami und der Pinienkerne etwas entgegenzusetzen. Felino ist eine kleine Gemeinde in der Nähe von Parma, die berühmt ist für die gleichnamige Salami. Sie zeichnet sich vor allem durch die Verwendung von Pfefferkörnern und Weißwein aus und wird nach traditionellen Herstellungsverfahren produziert. Es lohnt sich, danach Ausschau zu halten. Wer keine Felino findet, kann sie durch eine nicht allzu scharfe Schweinesalami mit Pfefferkörnern ersetzen.

ERGIBT eine Pizza à 30 cm Ø

1 Kugel Teig
35 g Rucola
10 g (2 ¼ TL) Olivenöl
70 g Basis-Tomatensauce (siehe Seite 151)
10 g (3 EL) geriebener Parmigiano Reggiano
1 Zitronenspalte
110 g Provolone (5–6 feine Scheiben)
7 g (ca. 1 EL) Pinienkerne
24 g Salame Felino (ca. 10 dünne Scheiben)

1 Ist der Teig gekühlt, diesen 1–1 ½ Stunden vor der Weiterverarbeitung aus dem Kühlschrank holen. Den Pizzastahl oder -stein auf oberer Schiene in den Backofen schieben, maximal 20 cm unter dem Grill. Den Ofen 45 Minuten lang auf 290 °C vorheizen.

2 Den Rucola in einer Schüssel mit dem Olivenöl vermischen.

3 Die Arbeitsfläche leicht mit Mehl bestauben. Die Pizzaschaufel bereitlegen und ebenfalls leicht bemehlen. Mithilfe der Ausziehtechnik von Seite 98–95 formen. Die Sauce, den geriebenen Hartkäse, den Rucola, die Zitrone, den Provolone, die Pinienkerne und die Salami sowie einen Spatel oder großen Löffel bereithalten. 10 Minuten vor Einschieben der Pizza die Grillfunktion zuschalten.

4 Zum Formen des Fladens die Teigkugel auf die bemehlte Arbeitsfläche legen und einmal wenden, damit beide Seiten leicht bemehlt sind. Mithilfe der Technik von den Seiten 98–101 formen. Den Teigfladen auf die Pizzaschaufel legen. Mit dem Handballen am Rand entlangdrücken, damit sich der Teig entspannt, dabei Falten glätten.

5 Die Tomatensauce bis etwa 1 ½ cm zum Rand hin verteilen und mit dem Löffelrücken von der Mitte her kreisförmig glatt streichen. Den Parmigiano Reggiano über die Sauce streuen, den Rucola darauf verteilen und ein wenig Zitrone darüberträufeln. Den Salat mit Provolone bedecken und abschließend die Pinienkerne und die Salami darauf verteilen.

6 Die Grillfunktion ausschalten und den Fladen vorsichtig auf den Pizzastein oder -stahl schieben. Den Backofen schließen und die Pizza bei 290 °C 5 Minuten lang backen, bis der Rand goldbraun ist.

7 Die Grillfunktion wieder zuschalten und die Pizza fertig backen, bis der Provolone geschmolzen und die Kruste goldbraun mit dunkleren und einigen schwarzen Stellen ist, ungefähr 2 Minuten (nach 1 Minute zur Sicherheit kontrollieren). Mithilfe einer Küchenzange oder Gabel die Pizza auf einen großen Teller geben. Noch schnell eine Flasche Barbera öffnen und genießen.

VARIANTE Diese Pizza eignet sich sehr gut zum Falten. Dazu die heiße Pizza auf ein großes Schneidbrett legen. Die Faltlinie mit einem langen Küchenmesser oder einem Wiegemesser markieren, aber nicht durchschneiden. Die Pizza entlang dieser Linie zu einem Halbmond falten. Die gefaltete Pizza in zwei Hälften teilen, senkrecht zur Faltlinie, und noch heiß servieren.

PIZZA CARBONARA

Samstag Abend gab es Pizza, und jetzt ist Sonntag früh, und Sie haben noch eine Kugel Teig im Kühlschrank. Warten Sie nicht erst ab, bis es Mittag wird. Warum zur Abwechslung nicht mal Pizza zum Frühstück machen?

Pasta Carbonara ist ein italienischer Klassiker, ein einfaches römisches Nudelgericht mit Eiern, Speck, Käse und reichlich schwarzem Pfeffer. Diese Pizza ist im Grunde einfach nur eine Abwandlung davon. Die größte Hürde ist hier, das Ei gleichzeitig mit der Pizza fertig zu bekommen. (Gehen Sie einfach eine Wette ein: Wenn Sie es schaffen, bekommen Sie zu dieser Pizza die perfekte Bloody Mary serviert!) Da so gut wie jeder Backofen anders ist, sollten Sie die Pizza in den letzten Minuten im Auge behalten. Schlagen Sie die Eier rechtzeitig in eine Schüssel auf. Nach 4–5 Minuten Backzeit ziehen Sie den Rost mit dem Pizzastahl weit genug heraus, damit Sie die Eier vorsichtig auf die Mitte der Pizza geben können. Jetzt so lange backen, bis das Eiweiß durch und das Eigelb noch leicht flüssig ist. Fertig ist Ihre Sauce!

Auch wenn dieses Rezept italienisch inspiriert ist, habe ich noch nie gehört, dass man irgendwo in Italien je Pizza zum Frühstück serviert hätte. Willkommen in Amerika, dem Land der unbegrenzten Möglichkeiten! Diese Pizza zu schneiden, ist eine Herausforderung, weil das Ei auf das Schneidbrett laufen würde, würde man sie einfach durchschneiden, also sollte man genau darauf achten, wo man den Schnitt setzt, damit das nicht passiert. Wenn Sie sich die Pizza zu zweit teilen, verwenden Sie auf jeden Fall zwei Eier.

ERGIBT eine Pizza à 30 cm Ø

1 Kugel Teig

75 g roher Bacon (oder Pancetta oder Guanciale), in 3–4 cm lange Stücke geschnitten

40 g geriebener Pecorino Romano

90 g Fior di Latte, in Scheiben geschnitten

frisch gemahlener schwarzer Pfeffer

1–2 Eier, in eine kleine Schüssel aufgeschlagen, das Eigelb intakt

Olivenöl Nativ Extra

Schale von 1 Zitrone (ungespritzte Bioqualität)

FORTSETZUNG NÄCHSTE SEITE

PIZZA CARBONARA, FORTSETZUNG

1 Ist der Teig gekühlt, diesen etwa 1–1 ½ Stunden vor dem Backen aus dem Kühlschrank holen. Den Pizzastahl oder -stein auf der mittleren Schiene in den Backofen schieben und 45 Minuten lang auf 290 °C vorheizen.

2 Den Bacon in einer Pfanne auf dem Herd nicht ganz durchbraten; abtropfen lassen und beiseitestellen.

Die Arbeitsfläche leicht mit Mehl bestauben. Die Pizzaschaufel bereitlegen und ebenfalls leicht bemehlen. Beide Käsesorten, den Pfeffer, den Bacon, die aufgeschlagenen Eier, das Öl und die Zitronenzeste bereithalten. 10 Minuten vor Einschieben der Pizza die Grillfunktion zuschalten.

3 Zum Formen des Fladens die Teigkugel auf die bemehlte Arbeitsfläche legen und einmal wenden, damit beide Seiten leicht bemehlt sind. Mithilfe der Ausziehtechnik von den Seiten 98–102 formen. Den Teigfladen auf die Pizzaschaufel legen. Mit dem Handballen am Rand entlangdrücken, damit sich der Teig entspannt, dabei Falten glätten.

4 Den geriebenen Käse auf der Pizza verteilen, gefolgt von den Baconstücken und den Mozzarellascheiben. Mit Pfeffer nach Belieben abschmecken. Die Grillfunktion ausschalten und den Fladen vorsichtig auf den Pizzastein oder -stahl schieben. Den Backofen schließen und die Pizza bei 290 °C 4 Minuten lang backen, bis der Rand goldbraun ist. Den Rost mit dem Pizzastahl oder -stein so weit herausziehen, dass Sie das Ei aus der Schüssel auf die Pizza gleiten lassen können. Den Rost wieder hineinschieben und die Ofentür schließen.

5 Die Grillfunktion wieder zuschalten und die Pizza fertig backen, bis das Eiweiß durchgegart ist, ungefähr 2 Minuten (nach 1 Minute zur Sicherheit kontrollieren). Auch die restliche Pizza sollte fertig sein. Mithilfe einer Küchenzange oder Gabel die Pizza auf einen großen Teller geben. Mit etwas Olivenöl beträufeln und die Zitronenzeste darüberstreuen. Die Pizza vorsichtig schneiden, ohne das Eigelb zu beschädigen, und servieren.

PIZZA BIANCA UND PIZZA ROSSA

Bei Pizza Bianca handelt es sich um einen dünnen, rechteckigen Teigfladen mit großen Luftblasen, belegt mit Olivenöl und Meersalz. Pizza Rossa ist im Grunde das Gleiche, nur dass sie mit Tomatensauce und getrocknetem Oregano in den Ofen kommt und nach dem Backen mit einem dünnen Film Olivenöl oder mehr Tomatensauce getoppt wird. Beide Varianten findet man typischerweise in den römischen Bäckereien, als schnellen Snack auf die Hand für zwischendurch oder als leichtes Mittagessen. Vielleicht haben Sie schon mal von Pizza Al Metro (wörtlich »Meterpizza«) gehört – es handelt sich dabei um 1–2 m lange Teigfladen, die in tiefen Backöfen gebacken werden. Allein dabei zuzusehen, wie die langen Pizzen in den Ofen hineingeschoben und wieder herausgeholt werden, ist ein wahres Vergnügen. Am Tresen bestellt man einfach ein Stück in der gewünschten Größe, die individuell anpassbar ist. Normalerweise wird es mit einer Schere abgeschnitten und in Papier gewickelt. Dann bekommt man einen Beleg, mit dem man zum Bezahlen an die Kasse geht. Wer in Rom war und das noch nicht ausprobiert hat, sollte unbedingt noch mal hinfahren.

ERGIBT ein kleines Blech (ca. 33 × 45 cm)

FÜR PIZZA BIANCA

Al-Taglio-Pizzateig (siehe Seite 140), auf ein kleines Backblech ausgelegt

30 g (2 EL) Olivenöl Nativ Extra

feines Meersalz

FÜR PIZZA ROSSA

Al-Taglio-Pizzateig (siehe Seite 140), auf ein kleines Backblech ausgelegt

30 g (2 EL) Olivenöl Nativ Extra (plus etwas mehr zum Beträufeln)

200 g Basis-Tomatensauce (siehe Seite 151)

getrockneter Oregano (nach Geschmack)

1 Etwa 30 Minuten vor dem Ende der Teigruhe einen Pizzastahl oder -stein auf mittlerer Schiene in den Ofen geben und auf 290 °C vorheizen.

FORTSETZUNG NÄCHSTE SEITE

PIZZA BIANCA UNDPIZZA ROSSA, FORTSETZUNG

HERSTELLUNG EINER PIZZA BIANCA

2 Den Teig mit einem dünnen Film Olivenöl bedecken und mit der Hand gleichmäßig verteilen. Mit den Fingerkuppen leichte Vertiefungen in die Teigoberfläche drücken, ähnlich wie bei Focaccia. Die Dellen sollten einen Abstand von etwa 1 ½ cm haben. Den Teig noch einmal 20 Minuten ruhen lassen.

3 Feines Meersalz nach Geschmack über den Teig streuen. Das Blech auf den vorgeheizten Pizzastahl oder -stein geben und den Teig bei 290 °C etwa 15 Minuten backen, bis die Luftblasen im Teig mittelbraun sind und der Rest goldbraun.

4 Die Teigunterseite kontrollieren, sie sollte mittelgoldbraun sein. Wer sie noch dunkler und kross mag, legt nun mithilfe einer Küchenzange den gesamten Fladen direkt auf den Pizzastahl oder -stein und bäckt ihn in 2–3 Minuten fertig (das Backpapier bleibt normalerweise am Boden kleben, was in Ordnung ist). Einige Minuten abkühlen lassen, dann mit der Hand das Papier abziehen. Noch heiß sofort oder später bei Zimmertemperatur servieren.

HERSTELLUNG EINER PIZZA ROSSA

5 Einen dünnen Film Olivenöl von Hand gleichmäßig auf dem Teig verteilen. Dann die Tomatensauce gleichmäßig darauf verteilen, bis ungefähr ½–1 cm zum Rand hin. Den Teig noch einmal 20 Minuten ruhen lassen.

6 Den getrockneten Oregano gleichmäßig auf der Oberfläche verteilen. Das Blech auf den vorgeheizten Pizzastahl oder -stein stellen und den Teig bei 290 °C etwa 15 Minuten backen, bis die Kruste durchgebacken und der Rand goldbraun ist.

7 Die Unterseite kontrollieren, sie sollte mittelgoldbraun und kross sein. Den Teigfladen mithilfe einer Küchenzange direkt auf den Pizzastahl oder -stein ziehen (das Backpapier bleibt dran) und in 3–4 Minuten fertig backen, bis die Unterseite goldbraun ist. Ist der Teig fertig, den Fladen mit der Küchenzange wieder zurück auf das Blech ziehen.

8 Wenn die Pizza aus dem Ofen kommt, die Oberfläche sofort mit einer dünnen Schicht Olivenöl bestreichen. (In manchen römischen Pizzerien wird die Pizza Rossa sogar noch einmal mit einer feinen Schicht Tomatensauce bestrichen.) Einige Minuten abkühlen lassen, dann mit der Hand das Backpapier abziehen. Noch warm oder etwas abgekühlt bei Zimmertemperatur servieren.

NEW YORKER KÄSEPIZZA

Diese Pizza kann man sich als die am heimischen Herd gezauberte klassische New-York-Style-Pizza vorstellen, die es dort an jeder Straßenecke in Stücken zu kaufen gibt. Eine der besten gibt es meiner Meinung nach bei NY Pizza Suprema auf der 8th Avenue, um die Ecke der Penn Station. Eine typische New-York-Style-Pizza hat einen Durchmesser von 45 cm, wenn nicht sogar größer – viel zu überdimensional also für einen herkömmlichen Backofen. Unsere Variante hat deshalb nur 30 cm im Durchmesser. Die gute Nachricht ist, dass wir sie bei fast der gleichen Temperatur backen wie das Original, auf einem Pizzastahl oder -stein, sodass man spielend leicht eine vergleichbare Textur hinbekommt.

Ich habe einen speziellen Teig für diese Pizza kreiert, für den ich ein proteinreiches Brotmehl verwende, mit einer Hydratation von 64 Prozent (siehe Seite 58) – der Großteil der anderen Teigrezepte in diesem Buch hat eine höhere Hydratation und wird mit einem Mehl Tipo 00 oder mit herkömmlichem Weizenmehl mit einem geringen Proteinanteil hergestellt. Diesen Teig knetet man am besten mit einem Handrührgerät oder der Küchenmaschine statt von Hand. Der etwas festere Teig ergibt eine knusprige Kruste, sodass der Boden nicht durchhängt (es sei denn, man gibt zu viel Sauce darauf). Die New-York-Style Tomatensauce ist etwas süßlicher im Geschmack und wird vorgekocht. Normalerweise mache ich das bei Pizzasauce nicht, ich stelle sie lieber frisch her, während der Ofen vorheizt, aber sie gehört nun einmal zu einer typischen New-York-Style-Pizza. Ein eher trockener Mozzarella aus Vollmilch ist ein absolutes Muss bei dieser Pizza, denn wir wollen schließlich, dass er eine dicke geschmolzene Schicht bildet und schöne Fäden zieht. Der Käse speichert nicht nur die Wärme, sondern hält die Pizza als Ganzes zusammen. Aber Achtung, nicht den Gaumen verbrennen!

Für einen sehr knusprigen Boden, der nicht durchhängt, backen wir diese Pizza 9–10 Minuten lang ohne Zuschalten der Grillfunktion, bis die Kruste goldbraun ist, mit einigen dunkleren Stellen. Oder man backt sie genau wie die anderen Pizzen in diesem Buch, 5 Minuten bei 290 °C und dann 2 Minuten mit zugeschalteter Grillfunktion. So erhält man eine Kruste, die kross ist, aber etwas weicher in der Mitte und somit leichter zu falten.

ERGIBT eine Pizza à 30 cm Ø

1 Kugel 48- bis 72-Stunden-New-York-Pizzateig (siehe Seite 130)

100 g New Yorker Pizzasauce (siehe Seite 154)

10–15 g geriebener Pecorino Romano oder Grana Padano

110 g feuchtigkeitsarmer Mozzarella, in Scheiben oder grob gerieben

Chiliflocken (optional)

getrockneter Oregano (optional)

FORTSETZUNG NÄCHSTE SEITE

NEW YORKER KÄSEPIZZA, FORTSETZUNG

1 Ist der Teig gekühlt, diesen etwa 1 bis 1 ½ Stunden vor dem Backen aus dem Kühlschrank holen. Den Pizzastahl oder -stein auf der oberen Schiene in den Backofen schieben, mit maximal 20 cm Abstand zum Grill, und 45 Minuten lang auf 290 °C vorheizen.

2 Die Arbeitsfläche leicht mit Mehl bestauben. Die Pizzaschaufel bereitlegen und ebenfalls leicht bemehlen. Die Sauce und beide Käsesorten sowie einen Spatel oder großen Löffel bereithalten. 5 Minuten vor Einschieben der Pizza die Grillfunktion zuschalten.

3 Zum Formen des Fladens die Teigkugel auf die bemehlte Arbeitsfläche legen und einmal wenden, damit beide Seiten leicht bemehlt sind. Mithilfe der New-York-Style-Technik (Seiten 98–101) formen; der Rand sollte etwas schmaler sein als bei einer neapolitanischen Pizza. Den Fladen auf die Pizzaschaufel legen. Mit dem Handballen am Rand entlangdrücken, damit sich der Teig entspannt, dabei Falten glätten.

4 Die Tomatensauce bis etwa ½–1 cm zum Rand hin verteilen und mit dem Löffelrücken glatt streichen. Den geriebenen Pecorino darüberstreuen und den Mozzarella gleichmäßig auf der Sauce verteilen.

5 Die Grillfunktion ausschalten und die Pizza vorsichtig auf den Pizzastein ziehen. Die Backofentür schließen und den Teig bei 287 °C 9–10 Minuten backen, bis der Rand goldbraun ist. In Quadrate geschnitten servieren. Getrockneten Oregano und Chiliflocken nach Belieben als Topping dazu reichen.

EINFACHE TOMATENPIZZA

Das Tolle an einem dünneren Boden ist ja, dass man viel mehr davon essen kann, bevor der Bauch voll ist. Nach dem Motto »je mehr, desto besser« stimmt's?! Diese Blechpizza ähnelt einer Bar-Pizza, nur dass sie rechteckig ist statt rund, und wie beim Trenton-Tomatenkuchen und bei vielen Grandma Pies wird der Teig erst mit Käse bestreut und dann mit Tomatensauce überdeckt.

Hier können Sie nach Lust und Laune Käsesorten kombinieren. Ich bevorzuge eine Mischung aus eher trockenem, geriebenem Mozzarella, Scheiben von frischem Mozzarella und geriebenem Hartkäse darunter, wie üblich. Der Mozzarella ergibt ein herrlich cremiges und sattes Aroma, dazu die wunderbaren Fäden, die der Käse zieht, wenn man sich ein Stück von der Pizza nimmt.

Verwenden Sie ein Nudelholz zum Formen des Fladens und bringen Sie den Teig auf die Größe eines kleinen Backblechs. Damit der Teig nicht am Blech festklebt, sollten Sie es vorab mit Olivenöl oder anderem Öl fetten oder Backpapier verwenden. Für dieses Rezept nutzen wir den gleichen Teig wie für die neapolitanische und die New-York-Style-Pizza. Der Teig sollte beim Verarbeiten auf beiden Seiten gut bemehlt werden, damit er nicht an der Arbeitsfläche oder am Nudelholz festklebt.

ERGIBT ein kleines Blech Pizza

1 Kugel Teig

20 g geriebener Pecorino Romano oder Grana Padano

75 g feuchtigkeitsarmer Mozzarella, grob gerieben

125 g Fior di Latte oder ein anderer frischer Mozzarella, in dünne Scheiben geschnitten

225 g Tomatensauce

Chiliflocken

1 Ist der Teig gekühlt, diesen 1–1 ½ Stunden vor der Weiterverarbeitung aus dem Kühlschrank holen. Den Pizzastahl oder -stein auf oberer Schiene in den Backofen schieben, maximal 20 cm unter dem Grill. Den Ofen 45 Minuten lang auf 290 °C vorheizen.

2 Mit den Händen einen dünnen Film Olivenöl auf dem Backblech verteilen (den inneren Rand nicht vergessen) oder Backpapier darauflegen (aber nicht beides). Die Arbeitsfläche leicht mit Mehl bestauben und mit einem Nudelholz den Teig zu einem Rechteck von der Größe des Blechs ausrollen (dabei reichlich Mehl verwenden). In zwei Schritten arbeiten: Erst mit dem Nudelholz an den Rändern

FORTSETZUNG NÄCHSTE SEITE

EINFACHE TOMATENPIZZA, FORTSETZUNG

entlangrollen, dann von der Mitte her nach außen arbeiten, bis der Teig Widerstand leistet. 5–10 Minuten ruhen lassen, dann beide Seiten des Teigs leicht mit Mehl bestauben und weiter auf die Größe des Blechs ausrollen. Zwischendurch den Teig in beide Hände nehmen und über die Fäuste ausziehen wie bei einer neapolitanischen oder New-York-Style-Pizza, nur dass die Form rechteckig werden soll. Manche Teige, wie der New-York-Pizzateig, sind von Natur aus etwas fester und widerspenstiger. 10 Minuten vor Einschieben der Pizza die Grillfunktion zuschalten.

3 Den ausgerollten Teigfladen auf das geölte oder mit Backpapier ausgelegte Blech legen. Noch einmal glätten und in Form bringen. Den geriebenen Pecorino Romano gleichmäßig auf dem Fladen verteilen, dann mit den beiden Mozzarellasorten belegen und abschließend mit Sauce bestreichen.

4 Die Grillfunktion ausschalten und das Blech auf den vorgeheizten Pizzastahl oder -stein geben. Bei 290 °C etwa 12–14 Minuten backen. Ab Minute 8–10 den Backfortschritt beobachten und das Blech drehen, wenn eine Seite schneller bräunt. In quadratische Stücke schneiden und mit den Chiliflocken zum Würzen nach Geschmack servieren. Noch schnell eine Münze in die Jukebox schieben, James Browns »I Feel Good« anwählen und die Pizza zusammen mit einem gut gekühlten Bier genießen.

PIZZA MIT FLEISCHBÄLLCHEN

Ich liebe kräftig nach Knoblauch schmeckende, saftige Fleischbällchen, die längere Koch- oder Backzeiten vertragen, ohne auszutrocknen. Ein Standardtrick, um sie schön feucht zu halten, ist die Verwendung von in Milch eingeweichtem Paniermehl sowie Ei als Bindemittel. Parmigiano Reggiano zusammen mit fein geschnittenem Knoblauch sind ebenfalls Standard bei mir, außerdem habe ich noch eine Handvoll gehackte Petersilie darübergestreut, sowohl für den farblichen Kontrast als auch für den guten Geschmack.

Wenn Sie sich die Mühe machen, die Fleischbällchen selbst herzustellen, wäre es eine Schande, sich auf eine kleine Menge zu beschränken. Mein Basis-Fleischbällchen-Rezept ergibt 26–28 Stück mit einem Durchmesser von 5 cm, aber manchmal überkommt mich der Eifer, dann mache ich sie irrsinnig groß, um sie auf einer Pizza zu verwenden. Was für mich absolut in Ordnung ist. In dem Fall genügen für eine selbst gemachte Pizza nämlich vier Fleischbällchen, die man halbiert, deshalb reicht womöglich auch die Hälfte des Rezepts. Besser aber ist, Sie laden ein paar Freunde ein und machen Pizza und Spaghetti mit Fleischbällchen. Dazu schenken Sie reichlich Rotwein aus. Die Fleischbällchen kann man auch gut für einen Grandma Pie auf einem kleinen Blech verwenden. Dafür bräuchte man ungefähr zwölf halbierte Bällchen.

Die Fleischbällchen für dieses Rezept gart man in einer ofenfesten Form oder Pfanne vor (ich kriege etwa 14 in eine Pfanne von 22 cm Durchmesser), während der Backofen vorheizt. Sobald sie etwas abgekühlt sind, halbiert man sie. Die Fleischbällchen unbedingt mit der Schnittfläche nach unten auf die Pizza legen, damit sie nicht herumkullern, wenn man den Fladen in den Ofen schiebt. Runde Fleischbällchen haben einen wirklich miesen Orientierungssinn!

ERGIBT eine Pizza à 30 cm Ø

1 Kugel Teig

4 Fleischbällchen (siehe Seite 188), halbiert

90 g Tomatensauce

15 g geriebener Pecorino Romano oder Grana Padano

90 g feuchtigkeitsarmer Mozzarella, grob gerieben, oder frischer Mozzarella, in dünne Scheiben geschnitten

1 Ist der Teig gekühlt, diesen 1–1 ½ Stunden vor der Weiterverarbeitung aus dem Kühlschrank holen. Den Pizzastahl oder -stein auf oberer Schiene in den Backofen schieben, maximal 20 cm unter dem Grill. Den Ofen 45 Minuten lang auf 290 °C vorheizen.

2 Die Fleischbällchen in eine ofenfeste Pfanne geben und auf niedriger Schiene im vorheizenden Ofen unter dem Pizzastahl oder -stein einschieben, sobald die Temperatur von 290 °C erreicht ist. Nach 10 Minuten wieder herausholen. Sie sollten fast vollständig durchgegart sein. Etwas abkühlen lassen und halbieren, dann beiseitestellen.

3 Die Arbeitsfläche leicht mit Mehl bestauben. Die Pizzaschaufel bereitlegen und ebenfalls leicht bemehlen. Die Sauce, beide Käsesorten und die halbierten Fleischbällchen sowie einen Spatel oder großen Löffel bereithalten. 10 Minuten vor Einschieben der Pizza die Grillfunktion zuschalten.

FORTSETZUNG NÄCHSTE SEITE

PIZZA MIT FLEISCHBÄLLCHEN, FORTSETZUNG

4 Zum Formen des Fladens die Teigkugel auf die bemehlte Arbeitsfläche legen und einmal wenden, damit beide Seiten leicht bemehlt sind. Mithilfe einer der Ausziehtechniken (neapolitanisch oder New-York-Style, siehe Seiten 98–101) formen. Den Teigfladen auf die Pizzaschaufel legen. Mit dem Handballen am Rand entlangdrücken, damit sich der Teig entspannt, dabei Falten glätten.

5 Die Tomatensauce etwa ½–1 cm zum Rand hin verteilen und mit dem Löffelrücken glatt streichen. Die acht Fleischbällchenhälften mit der Schnittfläche nach unten auf der Pizza verteilen. Den geriebenen Pecorino darüberstreuen. Den geriebenen Mozzarella ebenfalls gleichmäßig auf den Fleischbällchen und der Sauce verteilen.

6 Die Grillfunktion ausschalten, dann den Fladen vorsichtig auf den Pizzastein oder -stahl schieben. Die Backofentür schließen und die Pizza bei 290 °C 5 Minuten backen, bis der Rand goldbraun ist. Die Grillfunktion wieder zuschalten und die Pizza fertig backen, bis der Käse geschmolzen und die Kruste goldbraun mit braunen und einigen schwarzen Stellen ist, ungefähr 2 Minuten (nach 1 Minute zur Sicherheit kontrollieren). Mithilfe einer Küchenzange oder Gabel die Pizza auf einen großen Teller geben. Halbiert oder in Stücke geschnitten servieren.

FLEISCHBÄLLCHEN

ERGIBT 26–28 Stück (Ø 5 cm, je ca. 60 g)

110 g Paniermehl

180 g Vollmilch

450 g Schweinehackfleisch

450 g Rinderhackfleisch (nicht zu mager, Fettanteil 20–25 %)

2 Eier (Größe M)

5 große Knoblauchzehen (ca. 25 g), gehackt

40 g gehackte Petersilie

50 g geriebener Parmigiano Reggiano oder Grana Padano

6 g (1 TL) feines Meersalz

frisch gemahlener schwarzer Pfeffer

1 Das Paniermehl 10 Minuten in der Milch einweichen, dann überschüssige Milch abseihen. Sämtliche Zutaten in eine Schüssel geben und mit den Händen kneten (notfalls mit Einweghandschuhen), bis sich alles zu einer glatten Masse verbindet, aber nicht zu lange.

2 Zum Formen der Fleischbällchen je 60 g der Mischung mit dem Löffel in die nicht dominante Handfläche geben. Mit der Handfläche der Arbeitshand durch kreisende Bewegungen und leichten Druck runde Bällchen formen. Die Fleischbällchen bekommen so einen Durchmesser von etwa 5 cm. Nach Belieben sofort verwenden oder für eine längere Haltbarkeit einfrieren.

A. J.'S PIE

Im Rubirosa auf der Mulberry Street in SoHo, Manhattan gibt es eine meiner absoluten Lieblingspizzen in ganz New York, mit sehr dünnem, sehr knusprigem Boden, der an die typischen römischen Pizzen erinnert. Meine erste Pizza dort mit dem Namen »The Classic« hat mich auf Anhieb begeistert. Sie ist einfach nur mit Tomatensauce und Käse belegt, mehr nicht. Die Kruste ist so hauchzart und fein, dass ich eine komplette Pizza essen kann, ohne mich komplett übersättigt zu fühlen. Und normalerweise ist es so, dass ich umso glücklicher bin, je mehr ich essen kann. Bei einem meiner darauffolgenden Besuche wollte ich mich mit dem Inhaber, A. J. Pappalardo, auf ein Bier treffen, doch dann ist er tragischerweise 1 Woche vor meiner Rückkehr nach New York verstorben. Dieses Rezept ist für dich, A. J. Ich hoffe, es erfüllt dich mit Stolz!

Diese Pizza mit sehr dünnem Boden, nur 30 cm im Durchmesser, ist etwas kleiner als die Pizzen im Rubirosa (die ungefähr 45 cm Durchmesser haben). So passt sie in jeden herkömmlichen Backofen.

ERGIBT eine Pizza mit sehr dünnem Boden à 30 cm Ø

1 Kugel Teig (150 g)

110 g Tomatensauce

80 g frischer Mozzarella, in 1 ½ cm große Würfel geschnitten

15 g Grana Padano, gerieben

Olivenöl Nativ Extra

getrockneter Oregano (optional)

Chiliflocken (optional)

1 Ist der Teig gekühlt, diesen 1–1 ½ Stunden vor der Weiterverarbeitung aus dem Kühlschrank holen. Den Pizzastahl oder -stein auf oberer Schiene in den Backofen schieben, maximal 20 cm unter dem Grill. Den Ofen 45 Minuten lang auf 290 °C vorheizen.

2 Die Arbeitsfläche leicht mit Mehl bestauben. Die Pizzaschaufel bereitlegen und ebenfalls leicht bemehlen. Die Sauce und die beiden Käsesorten sowie einen Spatel oder großen Löffel bereithalten. 10 Minuten vor Einschieben der Pizza die Grillfunktion zuschalten.

3 Zum Formen des Fladens die Teigkugel auf die bemehlte Arbeitsfläche legen und einmal wenden, damit beide Seiten leicht bemehlt sind. Mithilfe der Roman-Style-Technik (Seite 102) den Teig mit dem Nudelholz auswellen. Den Teigfladen auf die Pizzaschaufel legen. Mit dem Handballen am Rand entlangdrücken, damit sich der Teig entspannt, dabei Falten glätten.

4 Die Tomatensauce fast bis zum Rand hin verteilen und mit dem Löffelrücken glatt streichen. Gleichmäßig mit den Mozzarellascheiben in konzentrischen Kreisen belegen. Den Grana Padano mit den Fingern kreisförmig um den Mozzarella herumstreuen.

5 Jetzt die Grillfunktion ausschalten und den Fladen vorsichtig auf den Pizzastein oder -stahl schieben. Den Backofen schließen und die Pizza bei 290 °C 5 Minuten lang backen, bis der Rand goldbraun ist. Die Grillfunktion wieder zuschalten und die Pizza fertig backen, bis die Kruste goldbraun mit einigen dunkleren und ein paar schwarzen Stellen ist, ungefähr 1–2 Minuten (nach 1 Minute zur Sicherheit kontrollieren). Mithilfe einer Küchenzange oder einer Gabel die Pizza auf einen großen Teller befördern. Etwas aromatisches Olivenöl darüberträufeln. In vier Stücke geschnitten servieren, am besten auf einem runden Pizzablech, falls vorhanden. Getrockneten Oregano und Chiliflocken als Topping dazu reichen.

PIZZA MIT SALSICCIA UND WODKASAUCE

Nennen Sie es eine Reminiszenz an die glorreichen Siebziger, wenn Sie so wollen, aber diese Sauce schmeckt so unglaublich lecker auf Pizza, dass ich jedes Mal, wenn mein Blick auf dieses Rezept fällt, alles stehen und liegen lassen will und sie am liebsten sofort zubereiten möchte (um heimlich einen Schuss Wodka in meinen Ernährungsplan zu mogeln). Belegt mit frischem Mozzarella (oft eingeschweißt erhältlich, aber nicht Fior di Latte in Lake), Salsiccia und Tomatensauce, die mit Wodka und Sahne aufgemixt wird; und wenn Sauce übrig bleibt, umso besser, denn sie schmeckt auch herrlich zu Pasta.

ERGIBT eine Pizza à 30 cm Ø

1 Kugel Teig

150 g Salsiccia (als Brät oder im Darm) oder eine vergleichbare italienische Rohwurst

90 g Wodkasauce (siehe Seite 153)

110 g frischer Vollmilch-Mozzarella, in dünne Scheiben geschnitten

4–5 frische Basilikumblätter

1 Ist der Teig gekühlt, diesen etwa 1–1 ½ Stunden vor dem Backen aus dem Kühlschrank holen. Den Pizzastahl oder -stein auf der oberen Schiene in den Backofen schieben, maximal 20 cm unter dem Grill, und 45 Minuten lang auf 290 °C vorheizen.

2 Die Salsiccia schräg in 1–1 ½ cm breite Stücke schneiden. Die Stücke in eine ofenfeste Pfanne oder Form geben und im vorheizenden Ofen 2–3 Minuten vorgaren (sie werden erst auf der Pizza komplett durchgegart).

3 Die Arbeitsfläche leicht mit Mehl bestauben. Die Pizzaschaufel bereitlegen und ebenfalls leicht bemehlen. Die Sauce, den Käse und die Salsiccia sowie einen Spatel oder großen Löffel bereithalten. 10 Minuten vor Einschieben der Pizza die Grillfunktion zuschalten.

4 Zum Formen des Fladens die Teigkugel auf die bemehlte Arbeitsfläche legen und einmal wenden, damit beide Seiten leicht bemehlt sind. Mithilfe einer der Ausziehtechniken (neapolitanisch oder New-York-Style, siehe Seiten 98–101) formen. Den Teigfladen auf die Pizzaschaufel legen. Mit dem Handballen am Rand entlangdrücken, damit sich der Teig entspannt, dabei Falten glätten.

5 Die Tomatensauce bis etwa ½ cm zum Rand hin verteilen und mit dem Löffelrücken glatt streichen. Die Wurststücke auf der Pizza verteilen, dann die Mozzarellascheiben auflegen, gerne zum Teil auch über die Salsiccia.

6 Die Grillfunktion ausschalten und den Fladen vorsichtig auf den Pizzastein oder -stahl schieben. Den Backofen schließen und die Pizza bei 290 °C 5 Minuten lang backen, bis der Rand goldbraun ist. Die Grillfunktion wieder zuschalten und die Pizza fertig backen, bis der Käse geschmolzen und die Kruste goldbraun mit einigen dunkleren und ein paar schwarzen Stellen ist, ungefähr 2 Minuten (nach 1 Minute zur Sicherheit kontrollieren). Mithilfe einer Küchenzange oder einer Gabel die Pizza auf einen großen Teller befördern. Mit einer Schere die Basilikumblätter über die Pizza schneiden und sofort servieren, halbiert oder in Stücke geschnitten.

BROOKLYN HOT HONEY PIE

In Paulie Gees Pizzeria im Greenpoint-Viertel in Brooklyn, New York, gibt es einen wundervollen Holzofen von Stefano Ferrara, in dem Abend für Abend exzellente Pizzen gezaubert werden. Paulie verwendet meist klassische Zutatenkombinationen, oft aber auch wirklich einzigartige Kreationen mit pfiffigen Namen wie »Feel Like Bacon Love«. Paulie träufelt zum Beispiel Mike's Hot Honey auf seine Hellboy-Pizza, die mich zu diesem Rezept hier inspiriert hat: eine einfache Tomaten-Käse-Pizza, belegt mit Coppa und ein paar Tropfen Honig (aber bitte nicht übertreiben) darübergeträufelt, sobald man die Pizza aus dem Ofen holt. Wer essigsauer eingelegte Zwiebeln zur Hand hat, kann diese in feine Scheibchen schneiden und sie vor dem Backen über den Käse streuen. Die Zwiebeln, die Chiliflocken und der Honig verwandeln diese eigentlich recht konventionelle Pizza in etwas vergleichbar mit einer glamourösen Disconacht. Der eigentliche Clou ist, die auffallenden Aromen in Maßen einzusetzen und gut auszubalancieren.

ERGIBT eine Pizza à 30 cm Ø

1 Kugel Teig
90 g feuchtigkeitsarmer Vollmilch-Mozzarella
15–20 g Pecorino Romano, gerieben
100 g Tomatensauce
20 g eingelegte Zwiebeln (optional, siehe Seite 194)
35 g Coppa oder Prosciutto (in sehr dünnen Scheiben)
einige Tropfen Honig
Chiliflocken

1 Ist der Teig gekühlt, diesen etwa 1–1 ½ Stunden vor dem Backen aus dem Kühlschrank holen. Den Pizzastahl oder -stein auf der oberen Schiene in den Backofen schieben, maximal 20 cm unter dem Grill, und 45 Minuten lang auf 290 °C vorheizen.

2 Den Mozzarella mit der Kastenreibe auf den großen Löchern grob reiben. Den Pecorino Romano auf den kleinen Löchern fein reiben.

3 Die Arbeitsfläche leicht mit Mehl bestauben. Die Pizzaschaufel bereitlegen und ebenfalls leicht bemehlen. Die Sauce, den Käse, die Zwiebeln, den Coppa und den Honig sowie einen Spatel oder großen Löffel bereithalten. 10 Minuten vor Einschieben der Pizza die Grillfunktion zuschalten.

4 Zum Formen des Fladens die Teigkugel auf die bemehlte Arbeitsfläche legen und einmal wenden, damit beide Seiten leicht bemehlt sind. Mithilfe einer der Ausziehtechniken (neapolitanisch oder New-York-Style, siehe Seiten 98–101) formen. Den Teigfladen auf die Pizzaschaufel legen. Mit dem Handballen am Rand entlangdrücken, damit sich der Teig entspannt, dabei Falten glätten.

5 Den Teigfladen mit der Tomatensauce bestreichen, dann den geriebenen Pecorino, gefolgt von dem geriebenen Mozzarella, darüberstreuen. Die Zwiebeln gleichmäßig über der Pizza verteilen. Die Grillfunktion ausschalten und den Fladen vorsichtig auf den Pizzastein oder -stahl schieben. Den Backofen schließen und die Pizza bei 290 °C

FORTSETZUNG NÄCHSTE SEITE

BROOKLYN HOT HONEY PIE, FORTSETZUNG

5 Minuten lang backen, bis der Rand goldbraun ist. Die Grillfunktion wieder zuschalten und die Pizza fertig backen, bis der Käse geschmolzen und die Kruste goldbraun mit einigen dunkleren und ein paar schwarzen Stellen ist, ungefähr 1 Minute. Mithilfe einer Küchenzange oder einer Gabel die Pizza auf einen großen Teller befördern. Noch heiß mit Coppa belegen und etwas Honig darüberträufeln. Als Ganzes oder in Stücke geschnitten mit Chiliflocken zum Abschmecken servieren.

SCHNELL EINGELEGTE ZWIEBELN

ERGIBT eine Menge ausreichend für 4–5 Pizzen

1 ½ rote, gelbe oder weiße Zwiebeln, in feine Scheiben geschnitten

240 g Essig

1–2 Knoblauchzehen

1 g (½ TL) Senfkörner

½ getrocknete scharfe Chili (zum Beispiel Bird's Eye)

1 g (½ TL) Dillsamen

35 g (2 EL) Salz

1 Die fein geschnittenen Zwiebelscheiben in ein Schraubglas mit 500 mm Fassungsvermögen geben. Die übrigen Zutaten mit 235 g Wasser in einen kleinen Topf geben und auf höchster Stufe aufkochen. Die heiße Marinade über die Zwiebeln gießen, sodass sie vollständig bedeckt sind.

2 Über Nacht in den Kühlschrank stellen; gekühlt mehrere Wochen haltbar.

PIZZA MIT SALAMI, PILZEN UND ZWIEBELN

Sicher muss ich Ihnen nicht erst erzählen, wie lecker Salami auf Pizza schmeckt, aber trotzdem will ich es an dieser Stelle tun – weil es sich hier um eine richtig gute Variante einer Pizza handelt, die man sich vom Lieferdienst bestellt hätte, hätte man sich nicht dieses Buch gekauft und sie selbst im heimischen Ofen gezaubert. Sobald man dieses Rezept einmal ausprobiert hat, wird man immer ein paar vorgebackene Pizzashells im Gefrierfach haben (»Shell« ist die industrielle Bezeichnung für einen vorgebackenen Boden). (Siehe auch die Teigrezepte für die Antwort auf die Frage: »Warum drei Kugeln Teig anfertigen, wenn ich nur eine Pizza will?«)

Pizza aus vorgebackenem Boden hat ihre ganz eigene Existenzberechtigung, abgesehen davon, dass Sie so etwas Sinnvolles mit Ihren übrigen, ungebackenen Teiglingen machen können. Sie sind knuspriger und knackiger als die Pizzen aus Standardteig, die im Rohzustand mit Sauce bestrichen und belegt werden. Die Textur wird Sie begeistern! Ich liebe den krossen Rand und das Geräusch, wenn ich ihn mit dem Wiegemesser oder dem Pizzarad durchschneide.

Diese Pizza ist einfach perfekt für den samstäglichen Fußballabend (oder als Begleitung zu einem Baseballspiel am Dienstag, wenn ich es mir recht überlege.) Selbstverständlich kann man sie zusätzlich mit Oliven, eingelegten Jalapeños, roten Paprikaschoten oder Wurst belegen und sie »Onkel Louis' Henkersmahlzeit« taufen, wenn einem danach ist. Der vorgebackene Boden ist zwar leicht, aber ausreichend stabil, um mit einem dickeren Belag aus Sauce und Toppings gut klarzukommen.

Sie können die Pizza vorbacken und noch warm belegen, um sie dann fertig zu backen; oder Sie backen sie 1 Stunde im Voraus vor; oder Sie backen übrigen Teig vor, wickeln ihn in Frischhaltefolie und frieren ihn für eine spätere Verwendung ein. Die gefrorene Shell lässt sich dann blitzschnell auftauen, während der Backofen vorheizt.

ERGIBT eine Pizza à 30 cm Ø

1 Kugel Teig

15 g (1 EL) Olivenöl Nativ Extra

4 mittelgroße Champignons, in feine Scheiben geschnitten und mit 1 EL Olivenöl benetzt

1 Knoblauchzehe, fein gehackt

feines Meersalz

110 g Tomatensauce

10–15 g Pecorino Romano oder Parmigiano Reggiano, gerieben

110 g frischer Mozzarella, in dünne Scheiben geschnitten, oder feuchtigkeitsarmer Vollmilch-Mozzarella, grob gerieben

16 dünne Scheiben Peperoni (oder eine andere Salami)

¼ rote Zwiebel, in feine Scheiben geschnitten und kurz in Olivenöl angeschwitzt

Chiliflocken (optional)

getrockneter Oregano

FORTSETZUNG NÄCHSTE SEITE

PIZZA MIT SALAMI, PILZEN UND ZWIEBELN, FORTSETZUNG

1 Ist der Teig gekühlt, diesen 1–1 ½ Stunden vor der Weiterverarbeitung aus dem Kühlschrank holen. Den Pizzastahl oder -stein auf oberer Schiene in den Backofen schieben, maximal 20 cm unter dem Grill. Den Ofen 45 Minuten lang auf 290 °C vorheizen.

2 In einer Pfanne bei mittlerer Temperatur 1 EL Olivenöl erwärmen und die Pilze und den Knoblauch mit einer Prise Salz anbraten, bis der Knoblauch glasig ist, aber nicht gebräunt.

3 Die Arbeitsfläche leicht mit Mehl bestauben. Die Pizzaschaufel bereitlegen und ebenfalls leicht bemehlen. Die Sauce, die beiden Käsesorten und die restlichen Toppings sowie einen Spatel oder großen Löffel bereithalten. 5 Minuten vor Einschieben der Pizza die Grillfunktion zuschalten.

4 Zum Formen des Fladens die Teigkugel auf die bemehlte Arbeitsfläche legen und einmal wenden, damit beide Seiten leicht bemehlt sind. Mithilfe einer der Ausziehtechniken (neapolitanisch oder New-York-Style, siehe Seiten 98–101) formen. Den Teigfladen auf die Pizzaschaufel legen. Mit dem Handballen am Rand entlangdrücken, damit sich der Teig entspannt, dabei Falten glätten.

5 Den Teigfladen mit etwa der Hälfte der Tomatensauce bestreichen. Die Grillfunktion ausschalten und den Fladen vorsichtig auf den Pizzastein oder -stahl schieben. Den Backofen schließen und die Pizza bei 290 °C 3 Minuten lang backen, dann die Grillfunktion zuschalten und die vorgebackene Pizza nach 1 weiteren Minute herausholen. Die Grillfunktion anbehalten, wenn die Pizza sofort fertig gebacken werden soll.

6 Die restliche Tomatensauce über dem vorgebackenen Teig verteilen und glatt streichen, bis etwa ½–1 cm zum Rand hin. Den geriebenen Pecorino über der Sauce verteilen. Die Pizza gleichmäßig mit dem Mozzarella belegen. Die gebratenen Pilze, die Salami und die Zwiebeln daraufgeben. Die Grillfunktion ausschalten und die Pizza vorsichtig auf den Pizzastein oder -stahl ziehen (das geht bei einer vorgebackenen Pizza mit der Hand). Den Backofen schließen und die Pizza bei 290 °C 4 Minuten lang backen, bis der Käse zum Teil geschmolzen und der Rand goldbraun ist.

7 Die Grillfunktion wieder zuschalten und die Pizza fertig backen, bis der Käse vollständig geschmolzen und die Kruste goldbraun mit einigen dunkleren und ein paar schwarzen Stellen ist, ungefähr 2 Minuten (nach 1 Minute zur Sicherheit prüfen). Mithilfe einer Küchenzange oder einer Gabel die Pizza auf einen großen Teller befördern. In Stücke geschnitten mit Chiliflocken und getrocknetem Oregano zum Abschmecken servieren.

GRANDMA PIE

Bei diesem Rezept kommt die Technik des Parbaking zum Einsatz, das heißt, es wird in zwei Schritten gearbeitet: Zunächst wird der Teig mit etwas Tomatensauce und Olivenöl vorgebacken, ehe man mehr Sauce und den Käse daraufgibt und die Pizza fertig gebacken wird. Manche haben die Sauce lieber auf dem Käse, andere bevorzugen den Käse obendrauf. Ich mag beide Varianten. Bei Buddy's Pizza in Detroit kommt erst Käse drauf, dann die Sauce, und dann noch einmal Käse. Geht's noch genialer? Bereiten Sie zunächst den Samstags-Pan-Pizzateig von Seite 122 zu, dann geht es hier weiter mit dem Rezept.

Die Idee zum zweistufigen Backen kam mir nach einem Gespräch mit Brandon Pettit vom Delancey in Seattle. Er erzählte mir, dass er den Teig für eine Pan-Pizza mit dickerer Kruste zweimal backen würde. Das funktioniert sehr gut, wenn es mal schnell gehen soll, zum Beispiel spätnachts in einer Bar. Mir persönlich gefällt daran, dass die karamellisierte Sauce vom ersten Backgang dem Ganzen einen vielschichtigeren Tomatengeschmack verleiht. Danke, Brandon!

Die Tomate und das Olivenöl aus dem ersten Schritt ziehen beim Backen wunderbar in den Teig ein; die einfachste Variante dieser Pizza ist es, beim abschließenden Backgang nur etwas zusätzliche Tomatensauce, etwas getrockneten Oregano und Meersalz sowie einige Spritzer Olivenöl hinzuzufügen (in Pennsylvania wäre das ein Philly Tomato Pie).

Die Pizza ist einfach und extrem köstlich. Servieren Sie sie mit ein wenig Gemüse und einem Glas Rotwein. Betrachten Sie dieses Rezept auch als Ausgangsbasis für Eigenkreationen und lassen Sie sich von Ihrer Inspiration leiten: Halten Sie sich bei den Toppings bitte nicht zurück, und wenn Sie es lieber basic mögen, legen Sie nach dem Backen einfach nur ein Basilikumblatt auf jedes Stück. Mein Geheimtipp: Belegen Sie die Pizza mit etwas dickeren Salamischeiben – sodass sich jede Scheibe beim Backen zu einem kleinen Schälchen nach oben wölbt. Im Sommer versuche ich es mit Kirschtomaten und Knoblauch und Sommerkürbis oder Zucchini (alles in ein wenig Öl geschwenkt) und mit einigen knusprigen Salamiwürfeln. In Maryland würde meine Wahl auf Blaukrabbe und Tomatensauce mit frischem Mais fallen, gewürzt mit Old-Bay-Würzmischung und einigen Scheren obendrauf. Warum nicht? Auch überbackene Parmesan-Auberginen (Parmigiana di Melanzane) kann ich mir darauf gut vorstellen, dünne gegrillte Auberginenscheiben mit frischem Mozzarella, Tomatensauce und Basilikum und vielleicht ein wenig kalabrischer Chilipaste für mehr Geschmack, Feuer und Farbe.

ERGIBT ein kleines Blech Pizza (ca. 33 × 45 cm)

Samstags-Pan-Pizzateig (Seite 122), vorgebacken

150 g Tomatensauce

50 g Parmigiano Reggiano oder Grana Padano, gerieben

150 g feuchtigkeitsarmer Mozzarella, gerieben

125 g frischer Mozzarella, dünn geschnitten

30 g (2 EL) Olivenöl

10–12 frische Basilikumblätter

weitere Toppings nach Geschmack (optional)

1 Einen Pizzastahl oder -stein auf mittlerer Schiene in den Backofen schieben. Mindestens 45 Minuten lang auf 290 °C vorheizen. 5 Minuten vor Einschieben der Pizza auf Grillstufe umschalten.

2 Den vorgebackenen Teigfladen auf ein leicht geöltes kleines Backblech geben. Die Sauce darüber verteilen und mit dem Löffelrücken verstreichen, den Parmesan darüberstreuen und mit beiden Mozzarellasorten und Toppings nach Wunsch belegen.

3 Die Grillfunktion wieder ausschalten. Das Pizzablech auf dem vorgeheizten Pizzastahl oder -stein platzieren, bei 290 °C 10 Minuten backen. Die Grillfunktion wieder zuschalten und die Pizza fertig backen, bis der Käse geschmolzen und die Kruste goldbraun mit dunkleren Stellen ist, ungefähr 2 Minuten (nach 1 Minute zur Sicherheit kontrollieren). Mit Olivenöl besprenkeln, mit dem frischen Basilikum belegen und in quadratische Stücke zerteilt servieren.

ADAM KUBANS »LOVE SUPREME«-BAR-PIZZA

Eine Pizza im Bar-Style wird in einem speziellen Pizzablech gebacken und zeichnet sich durch die perfekt runde Form und den knusprigen Käserand aus. Adam benutzt die antihaftbeschichteten tiefen Pizzableche von Lloyds Pans (30 cm Durchmesser), zu beziehen über den Online-Handel. Die Bleche mit perforiertem Boden sind wirklich klasse, weil die Kruste damit besonders kross wird, sodass Sie sich das Fertigbacken auf dem Pizzastahl sparen können – eine oftmals sehr rauchige Angelegenheit, wenn der Käse am Rand herunterläuft. (O Mann, aber dieser knusprig gebackene Käse liefert den geballten Käsegeschmack und trägt ganz wesentlich zum Gelingen dieser Pizza bei.) Wer kein solches Blech besitzt, versucht es mit einer Gusseisenpfanne (26 cm Durchmesser); dafür müssen Sie allerdings die Teigmenge auf 160 g reduzieren.

Eine Pizza im Bar-Style ist recht »old school«, deshalb dürfen es auch die Toppings sein. Adam bezeichnet das als die »Supreme Pizza«-Kombi – grüne Paprika, rote Zwiebeln und Fenchelsalami.

ERGIBT eine Bar-Pizza à 30 cm Ø

1 Kugel Bar-Pizzateig (siehe Seite 142)

90 g Tomatensauce

25 g Pecorino, fein gerieben

55 g milder weißer Cheddar, grob gerieben

135 g feuchtigkeitsarmer Vollmilch-Mozzarella, grob gerieben

½ kleine grüne Paprika, gewürfelt

½ kleine rote Zwiebel, halbiert und fein geschnitten

60 g Salsicciabrät (siehe Seite 211)

1 Die Teigkugel etwa 1–1 ½ Stunden vor dem Backen aus dem Kühlschrank holen. Den Pizzastahl oder -stein auf der mittleren Schiene in den Backofen schieben und 45 Minuten lang auf 290 °C vorheizen.

2 Sobald der Teig Raumtemperatur hat, die Folie entfernen und die Arbeitsfläche sowie die Teigkugel mit Mehl bestauben. Die Kugel mit der Hand flach drücken auf eine Dicke von 1 ½ cm. Noch etwas Mehl darüberstauben und mit einem Nudelholz auswellen. Nach Bedarf weiteres Mehl auf die Arbeitsfläche und den Teig geben, damit er nicht festklebt. Den Teigfladen gelegentlich wenden und um 90 Grad drehen, damit die runde Form erhalten bleibt. Ist der Teig noch zu widerspenstig, 5–10 Minuten ruhen lassen.

3 Den Teig abwechselnd über die Knöchel beider Hände in einer rotierenden Bewegung im Uhrzeigersinn dehnen. Dabei schüttelt man zugleich überschüssiges Mehl ab. Keine Sorge, wenn der Fladen dabei größer als die Form gerät, er zieht sich wieder ein wenig zusammen. Ist die Scheibe zu klein, den Teig etwa 5 Minuten in der Form ruhen lassen, bis er sich entspannt, dann an den Rändern nach außen drücken.

FORTSETZUNG NÄCHSTE SEITE

ADAM KUBANS »LOVE SUPREME«-BAR-PIZZA, FORTSETZUNG

4 Die Arbeitsfläche leicht mit Mehl bestauben. Die Sauce, alle drei Käsesorten, die Paprika, die Zwiebel und die Salami sowie einen großen Löffel für die Sauce bereithalten.

5 Die Tomatensauce bis etwa 1 ½ cm zum Rand hin verteilen und mit dem Löffelrücken von der Mitte her kreisförmig glatt streichen. Den Pecorino auf den nackten Teig am Rand sowie auf der Sauce verteilen. Den äußeren Rand mit dem geriebenen Cheddar bestreuen. Den Teil mit der Sauce mit dem geriebenen Mozzarella bestreuen. Mit den Paprikawürfeln, den Zwiebelringen und der Salami belegen. Die Form auf den vorgeheizten Pizzastein oder -stahl im Backofen stellen. Bei 290 °C backen, bis der Käse Blasen wirft und beginnt, goldbraun zu werden. Der Rand der Pizza sollte sich von der Form gelöst haben. Das dauert etwa 9 Minuten.

6 Jetzt gibt es zwei Möglichkeiten: die Pizza noch 1–2 Minuten backen, bis der Boden knusprig und goldbraun mit einigen dunkleren Stellen ist. Oder die Pizza direkt auf dem Pizzastein oder -stahl fertig backen. So wird der Teig noch krosser (aber Vorsicht, es könnte zu Rauchentwicklung kommen). Hierzu mit einem Pfannenwender (ein Fischwender ist optimal) am Pfannenrand entlangfahren, um den Käse zu lösen, die Pizza vorsichtig herausheben und auf eine Pizzaschaufel legen. Dann auf den Stahl oder den Stein legen. Backen, bis der Boden goldbraun mit einigen dunkleren Stellen und knusprig ist, das dauert etwa 1–2 Minuten. Zum Schluss die Pizza mit einer Küchenzange oder der Pizzaschaufel auf ein rundes Pizzablech legen. In sechs gleich große Stücke zerteilen und servieren.

PIZZA MARGHERITA MIT RUCOLA (UND SOPPRESSATA)

Die drei beliebtesten Pizzen auf der Karte von Ken's Artisan Pizza seit der Öffnung im Jahr 2006 sind und bleiben Margherita, Margherita mit Rucola und die Variante mit Soppressata. Für die mit Rucola benetzen wir etwa 60 g Rucola mit einer dünnen Schicht Olivenöl, würzen mit einer Prise Meersalz und belegen die Pizza damit, sobald sie aus dem Ofen kommt. Die Rauke hat ein herrlich pfeffriges, leicht nussiges und sehr frisches Aroma, und jeder, der die Pizza das erste Mal kostet, zieht erstaunt die Augenbrauen nach oben beim Anblick des Riesenhaufens Grünzeug darauf (man kann förmlich ihre Gedanken lesen: »Was hat der Salat auf meiner Pizza zu suchen?«). Wir bieten Rucola als Add-on zu jeder unserer Pizzen an, und mittlerweile ist vor allem die Soppressata-Pizza mit einer Portion Rauke ein echter Geheimtipp unter Insidern. Viele Gäste halten uns seit Jahren die Treue und bestellen jedes Mal diese Variante. Das sind die wahren Kenner!

Ich persönlich falte ein Stück Pizza am liebsten in der Mitte und hülle den Rucola darin ein. Noch besser ist es, die Pizza als Ganzes zusammenzuklappen, nachdem man sie mit reichlich Rucola belegt hat. Durch das Falten erhält die Pizza eine ganz andere Qualität. Der Rucola wird durch die Wärme leicht angewelkt, und die Pizza bleibt länger heiß, weil die Kruste des Bodens sie zu beiden Seiten isoliert. Zum Falten eignet sich ein großes Küchenmesser oder ein Wiegemesser, um die Faltkante in der Mitte der Kruste vorzugeben, ein bisschen wie die Perforationslinie bei einem Stück Papier. Mit diesem Rezept zaubern Sie sowohl die Margherita mit Rucola als auch die Soppressata-Variante, gefaltet oder als Ganzes.

Bei dieser Pizza verwenden wir Fior di Latte, für den besonderen »Heiße Lava«-Effekt. Darin wird der Rucola wunderbar welk. Hier erleben Sie hautnah mit, welchen Unterschied es macht, ob man den Käse bei längerer Backzeit komplett zerlaufen lässt oder ob man zunächst einige Minuten ohne Käse bäckt und diesen dann erst gegen Ende der Backzeit hinzugibt (siehe Pizza Margherita Seite 159).

ERGIBT eine Pizza à 30 cm Ø

1 Kugel Teig

90 g Tomatensauce

10–15 g geriebener Pecorino Romano oder Parmigiano Reggiano

110 g frischer Mozzarella (Fior di Latte), in feine Streifen oder kleine Stücke geschnitten

15–18 Scheiben Soppressata, ca. 5 cm Ø (optional)

60 g Rucola

Olivenöl Nativ Extra

1 Zitronenspalte (optional)

feines Meersalz

1 Ist der Teig gekühlt, diesen 1–1 ½ Stunden vor der Weiterverarbeitung aus dem Kühlschrank holen. Den Pizzastein oder -stahl auf oberer Schiene in den Backofen schieben (maximal 20 cm unter dem Grill). Den Ofen 45 Minuten lang auf 290 °C vorheizen.

FORTSETZUNG NÄCHSTE SEITE

PIZZA MARGHERITA MIT RUCOLA (UND SOPPRESSATA), FORTSETZUNG

2 Die Arbeitsfläche leicht mit Mehl bestauben. Den Pizzaschieber bereitlegen und ebenfalls leicht bestauben. Die Tomatensauce, die beiden Käsesorten, die Soppressata (falls gewünscht) und den Rucola sowie einen großen Löffel oder einen Spatel für die Sauce bereithalten. Die Grillfunktion des Ofens 10 Minuten vor Einschieben der Pizza zuschalten.

3 Den Teig auf die bemehlte Arbeitsfläche legen und einmal wenden, um beide Seiten leicht mit Mehl zu bedecken. Mithilfe einer der beiden Ausziehtechniken (neapolitanisch oder New-York-Style, Seiten 98–101) formen. Den Teigfladen auf die Pizzaschaufel legen. Den Rand mit dem Handballen flach drücken, damit der Teig sich entspannt, dabei Falten glätten.

4 Die Tomatensauce bis etwa 1 ½ cm zum Rand hin verteilen und mit dem Löffelrücken oder einem Spatel glatt streichen. Den geriebenen Hartkäse gleichmäßig über der Sauce verteilen. Den Mozzarella ebenfalls gleichmäßig auf der Pizza verteilen. Die Soppressata, falls verwendet, gleichmäßig auf dem Käse verteilen. Jetzt die Grillfunktion ausschalten und die Pizza vorsichtig auf den Pizzastein oder -stahl schieben. Den Backofen schließen und bei 290 °C 5 Minuten lang backen, bis der Rand goldbraun ist.

5 Währenddessen den Rucola in einer Schüssel in etwas Öl wenden, auf Wunsch einige Spritzer Zitronensaft hinzugeben und mit einer Prise Meersalz bestreuen.

6 Die Grillfunktion des Backofens wieder zuschalten und die Pizza fertig backen, bis der Käse geschmolzen und die Kruste goldbraun mit dunkleren Stellen ist, etwa 2 Minuten (nach 1 Minute vorsichtshalber nachsehen). Mithilfe einer Küchenzange oder einer Gabel die Pizza vom Pizzastein oder -stahl auf einen großen Teller geben. Sofort mit dem Rucola belegen, in Viertel schneiden und servieren.

VARIANTE Zum Falten der Pizza diese nach dem Belegen mit Rucola auf ein großes Schneidbrett legen. Die Faltlinie mit einem großen Küchenmesser oder einem Wiegemesser markieren und leicht einschneiden, aber nicht durchschneiden. Die Pizza entlang dieser Linie zu einem Halbmond falten. Die gefaltete Pizza in zwei Hälften teilen, senkrecht zur Faltlinie, und noch heiß servieren.

PIZZA ARRABBIATA

Mein Leben als Profi-Pizzabäcker begann 2005 in Ken's Artisan Bakery, als wir im dazugehörigen Café einen Pizzatag einführten, die Monday Night Pizza. Wir buken unsere Pizzen im Brotofen bei 275 °C und servierten sie mit Caesar Salad, Bier und Wein und einem Eis zum Dessert. Eines Abends in diesem Sommer führte meine nachlässige Planung dazu, dass wir nur ein paar wenige Pizzen auf der Karte stehen hatten. In meiner Not sah ich mich um und entdeckte ein Glas scharfer Chilis, das unserer Spülhilfe gehörte, und dachte mir: »Pizza Arrabbiata.« Zehn Jahre später servieren wir diese Schärfeexplosion von einer Pizza im Ken's Artisan Pizza immer noch, nach wie vor einer meiner Favoriten.

Hier können Sie nach Lust und Laune Ihren inneren Kalabrier rauslassen und die Pizza mit kalabrischem Chili zubereiten, der sowohl durch seine Schärfe als auch seinen Geschmack besticht. Es eignet sich aber auch jede andere scharfe Chilisorte. Wir verwenden die »Hot Long Chili Peppers« von Tutto Calabria, die in Öl, Essig und Salz eingelegt sind. Frische scharfe Chilis sind eine wunderbare Alternative im Spätsommer bis in den Herbst. Bei der Verarbeitung aber bitte nicht in die Augen oder ins Gesicht fassen, erst die Hände gründlich waschen! Genießen Sie diese Pizza mit einem guten rustikalen Rotwein aus Süditalien oder mit einem eisgekühlten Bier, zum Beispiel einem Tecate. (Ja, mexikanisches Bier zu würzig-scharfer Pizza ist eine geniale Kombi.)

ERGIBT eine Pizza à 30 cm Ø

1 Kugel Teig

90 g Tomatensauce

10–15 g Pecorino Romano oder Grana Padano, gerieben

90 g frischer Vollmilch-Mozzarella (Fior di Latte), in kleine Würfel oder feine Streifen geschnitten

10 g ganze Chilis aus dem Glas, Stiel und Samen entfernt und in Scheibchen geschnitten

4–5 frische Basilikumblätter

Olivenöl Nativ Extra

1 Ist der Teig gekühlt, diesen 1–1 ½ Stunden vor dem Backen der Pizza aus dem Kühlschrank holen. Den Pizzastein oder -stahl auf oberer Schiene in den Backofen schieben, maximal 20 cm unter dem Grill. Den Ofen 45 Minuten lang auf 290 °C vorheizen.

2 Die Arbeitsfläche leicht mit Mehl bestauben. Die Pizzaschaufel bereitlegen und ebenfalls leicht bestauben. Die Sauce, beide Käsesorten, die Chilis und den Basilikum sowie einen großen Löffel oder einen Spatel bereithalten. 10 Minuten vor Einschieben der Pizza die Grillfunktion zuschalten.

3 Zum Formen des Teigs die Kugel auf die bemehlte Arbeitsfläche legen und einmal wenden, damit beide Seiten leicht bemehlt sind. Mithilfe einer der beiden Ausziehtechniken (neapolitanisch oder New-York-Style, Seiten 98–101) formen. Den Teigfladen auf die Pizzaschaufel legen. Mit dem Handballen am Rand entlangdrücken, damit sich der Teig entspannt, dabei Falten glätten.

4 Die Tomatensauce bis etwa 1 ½ cm zum Rand hin verteilen und mit dem Löffelrücken oder dem Spatel glatt streichen. Den geriebenen Hartkäse gleichmäßig auf der Sauce verteilen. Mit den Chilis und den Basilikumblättern belegen und streifenförmig mit Olivenöl besprenkeln.

5 Die Grillfunktion wieder ausschalten und die Pizza vorsichtig auf den Pizzastein oder -stahl legen. Die Backofentür schließen und die Pizza bei 290 °C 5 Minuten backen, bis der Rand goldbraun ist. Nun wieder die Grillfunktion zuschalten und die Pizza fertig backen, bis der Käse geschmolzen und der Rand golden mit braunen bis schwarzen Sprenkeln ist, etwa 2 Minuten (nach 1 Minute zur Sicherheit nachsehen). Mithilfe einer Küchenzange oder einer Gabel die Pizza auf einen großen Teller befördern. In Stücke geschnitten servieren.

PIZZA PROSCIUTTO

Das hier ist die Lieblingspizza von Alan Maniscalco, unserem Chefkoch bei Ken's Artisan Pizza. Sie ist mit San-Daniele-Schinken belegt, einer Spezialität aus San Daniele im steilen Bergland der Dolomiten in Norditalien. 2008 habe ich einen Schinken-Hersteller in San Daniele besucht. Dort erfuhr ich, dass der Schinken zwischen 12 und 24 Monaten heranreift, in einem Klima, in dem warme Meeresluft und kühle Bergluft aufeinandertreffen, die besten Bedingungen für ein ganz besonderes Erzeugnis. Im Herstellungsbetrieb sorgt man für gleichbleibende Luftfeuchtigkeit und Temperatur; der Produktionsleiter verbringt zum Teil sogar seine Nächte in der Pökelanlage, sobald das Wetter umschlägt, um notfalls nachts die Luftzufuhr von außen zu regeln. Die Schinken werden mit einem schmalen, spitzen Stück Pferdeknochen geprüft, das in eine der offen liegenden Schinkenadern gesteckt wird, um ein Verderben zu verhindern. Es handelt sich um einen Geruchstest. Buchstäblich. Wenn der Knochen beim Herausziehen faulig riecht, wird der Schinken entsorgt. Gepökelt wird das Fleisch mit reinem grobem Meersalz aus Sizilien und reichlich Zeit.

Diese sorgfältig hergestellten Schinken aus San Daniele haben einen wunderbar süßlichen Geschmack. Wir schneiden ihn in sehr feine Scheiben, wie es in seiner Heimat Brauch ist. Ungefähr sechs Scheiben kommen auf die Pizza, sodass die Sauce und der Käse komplett damit bedeckt sind, dann schneiden wir die Pizza in Stücke und bringen sie rasch zum Gast an den Tisch. Die Hitze der frisch aus dem Ofen kommenden Pizza bringt den Schinken beinahe zum Schmelzen. Eine wunderbare Sache. Sie können den San Daniele jederzeit durch Culatello, Prosciutto di Parma, Serrano-Schinken, Pata Negra oder einen anderen hochwertigen luftgetrockneten Schinken ersetzen.

ERGIBT eine Pizza à 30 cm Ø

1 Kugel Teig

90 g Tomatensauce

110 g frischer Vollmilch-Mozzarella (Fior di Latte), in kleine Würfel oder feine Streifen geschnitten

4–5 frische Basilikumblätter

55 g Schinken (ca. 6 sehr feine Scheiben)

Olivenöl Nativ Extra

1 Ist der Teig gekühlt, diesen etwa 1–1 ½ Stunden vor der Weiterverarbeitung aus dem Kühlschrank holen. Den Pizzastein oder -stahl auf oberer Schiene in den Backofen schieben, maximal 20 cm unter dem Grill. Den Ofen 45 Minuten lang auf 290 °C vorheizen.

2 Die Arbeitsfläche leicht mit Mehl bestauben. Eine Pizzaschaufel bereitlegen und auch diese mit Mehl bestauben. Die Sauce, den Käse, das Basilikum und den Schinken sowie einen großen Löffel oder einen Spatel für die Sauce bereithalten. 10 Minuten vor Einschieben der Pizza die Grillfunktion zuschalten.

3 Zum Formen des Teigs die Kugel auf die bemehlte Arbeitsfläche legen und einmal wenden, damit beide Seiten bemehlt sind. Mithilfe einer der beiden Ausziehmethoden (neapolitanisch oder New-York-Style, Seiten 98–101) formen. Den Teigfladen auf die Pizzaschaufel legen. Mit dem Handballen einmal am Rand entlangdrücken, damit der Teig sich entspannt, dabei Falten glätten.

4 Die Tomatensauce bis etwa 1 ½ cm zum Rand hin verteilen und mit dem Löffelrücken oder dem Spatel glatt streichen. Den Mozzarella gleichmäßig auf dem Fladen verteilen. Mit dem Basilikum belegen.

5 Die Grillfunktion ausschalten, dann die Pizza vorsichtig auf den Pizzastein oder -stahl schieben. Die Backofentür schließen und die Pizza bei 290 °C 5 Minuten backen, bis der Rand goldbraun ist. Nun wieder die Grillfunktion zuschalten und die Pizza fertig backen, bis der Käse geschmolzen und die Kruste goldbraun mit braunen und einigen schwarzen Stellen ist, ungefähr 2 Minuten (nach 1 Minute zur Sicherheit überprüfen). Mithilfe einer Küchenzange oder einer Gabel die Pizza auf einen großen Teller geben. Sofort mit dem Schinken belegen. Die anderen Zutaten dürfen komplett vom Schinken verdeckt sein. Die Pizza vierteln und sofort servieren.

PIZZA MIT SALSICCIA UND ZWIEBEL

Diese Pizza steht schon seit der Eröffnung von Ken's Artisan Pizza auf der Karte. Manche mögen sie eher scharf (so wie ich!), andere eher mild (im Ernst?), deshalb bieten wir sie auch mit kalabrischen Chilis an, für alle Fans von feuriger Schärfe (hurra!).

Salsicciabrät selbst herzustellen, ist im Grunde kinderleicht. Man stellt die Würzmischung (siehe Seite 211) her und vermischt 25 g davon mit 450 g Schweinehack. (Bitte beachten Sie, dass Sie für diese Pizza nur 150 g benötigen – den Rest können Sie zum Beispiel zum Frühstück essen!) Wer keine dahin gehenden Ambitionen verspürt, kauft das Wurstbrät beim Metzger oder in abgepackter Form als fertige Wurst im Darm (diese einfach in Scheibchen schneiden und statt des losen Bräts verwenden). Wer frische Chilis verwendet statt denen aus dem Glas, sollte die Scheibchen vorher in Öl einlegen, damit sie beim Backen nicht verbrennen (und bitte bloß nicht in die Augen fassen!).

ERGIBT eine Pizza à 30 cm Ø

1 Kugel Teig

½ mittelgroße gelbe Zwiebel, in feine Scheiben geschnitten

3–4 g (½ TL) Salz

½ EL Butter

150 g loses Salsicciabrät (siehe Seite 211)

90 g Tomatensauce

90 g frischer Vollmilch-Mozzarella (Fior di Latte), in kleine Würfel oder feine Streifen geschnitten

10 g (ca. 3 Stück) ganze Chilis aus dem Glas, Stiel und Samen entfernt und in Scheibchen geschnitten (optional)

6–7 frische Basilikumblätter

Olivenöl Nativ Extra

1 Ist der Teig gekühlt, diesen bitte 1–1 ½ Stunden vor Verwendung aus dem Kühlschrank holen.

2 Die Zwiebeln mit dem Salz in einer Pfanne bei mittlerer Temperatur in der zerlassenen Butter unter häufigem Rühren anschwitzen. Nach 5 Minuten die Temperatur auf niedrigste Stufe reduzieren. Weitere 20–25 Minuten sanft braten, dabei häufig rühren und angebackene dunkle Stückchen vom Topfboden lösen. Sobald die Zwiebeln weich und komplett gebräunt sind, den Herd ausschalten und den Topf beiseitestellen.

3 Den Pizzastein oder -stahl auf oberer Schiene in den Backofen schieben, maximal 20 cm unter dem Grill. Backofen 45 Minuten lang auf 290 °C vorheizen.

4 Das Wurstbrät in einer mittelgroßen Pfanne (ca. 24 cm Ø) etwa 5 Minuten anbraten. (Alternativ lässt es sich im vorheizenden Backofen garen; das dauert etwa 7–8 Minuten bei 290 °C.) Abkühlen lassen und mit den Fingern zerkrümeln.

5 Die Arbeitsfläche leicht mit Mehl bestauben. Die Pizzaschaufel bereitlegen und ebenfalls mit Mehl bestauben. Die Sauce, den Käse, das Wurstbrät, die Zwiebeln, die Chilis und das Basilikum sowie einen großen Löffel oder Spatel bereithalten. 10 Minuten vor dem Einschieben der Pizza die Grillfunktion des Backofens zuschalten.

6 Zum Formen des Teigs die Teigkugel auf die bemehlte Arbeitsfläche legen und einmal wenden, um beide Seiten zu bemehlen. Mithilfe einer der beiden Ausziehmethoden (neapolitanisch oder New-York-Style, siehe Seiten 98–101) formen. Den Teigfladen auf die Pizzaschaufel legen. Mit dem Handballen am Rand des Fladens entlangdrücken, damit der Teig sich entspannt, dabei Falten glätten.

7 Die Tomatensauce bis etwa 1 ½ cm zum Rand hin verteilen und mit dem Löffelrücken oder Spatel glatt streichen. Den Mozzarella gleichmäßig auf der Pizza verteilen. Mit dem Wurstbrät, der karamellisierten Zwiebel, den Chilis und den Basilikumblättern belegen und mit einigen Streifen Öl beträufeln.

8 Die Grillfunktion ausschalten und die Pizza vorsichtig auf den Pizzastein oder -stahl schieben. Den Backofen schließen und die Pizza bei 290 °C 5 Minuten backen, bis der Rand goldbraun ist. Die Grillfunktion erneut zuschalten und die Pizza fertig backen, bis der Käse geschmolzen und die Kruste goldbraun mit dunkleren bis schwarzen Stellen ist, etwa 2 Minuten (nach 1 Minute zur Sicherheit kontrollieren). Mithilfe einer Küchenzange oder einer Gabel die Pizza auf einen großen Teller legen. In Stücke schneiden und servieren.

WÜRZMISCHUNG FÜR SALSICCIA

ERGIBT 110 g

40 g Fenchelsamen, gemahlen

30 g (2 EL) feines Meersalz

20 g (3 EL) frisch gemahlener schwarzer Pfeffer

15 g (1 EL) Zucker

5 g (2 TL) geräuchertes Paprikapulver (Pimentón de la Vera) oder Cayennepfeffer

Sämtliche Zutaten in ein Glas mit Deckel geben und kräftig schütteln, damit sich alles gut vermischt. Bis zur Verwendung dunkel und trocken lagern. Zur Herstellung von Salsiccia 25 g der Würzmischung mit 450 g Schweinehack mischen. Das Wurstbrät sofort anbraten oder in einem luftdichten Behälter im Kühlschrank maximal 1–2 Tage lagern.

FRÜHLINGSZWIEBEL-PIZZA

Der Frühling kann uns nie schnell genug kommen, und viele unserer Stammgäste und Angestellten bei Ken's Artisan Pizza feiern regelrecht die Ankunft der wärmeren, sonnigeren Tage, und zwar am liebsten mit dieser Pizza – einer der ersten Boten des Frühjahrs.

Ich habe Sheldon Marcuvitz, Miteigentümer von Your Kitchen Garden (einer wunderbaren örtlichen Gärtnerei in Canby, Oregon, in der man Gemüse speziell für Restaurants anbaut), gebeten, zu beschreiben, was eine Frühlingszwiebel genau ist.

»Sie unterscheidet sich von Lauch und Schnittlauch, die keine Knollen bilden«, erklärt er. »Frühlingszwiebeln können bis zu einem gewissen Grad Knollen bilden, von leichten Schwellungen bis hin zu ausgewachsenen Zwiebeln, solange die Stängel noch grün sind. Die Frühlingszwiebeln ohne Knolle sind in der Regel sehr kräftig und schmecken sehr frisch und herb, wie wir finden, nicht so süßlich wie normale Zwiebeln. Der Geschmack entwickelt sich, je weiter die Knolle heranwächst: Der Wassergehalt sinkt, Zucker wird produziert. Ich würde sagen, die beste Jahreszeit für dieses Gemüse sind April und Mai bis in den Juni und Juli hinein.«

Frühlingszwiebeln kauft man am besten auf dem Bauernmarkt, wo man sie erntefrisch bekommt. Die von uns verwendeten Frühlingszwiebeln werden mitsamt ihrer noch erdigen Wurzeln geliefert. Ich finde das toll!

Hier handelt es sich um eine weiße Pizza ohne Tomatensauce, und zum Schluss, wenn die Pizza dampfend aus dem Ofen kommt, werfen wir noch einige hauchdünne Scheiben Schinken darauf. Wer es lieber fleischlos mag: Sie ist auch ohne Schinken eine Köstlichkeit. Allerdings sollte man in dem Fall für etwas Schärfe sorgen und Chilis darübergeben. Schinken und scharfer Chili hingegen sind keine gute Kombi. Die Frühlingszwiebel-Pizza mit Schinken ist bei unseren Angestellten in der Pizzeria die beliebteste.

ERGIBT eine Pizza à 30 cm Ø

1 Kugel Teig

3 Frühlingszwiebeln

Olivenöl Nativ Extra

feines Meersalz

90 g frischer Vollmilch-Mozzarella (Fior di Latte), in kleine Würfel oder feine Streifen geschnitten

15 g Grana Padano, mit dem Sparschäler gehobelt

55 g Schinken (6 feine Scheiben, optional)

1 Ist der Teig gekühlt, diesen 1–1 ½ Stunden vor der Weiterverarbeitung aus dem Kühlschrank holen. Den Pizzastahl oder -stein auf oberer Schiene in den Backofen schieben, maximal 20 cm unter dem Grill. 45 Minuten lang auf 290 °C vorheizen.

2 Die Frühlingszwiebeln halbieren, an der Stelle, an der der helle in den dunkleren grünen Teil übergeht, angetrocknete Enden abschneiden. Den grünen Teil in feine Scheibchen schneiden und beiseitelegen. Den weißen Teil der Länge nach in vier bis sechs Streifen schneiden. Diese mit Olivenöl benetzen, mit etwas Meersalz bestreuen und in einer Pfanne bei mittlerer Temperatur rösten, bis sie etwas weich werden, etwa 4–5 Minuten (alternativ im vorheizenden Backofen in einem ofenfesten Gefäß anrösten). Aus der heißen Pfanne in eine Schale umfüllen, mit den fein geschnittenen grünen Teilen vermengen und beiseitestellen.

3 Die Arbeitsfläche leicht mit Mehl bestauben. Die Pizzaschaufel bereitlegen und ebenfalls leicht bemehlen. Den Käse, die Frühlingszwiebeln und den Schinken (falls gewünscht) bereithalten. 10 Minuten vor Einschieben der Pizza die Grillfunktion zuschalten.

4 Zum Formen der Pizza die Teigkugel auf die bemehlte Arbeitsfläche geben und wenden, um beide Seiten leicht zu bemehlen. Mithilfe einer der beiden Ausziehtechniken (neapolitanisch oder New-York-Style, siehe Seiten 98–101) formen. Den Teigfladen auf die Pizzaschaufel legen. Mit dem Handballen einmal am Rand entlangdrücken, damit sich der Teig entspannt, dabei Falten glätten.

5 Die Pizza gleichmäßig mit dem Mozzarella belegen und mit dem geschabten Grana Padano bestreuen. Mit den Frühlingszwiebeln belegen und streifenweise Olivenöl über die Pizza träufeln.

6 Die Grillfunktion abstellen, dann die Pizza vorsichtig auf den Pizzastahl oder -stein schieben. Den Backofen schließen und bei 290 °C 5 Minuten backen, bis der Rand goldbraun wird. Die Grillfunktion wieder zuschalten und die Pizza fertig backen, bis der Käse geschmolzen und die Kruste goldbraun mit dunkleren bis schwarzen Stellen ist, etwa 2 Minuten (nach 1 Minute zur Sicherheit prüfen). Mithilfe einer Küchenzange oder einer Gabel die Pizza auf einen großen Teller legen. Sofort mit den Schinkenscheiben belegen, in Stücke schneiden und servieren.

FLATBREAD MIT BASILIKUM-PESTO UND BURRATA

Neben der Tarte Flambée (Seite 217) bietet die Speisekarte der Trifecta Tavern verschiedene Flatbread-Alternativen an, belegt mit saisonal wechselnden Zutaten und Pestos (die nicht immer aus Basilikum bestehen). Bei uns in Oregon ersetzen wir die traditionell verwendeten Pinienkerne gern durch Haselnüsse.

Die Trifecta-Flatbreads haben eine ultradünne Kruste, eher ein Snack für zwischendurch als eine vollwertige Mahlzeit. In der Regel teilen sich unsere Gäste zusammen einen Teller. Für das Ausrollen des Teiges verwenden wir hier ein Nudelholz, gebacken wird das Fladenbrot im römischen Stil (siehe Seite 102). Im Restaurant backen wir die Flatbreads in unserem Mugnaini-Holzofen bei ungefähr 430 °C (es klappt aber auch prima im herkömmlichen Backofen bei 290 °C).

Am besten wendet man bei diesem Flatbread die Parbake-Technik an, weil sich das Pesto auf einem leicht angebackenen Teig leichter verstreichen lässt als auf rohem. Wir verwenden dazu den Rücken eines großen Löffels. Außerdem verhindert diese Technik, dass das Pesto zu trocken wird. Aus demselben Grund wird dieses Flatbread, genauso wie das Brennnesselpesto-Flatbread auf Seite 223, kürzer gebacken als andere Flatbreads, die Kruste ist deshalb etwas weicher, ganz zart und biegsam mit hübschen Luftblasen durch das Vorbacken.

Bei Burrata handelt es sich um einen Frischmilch-Mozzarella, hergestellt im Filata-Verfahren, mit einem Kern aus Sahne und Mozzarellafäden. Er ist wie herkömmlicher Mozzarella zu einer Kugel geformt, aber im Vergleich dazu sehr feucht. Man verwendet ihn frisch bei Raumtemperatur (ungebacken) und belegt die Pizza damit erst nach dem Backen. Trotz seiner kurzen Haltbarkeit ist ein guter Burrata unvergesslich, besonders der vom Wasserbüffel. In manchen Käseläden erhält man wöchentlich frisch aus Italien importierten Burrata. Die Gioia Cheese Company in Kalifornien stellt einen ganz anständigen amerikanischen Burrata her, aber er ist nicht mit der italienischen Variante zu vergleichen. Wenn Sie keinen Burrata finden, verwenden Sie einen sehr frischen Mozzarella. Ein guter Ersatz ist auch frischer, weicher Ziegenkäse.

Stellen Sie das Pesto her, während der Ofen vorheizt. Das Rezept ergibt mehr als die für ein Flatbread benötigte Menge, deshalb mein Rat: Backen Sie zusätzlich zwei Roman-Style-Flatbreads ohne Belag, bevor Sie das Pesto-Flatbread vorbacken. Sie brauchen je etwa 2 Minuten auf dem Pizzastein oder -stahl bei 290 °C. Sie bilden große Luftblasen wie Pitabrot und eignen sich gut, um das restliche Pesto einfach damit aufzustippen. Guten Appetit!

ERGIBT ein Flatbread à 30 cm Ø

1 Kugel Teig (150 g)

60 g Pesto (siehe Seite 216)

1 Kugel Burrata

einige schwarze Pfefferkörner, leicht zerstoßen

FORTSETZUNG NÄCHSTE SEITE

FLATBREAD MIT BASILIKUMPESTO UND BURRATA, FORTSETZUNG

1 Ist der Teig gekühlt, diesen etwa 1–1 ½ Stunden vor der Weiterverarbeitung aus dem Kühlschrank holen. Den Pizzastein oder -stahl auf oberer Schiene in den Backofen schieben, maximal 20 cm unterhalb des Grills. Den Ofen 45 Minuten lang auf 290 °C vorheizen. 10 Minuten vor Einschieben des Flatbreads die Grillfunktion zuschalten.

2 Die Arbeitsfläche leicht mit Mehl bestauben. Die Pizzaschaufel bereitlegen und ebenfalls leicht bemehlen. Das Pesto und die Burrata bereitstellen.

3 Zum Formen des Flatbreads die Teigkugel auf die Arbeitsfläche legen und einmal wenden, damit beide Seiten leicht bemehlt sind. Mithilfe der Roman-Style-Methode (Seite 102) den Teig mit dem Nudelholz auswellen. Den Teigfladen auf die Pizzaschaufel legen. Mit dem Handballen einmal am Rand entlangdrücken, damit der Teig sich entspannt, dabei Falten glätten.

4 Zum Vorbacken des Flatbreads die Grillfunktion ausschalten, dann den Teigfladen vorsichtig auf den Pizzastein oder -stahl legen. Den Backofen schließen und bei 290 °C knapp 45 Sekunden lang backen, bis der Teig fest zu werden beginnt (und Blasen wirft!), dann wieder herausnehmen. Die leichte Kruste zaubert mir jedes Mal ein Lächeln ins Gesicht.

5 Mit einem Löffel fünf bis sechs Kleckse Pesto auf den vorgebackenen Teig geben und gleichmäßig verstreichen, bis etwa 1 ½ cm zum Rand hin.

6 Das Flatbread wieder auf den Pizzastein oder -stahl legen und 3–4 Minuten backen, bis der Rand goldbraun ist. Die Grillfunktion zuschalten und das Flatbread in etwa 30 Sekunden fertig backen, bis die Kruste goldbraun mit dunkleren Stellen ist. Mithilfe einer Küchenzange oder Gabel auf einen großen Teller legen. Sofort mit den von Hand gezupften Burrata-Stückchen belegen. Ich mag es, wenn man abwechselnd in Bereiche mit und ohne Käse beißt, deshalb muss nicht der komplette Fladen bedeckt sein. Die Hitze des Flatbreads bringt die Unterseite des Käses zum Schmelzen. Mit frisch zerstoßenem schwarzem Pfeffer bestreuen, in Stücke schneiden und servieren.

PESTO

ERGIBT 245 g Pesto

115 g frische Basilikumblätter

25 g ungeröstete Haselnusskerne

1–2 Knoblauchzehen

½ TL grob gemahlener schwarzer Pfeffer

45 g Grana Padano, Parmigiano Reggiano oder Pecorino Romano, gerieben

1 Prise feines Meersalz

100 g Olivenöl Nativ Extra

Die Basilikumblätter zusammen mit den Haselnusskernen, dem Knoblauch, dem Pfeffer, dem Käse und dem Salz in einen Mixer geben. Das Olivenöl nach und nach zugeben und mixen, bis sich alles verbindet. Bis zur Verwendung beiseitestellen.

TARTE FLAMBÉE

Dieser Klassiker aus dem Elsass hat einen superdünnen, knusprigen Boden und gehört zum Standard auf unserer Speisekarte in der Trifecta Tavern & Bakery hier in Portland. Wir backen unseren Flammkuchen im Holzofen, aber auch im herkömmlichen Backofen erhält man bei Verwendung eines Pizzasteins ein wunderbares Ergebnis. Verwenden Sie die Roman-Style-Methode mit Nudelholz zum Ausrollen des Teigs (siehe Seite 102). Als Belag verwenden wir hier Fromage blanc (frischer Weichkäse aus Schafsmilch), gedünstete Zwiebeln und geräucherten Bauchspeck. Die sehr dünne Kruste ist ultraleicht und kross. Dieser Flammkuchen ist ein wunderbar einfaches Gericht, das mein Herz im Sturm erobert hat. Ich hoffe, dass es auch Ihr Herz gewinnt!

Statt Bauchspeck kann man auch fein geschnittenen Bacon verwenden. Wer es allerdings richtig machen will, wetzt sein großes Küchenmesser, schnappt sich ein Stück gepökelten Schweinebauch und schneidet ihn klein. Auch Guanciale (luftgetrocknete Schweinebacke) ist eine köstliche Alternative. Rich Meyer, unser Chefkoch im Trifecta, rührt den Fromage blanc mit etwas Sahne an, so lässt er sich besser verteilen. Aus demselben Grund backen wir den Teig zunächst vor, ehe wir den Käse daraufklecksen und ihn mit dem Löffelrücken verstreichen. Dann belegen wir ihn mit Zwiebeln und Speck und schieben den Flammkuchen zum Fertigbacken in den Ofen. Bitte achten Sie darauf, die Vorbackzeit von 45 Sekunden nicht zu überschreiten, da sich sonst in der Mitte eine riesengroße Luftblase unter der Kruste bilden kann und wir am Ende eher ein Pitabrot erhalten.

Den Flammkuchen serviert man am besten mit einem kühlen Pils oder, noch besser, einem Glas eiskaltem Riesling aus dem Elsass.

ERGIBT einen Flammkuchen à 30 cm Ø

1 Kugel Teig (150 g)

90 g Fromage blanc (lässt sich notfalls durch griechischen Joghurt, eventuell vermischt mit etwas Quark, ersetzen)

30 g (2 EL) Schlagsahne

½ mittelgroße gelbe Zwiebel, fein geschnitten

¼ TL feines Meersalz

35 g Schweinebauch, Bacon, Guanciale oder Pancetta, fein geschnitten

1–2 Stängel glatte Petersilie, fein geschnitten

frisch gemahlener schwarzer Pfeffer (optional)

1 Ist der Teig gekühlt, diesen etwa 1–1 ½ Stunden vor der Weiterverarbeitung aus dem Kühlschrank nehmen. Den Pizzastein oder -stahl auf oberer Schiene in den Backofen schieben, maximal 20 cm unter dem Grill. Den Ofen 45 Minuten lang auf 290 °C vorheizen.

FORTSETZUNG NÄCHSTE SEITE

TARTE FLAMBÉE, FORTSETZUNG

2 Den Käse, die Zwiebeln und den Speck bereitlegen. In einer Schüssel den Fromage blanc mit der Sahne glatt rühren, am besten mit einer Gabel. Die Zwiebeln in eine trockene Pfanne oder einen Stieltopf schichten und mit dem Meersalz bestreuen. Bei geschlossenem Deckel bei niedriger Temperatur anrösten, die Pfanne gelegentlich schwenken. Die Zwiebeln sollen weich und glasig sein, das dauert etwa 12–15 Minuten. In einer weiteren Pfanne den Speck bei mittlerer Temperatur braten, bis er halb durch ist, etwa 5 Minuten. Das Fett sollte durchsichtig sein. Der Speck wird erst im Ofen knusprig gebacken. 10 Minuten vor Einschieben des Flammkuchens die Grillfunktion zuschalten.

3 Die Arbeitsfläche leicht mit Mehl bestauben. Die Pizzaschaufel bereitlegen und ebenfalls leicht bemehlen. Den Käse, die Zwiebeln, den Speck und die fein geschnittene Petersilie bereithalten.

4 Zum Formen des Flammkuchens die Teigkugel auf die bemehlte Arbeitsfläche legen und wenden, damit beide Seiten leicht bemehlt sind. Mithilfe der Roman-Style-Methode (siehe Seite 102) den Teig mit dem Nudelholz auswellen. Den Teigfladen auf die Pizzaschaufel legen. Mit dem Handballen am Rand entlangdrücken, damit der Teig sich entspannt, dabei Falten glätten.

5 Zum Vorbacken des Teigs die Grillfunktion abstellen, dann den Fladen vorsichtig auf den Pizzastein oder -stahl schieben. Den Backofen schließen und bei 290 °C etwa 45 Sekunden backen, bis der Teig sich festigt (und Blasen wirft!). Wieder aus dem Ofen holen.

6 Den angerührten Fromage blanc auf den Teig klecksen und mit dem Löffelrücken verstreichen. Erst die leicht angerösteten Zwiebeln und dann den Speck auf dem Käse verteilen, mit frisch gemahlenem schwarzem Pfeffer würzen.

7 Den Flammkuchen wieder auf den Pizzastahl oder -stein geben und 5 Minuten backen, bis der Rand goldbraun wird. Die Grillfunktion zuschalten und den Flammkuchen fertig backen, bis der Käse schmilzt und Blasen wirft und die Kruste goldbraun mit dunkleren bis schwarzen Stellen ist, etwa 2 Minuten (nach 1 Minute zur Sicherheit prüfen). Mithilfe einer Küchenzange oder einer Gabel den Flammkuchen auf einen großen Teller legen. Mit der gehackten Petersilie bestreuen und als Ganzes oder in Stücke geschnitten servieren.

FLATBREAD MIT BRENNNESSELPESTO UND MORCHELN

Im Frühjahr wächst die Brennnessel fast überall wild entlang von Waldrändern und Hecken. Für die Trifecta Tavern beziehen wir unsere Brennnesseln von Sammlern, die uns auch mit wilden Pilzen, Straußenfarn und Wildkräutern beliefern. Für die Verarbeitung der Brennnesseln sind Handschuhe unverzichtbar, da ihre feinen, nadelähnlichen Härchen schmerzhaft brennen. Sie kurz in kochendem Wasser zu blanchieren, schafft hier Abhilfe. So wird die Brennnessel zu einer beliebten Frühlingszutat in Suppen, in Pasta (Brennnessel-Gnocchi!) und wie hier als Pesto. Das Kraut hat einen grünen, holzigen und nussigen Charakter. Brennnessel schmeckt insgesamt grasiger als Basilikum, deshalb mischen wir sie mit Walnüssen statt Pinienkernen oder Haselnusskernen.

Brennnesseln und Morcheln reifen in etwa zur gleichen Zeit. Sollten Sie Morcheln auf einem Bauernmarkt ergattern oder sogar selbst welche finden, versuchen Sie sie unbedingt auf diesem Flatbread. Als Ersatz eignen sich auch kurz mit Knoblauch in Butter geschwenkte Pfifferlinge.

Das Rezept erfordert ein klein wenig Vorbereitung, aber der Aufwand ist es allemal wert. Wie die anderen Flatbreads im Trifecta wird dieses nach der römischen Methode hergestellt, indem man die Teigkugel mit dem Nudelholz sehr dünn ausrollt. Wer keine Brennnesseln findet, versucht es mit einem köstlichen Basilikumpesto.

Bereiten Sie das Pesto zu und putzen Sie die Pilze, während der Backofen vorheizt. Das Pestorezept ergibt mehr als die für ein einzelnes Flatbread benötigte Menge, deshalb mein Vorschlag: Backen Sie zwei zusätzliche Flatbreads ohne Belag, bevor Sie das belegte Flatbread vorbacken. Jedes braucht etwa 2 Minuten auf dem Pizzastein oder -stahl bei 290 °C. Die Fladen gehen auf wie Pitabrot und eignen sich hervorragend zum Stippen für das übrige Pesto. (Abgesehen davon kann man das Pesto auch auf Toast oder Bruschetta genießen.)

ERGIBT ein Flatbread à 30 cm Ø

1 Kugel Teig (150 g)

60 g Brennnesselpesto (siehe Seite 222)

gebratene Morcheln (siehe Seite 222)

ca. 1 EL aromatisches Olivenöl

1 Ist der Teig gekühlt, diesen 1–1 ½ Stunden vor der Weiterverarbeitung aus dem Kühlschrank holen. Den Pizzastein oder -stahl auf oberer Schiene in den Backofen schieben, maximal 20 cm unterhalb des Grills. Den Ofen 45 Minuten lang auf 290 °C vorheizen. Etwa 10 Minuten vor dem Einschieben des Flatbreads die Grillfunktion zuschalten.

2 Die Arbeitsfläche leicht mit Mehl bestauben. Die Pizzaschaufel bereitlegen und ebenfalls leicht bemehlen. Das vorbereitete Pesto und die Pilze bereitstellen.

3 Zum Formen des Flatbreads die Teigkugel auf die bemehlte Arbeitsfläche legen und wenden, damit beide Seiten leicht bemehlt sind. Mithilfe der Roman-Style-Methode den Teig mit einem Nudelholz auswellen (siehe Seite 102). Den Teigfladen auf die Pizzaschaufel legen. Mit dem Handballen am Rand entlangdrücken, damit der Teig sich entspannt, dabei Falten glätten.

4 Zum Vorbacken des Teigs die Grillfunktion ausschalten, dann das Flatbread vorsichtig auf den Pizzastahl oder -stein legen. Den Backofen schließen und das Flatbread bei 290 °C etwa 45 Sekunden backen, bis der Teig leicht fest wird (und Blasen wirft!). Wieder aus dem Ofen holen.

5 Mit einem Löffel fünf bis sechs Kleckse von dem Pesto auf den vorgebackenen Fladen geben und gleichmäßig bis etwa 1 ½ cm zum Rand hin verstreichen. Mit den vorbereiteten Pilzen belegen.

6 Das Flatbread auf dem Pizzastein oder -stahl backen, bis der Rand goldbraun mit bräunlichen Sprenkeln ist, etwa 3–4 Minuten. Nun wieder die Grillfunktion zuschalten und das Flatbread in etwa 30 Sekunden fertig backen, bis die Kruste goldbraun mit dunkleren Stellen ist. Mithilfe einer Küchenzange oder einer Gabel die Pizza auf einen großen Teller legen. Mit aromatischem Olivenöl beträufeln, in Stücke schneiden und servieren.

FORTSETZUNG NÄCHSTE SEITE

FLATBREAD MIT BRENNNESSELPESTO UND MORCHELN, FORTSETZUNG

BRENNNESSELPESTO

ERGIBT 245 g Pesto

225 g frische Brennnesseln inklusive Stängel

90 g glatte Petersilie, Blätter und junge Stiele

30 g ungeröstete Walnusskerne

1–2 Knoblauchzehen

1 g (½ TL) frisch gemahlener schwarzer Pfeffer

45 g Grana Padano, Parmigiano Reggiano oder Pecorino Romano, gerieben

1 Prise feines Meersalz

120 g Olivenöl Nativ Extra

1 Zum Blanchieren der Brennnesseln einen großen Topf Wasser zum Kochen bringen. Die Brennnesseln inklusive ihrer Stängel mithilfe einer Küchenzange in das Wasser eintauchen und 15 Sekunden blanchieren, dann in Eiswasser abschrecken (bevorzugt) oder in einem Sieb unter kaltem Wasser mehrere Minuten abbrausen. Abtropfen lassen, die Blätter von den Stängeln zupfen, überschüssiges Wasser herausdrücken (sie können jetzt gefahrlos mit bloßer Hand angefasst werden) und auf einem Küchentuch ausbreiten.

2 Die Brennnesselblätter in einer Schüssel mit der Petersilie, den Walnusskernen, dem Knoblauch, dem Pfeffer, dem Käse und dem Salz zunächst von Hand vermengen. Dann im Mixer pürieren und dabei nach und nach das Öl einfließen lassen, bis sich alles zu einer glatten Paste verbindet.

GEBRATENE MORCHELN

ERGIBT Menge für 1 Flatbread

90 g frische Morcheln

15 g (1 EL) Olivenöl

2 Knoblauchzehen, gehackt

feines Meersalz

1 Die Pilze putzen und gründlich waschen, dann abtropfen lassen. Die Morcheln je nach Größe der Länge nach halbieren oder vierteln, zusammen mit dem Knoblauch in Olivenöl schwenken und mit dem Meersalz würzen.

2 Die Morcheln in eine ofenfeste Schale oder Pfanne geben und im für das Flatbread vorgeheizten Backofen 4–5 Minuten rösten.

DIE SCHNEE-EULE

Sellerie und Mairübchen? Klingt doch irre. Sieht aber cool aus. Und schmeckt verdammt lecker. Ich bin immer auf der Jagd nach neuen Kombinationen von Wintergemüsen, die gut auf Pizza funktionieren. Eines Abends tischte ich den Angestellten der Trifecta Tavern diese Pizza zusammen mit einigen traditionelleren Varianten auf, und was soll ich sagen, sie war ratzfatz weggeputzt. Eine Schicht geriebener Mozzarella unter geriebenem Sellerie und Scheibchen von Mairüben (Navetten) macht diese Pizza so wunderbar saftig und gleicht das erdige Aroma des Knollengemüses aus. Die »Schnee-Eule« ist sehr intensiv im Geschmack, und die optische Zusammensetzung des Belags – Weiß auf Weiß auf Weiß – ist einfach genial. Chiliflocken verleihen dem Ganzen ein wenig Pep. Auch kleine Stückchen kalabrischer oder anderer Chilis würden sich gut darauf machen und sind eine farbintensivere Alternative zu den Chiliflocken.

ERGIBT eine Pizza à 30 cm Ø

1 Kugel Teig

125 g (ca. ⅓) Sellerieknolle

Olivenöl Nativ Extra

Meersalz

Chiliflocken

2 Mairüben (Navetten, ca. 5 cm Ø)

90 g feuchtigkeitsarmer Mozzarella

1 Ist der Teig gekühlt, diesen 1–1 ½ Stunden vor der Weiterverarbeitung aus dem Kühlschrank nehmen. Den Pizzastahl oder -stein auf oberer Schiene in den Backofen schieben, maximal 20 cm unter dem Grill. Den Ofen 45 Minuten lang auf 290 °C vorheizen.

2 Den Sellerie, die Mairübchen und den Käse vorbereiten. Die Unterseite der Sellerieknolle abschneiden und mit dem Anschnitt nach unten auf ein Schneidbrett legen. Mit einem scharfen Messer von oben nach unten etwa 3 mm von der äußeren Schicht abschälen. Mit einer groben Reibe 125 g reiben (etwa ⅓ einer ganzen Knolle). (Wenn Sie den Rest gleich mitreiben und mit verquirltem Ei, Salz und ein wenig geriebener Muskatnuss vermischen, ergibt das einen wunderbar herzhaften Eierkuchen.) Den geriebenen Sellerie in eine mittelgroße Schüssel geben und mit dem Olivenöl, etwas Salz und Chiliflocken vermengen. (1 EL Chiliflocken ergibt ein recht scharfes Aroma, aber so liebe ich es.) Die Mairübchen in sehr feine Scheiben schneiden (15–20 Stück reichen für eine Pizza als Belag) und diese ebenfalls mit etwas Olivenöl benetzen. Den Mozzarella grob reiben.

FORTSETZUNG NÄCHSTE SEITE

DIE SCHNEE-EULE, FORTSETZUNG

3 Die Arbeitsfläche leicht mit Mehl bestauben. Die Pizzaschaufel bereitlegen und ebenfalls leicht bemehlen. Den Sellerie, die Mairübchen und den Käse bereitstellen. 10 Minuten vor Einschieben der Pizza die Grillfunktion zuschalten.

4 Zum Formen der Pizza die Teigkugel auf die bemehlte Arbeitsfläche geben und wenden, damit beide Seiten leicht bemehlt sind. Mithilfe einer der beiden Ausziehmethoden (neapolitanisch oder New-York-Style, siehe Seiten 98–101) formen. Den Teigfladen auf die Pizzaschaufel legen. Mit dem Handballen am Rand entlangdrücken, damit der Teig sich entspannt, dabei Falten glätten.

5 Den Teig mit etwas Olivenöl beträufeln, dann den geriebenen Mozzarella darüberstreuen. Den geriebenen Sellerie gleichmäßig darauf verteilen und mit den Mairübchen belegen (ähnlich wie bei Salamischeiben).

6 Die Grillfunktion ausschalten, dann die Pizza vorsichtig auf den Pizzastein oder -stahl legen. Den Backofen schließen und die Pizza bei 290 °C Backfunktion 5 Minuten backen, bis der Rand goldbraun ist. Erneut die Grillfunktion zuschalten und die Pizza fertig backen, bis der Käse geschmolzen ist, der Sellerie sowie die Mairübchen an den Rändern leicht gebräunt sind und die Kruste goldbraun mit einigen dunkleren Stellen ist, etwa 2 Minuten (nach 1 Minute zur Sicherheit prüfen). Mithilfe einer Küchenzange oder einer Gabel die Pizza auf einen großen Teller legen. In Stücke zerteilen und servieren.

PIZZA MIT ENDIVIE

Meine erste Endivien-Pizza hatte ich im Pepe in Grani. Franco Pepe hat sie gefaltet serviert, sodass die Endivie durch die Hitze leicht angewelkt war. Die Endivie gehört zu den Chicoreegewächsen und ist erstaunlich zart für einen Salat mit leicht bitterer Note. Im Willamette Valley in Oregon wird die Endivie zwischen Juni und November geerntet. Man findet sie eher auf dem Bauernmarkt als im herkömmlichen Supermarkt. Der heiße Käse auf der Pizza macht den Salat schön weich, beim Essen hat er aber trotzdem noch genügend Biss. Knoblauch, Zitrone, luftgetrockneter Schinken und selbst Trockenfrüchte wie Kirschen oder Rosinen machen sich wunderbar als Begleitung dazu. Auf diese Pizza kommt eine dünne Schicht Tomatensauce, bedeckt mit mundgerechten, leicht in Olivenöl geschwenkten Endivienstücken. Einige Spritzer frische Zitrone darüberträufeln und mit feinen Scheibchen frischem Knoblauch belegen, dann geriebenen Provolone und Scheiben von frischem Mozzarella daraufgeben und zu guter Letzt mit frisch gemahlenem schwarzem Pfeffer würzen, fertig. Die Endivienstückchen, die nicht bedeckt und somit der direkten Hitze ausgesetzt sind, werden beim Backen wunderbar kross. Endivie passt auch sehr gut zu einer weißen Pizza. Versuchen Sie mal Folgendes: Geben Sie Knoblauch über die Endivie, dann krosse Speckwürfel, dann Käse und zum Schluss getrocknete Kirschen oder Rosinen, die Sie zuvor in Flüssigkeit eingelegt haben (ich verwende dazu Earl-Grey-Tee), damit sie schön saftig werden. Einfach herrlich!

Versuchen Sie diese Pizza mit einem mineralischen Weißwein, wie einem Falanghina aus Kampanien oder jedem anderen Weißwein aus dem Friaul. Ein Grauburgunder harmoniert ebenfalls sehr gut damit.

ERGIBT eine Pizza à 30 cm Ø

1 Kugel Teig
3–4 Endivienblätter
Olivenöl Nativ Extra
60 g Provolone
60 g frischer Mozzarella
2–3 Knoblauchzehen
etwas Mehl für die Arbeitsfläche
60 g Tomatensauce
⅛ Zitrone
frisch gemahlener schwarzer Pfeffer

1 Ist der Teig gekühlt, diesen 1–1 ½ Stunden vor der Weiterverarbeitung aus dem Kühlschrank nehmen. Den Pizzastahl oder -stein auf oberer Schiene in den Backofen schieben, mit maximal 20 cm Abstand zum Grill. Den Ofen 45 Minuten lang auf 290 °C vorheizen.

2 Die Endivienblätter waschen und trockentupfen, dann in mundgerechte Stücke schneiden oder zupfen und in etwas Olivenöl schwenken. Den Provolone grob reiben und den Mozzarella in vier bis fünf Scheiben schneiden. Den Knoblauch in feine Scheibchen schneiden und leicht mit Olivenöl bedecken.

FORTSETZUNG NÄCHSTE SEITE

PIZZA MIT ENDIVIE, FORTSETZUNG

3 Die Arbeitsfläche leicht mit Mehl bestauben. Die Pizzaschaufel bereitlegen und ebenfalls leicht bemehlen. Die Tomatensauce, die Endivienstückchen, die beiden Käsesorten, die Knoblauchscheibchen, die Zitrone und den schwarzen Pfeffer sowie einen großen Löffel oder Spatel für die Sauce bereithalten. 10 Minuten vor Einschieben der Pizza die Grillfunktion des Backofens zuschalten.

4 Zum Formen der Pizza die Teigkugel auf die bemehlte Arbeitsfläche legen und wenden, damit beide Seiten leicht mit Mehl bedeckt sind. Mithilfe einer der beiden Ausziehtechniken (neapolitanisch oder New-York-Style, siehe Seiten 98–101) formen. Den Teigfladen auf die Pizzaschaufel legen. Mit dem Handballen einmal am Rand entlangdrücken, damit der Teig sich entspannt, dabei Falten glätten.

5 Die Pizza mit einer dünnen Schicht Tomatensauce bestreichen. Die Endivienstücke darauf verteilen und mit etwas Zitronensaft beträufeln. Mit dem geriebenen Provolone und den Knoblauchscheiben bestreuen. Zum Schluss die Mozzarellascheiben daraufgeben und mit frisch gemahlenem schwarzem Pfeffer würzen.

6 Den Grill ausschalten und die Pizza vorsichtig auf den Pizzastein oder -stahl legen. Den Backofen schließen und die Pizza bei 290 °C 5 Minuten backen, bis der Rand goldbraun wird. Die Grillfunktion erneut zuschalten und die Pizza fertig backen, bis der Käse leicht geschmolzen und der Rand goldbraun mit einigen dunkleren bis schwarzen Stellen ist, etwa 2 Minuten (nach 1 Minute zur Sicherheit prüfen). Mithilfe einer Küchenzange oder Gabel die Pizza auf einen großen Teller legen. Als Ganzes oder in Stücke geschnitten servieren.

VARIANTE Zum Falten der Pizza diese auf ein großes Schneidbrett legen. Die Faltlinie mit einem langen Küchenmesser oder einem Wiegemesser markieren, aber nicht durchschneiden. Die Pizza entlang dieser Linie zu einem Halbmond falten. Die gefaltete Pizza in zwei Hälften teilen, senkrecht zur Faltlinie, und noch heiß servieren.

PIZZA MIT DELICATA-KÜRBIS

Was ich an diesem köstlichen Kürbis mit dem passenden Namen besonders mag, ist seine Optik. Und das Tollste ist, man kann die Schale anders als bei vielen anderen Winterkürbissen im gegarten Zustand mitessen. Waschen Sie den Kürbis, zerteilen Sie ihn in zwei Hälften, schaben Sie mit einem Löffel die Kerne heraus und rösten oder braten Sie ihn. Der Delicata-Kürbis ist schnell gar, sodass diese Pizza fix auf dem Tisch ist. Und bis zur Verarbeitung ist der Kürbis ein hübscher Blickfang in Ihrer Küche! Der Delicata ist eines der Gemüse, auf die ich mich im Herbst und Winter am meisten freue.

Ich bereite die Pizza gern im römischen Stil zu, superdünn, mit knuspriger Kruste: einfach delikat. Der Schlüssel zum perfekten Ergebnis ist wie immer eine gewisse Harmonie: Den Kürbis sollte man nicht unter Bergen von Käse und Sauce vergraben. Als Krönung dieser Pizza nehmen wir eine Handvoll Basilikumblätter zur Hand und schneiden mit der Schere kleine Stückchen davon über die Pizza. Die Blättchen dann von Hand gleichmäßig verteilen und mit etwas Olivenöl beträufeln. Und nun lassen Sie Ihre Nase vom intensiven Basilikumaroma verwöhnen. Einfach traumhaft!

ERGIBT eine Pizza mit dünnem Boden à 30 cm Ø

1 Kugel Teig (150 g)

1 Delicata-Kürbis

Olivenöl Nativ Extra

100 g Tomatensauce

40 g Fontina-Käse, gerieben

80 g frischer Mozzarella, in Scheiben geschnitten

Meersalz

Chiliflocken

8–10 frische Basilikumblätter

1 Ist der Teig gekühlt, diesen 1–1 ½ Stunden vor Verwendung aus dem Kühlschrank nehmen. Den Pizzastein oder -stahl auf oberer Schiene in den Backofen schieben (maximal 20 cm unter dem Grill). Den Ofen 45 Minuten lang auf 290 °C vorheizen.

2 Zunächst den Kürbis waschen und vorsichtig der Länge nach in zwei Hälften teilen. Mithilfe eines Löffels das Kerngehäuse herausschaben. Die Oberfläche der Kürbishälften von Hand mit etwas Olivenöl einreiben. Mit der Schnittfläche nach unten in eine ofenfeste Form setzen und im vorgeheizten Backofen bei 290 °C 18–20 Minuten rösten bzw. so lange, bis der Kürbis komplett weich ist (ein Schneidmesser sollte mühelos hineingleiten). Aus dem Backofen holen und zum Abkühlen beiseitestellen.

FORTSETZUNG NÄCHSTE SEITE

PIZZA MIT DELICATA-KÜRBIS, FORTSETZUNG

3 Beide Kürbishälften mit der Schnittfläche nach unten auf ein Schneidbrett setzen und in etwa 3 mm dicke Halbmonde schneiden. 140 g Kürbis für den Pizzabelag beiseitelegen, den Rest mit etwas Olivenöl beträufelt als Vorspeise genießen, während die Pizza im Ofen ist.

4 Die Arbeitsfläche leicht mit Mehl bestauben. Die Pizzaschaufel bereitlegen und ebenfalls leicht bemehlen. Die Tomatensauce, den Kürbis, den Käse, das Salz und die Chiliflocken sowie einen großen Löffel oder einen Spatel für die Sauce bereithalten. 10 Minuten vor Einschieben der Pizza die Grillfunktion zuschalten.

5 Zum Formen des Fladens die Kugel auf die bemehlte Arbeitsfläche legen und einmal wenden, damit beide Seiten leicht bemehlt sind. Mithilfe der Roman-Style-Technik (Seite 102) den Teig mit dem Nudelholz auswellen. Die Pizza auf die Pizzaschaufel legen. Mit dem Handballen am Rand entlangdrücken, damit sich der Teig entspannt, dabei Falten glätten.

6 Die Tomatensauce über dem Teig verteilen und mit dem Löffelrücken oder dem Spatel glatt streichen, anschließend den Kürbis gleichmäßig darauf verteilen. Mit dem geriebenen Fontina bestreuen und mit den Mozzarellascheiben belegen. Mit etwas Meersalz und Chiliflocken würzen.

7 Die Grillfunktion ausschalten und die Pizza vorsichtig auf den Pizzastein geben. Den Backofen schließen und die Pizza bei 290 °C 5 Minuten backen, bis der Rand goldbraun ist. Die Grillfunktion erneut zuschalten und die Pizza fertig backen, bis der Käse leicht geschmolzen und die Kruste goldbraun mit dunkleren bis schwarzen Sprenkeln ist, etwa 2 Minuten (nach 1 Minute zur Sicherheit prüfen). Mithilfe einer Küchenzange oder einer Gabel die Pizza auf einen großen Teller legen. Die Basilikumblätter in der Hand bündeln und mit einer Schere großzügig Stückchen über die heiße Pizza schneiden. Mit den Fingern gleichmäßig verteilen, etwas Olivenöl über die Pizza träufeln und als Ganzes oder in Stücke geschnitten servieren.

PIZZA MIT BUTTERNUT-KÜRBIS

Diese Pizza, die wir im Herbst und im Winter auftischen, erinnert mich an den anhaltenden Trommeltakt in Ravels *Bolero:* Sie wird von Bissen zu Bissen besser. Der geröstete Kürbis, die knusprigen Salbeiblätter und der Bacon, bedeckt von einer Schicht aus Pecorino und Mozzarella, ergeben einen wunderbar harmonischen Pizzaklang auf herrlich zartem, aber krossem Boden.

Der Butternut-Kürbis braucht im Backofen bei 205 °C etwa 1 Stunde. Dazu den Kürbis halbieren, das Kerngehäuse entfernen, an der Oberfläche leicht mit Olivenöl einreiben und mit etwas Salz bestreuen. Dann mit der Schnittfläche nach unten in eine ofenfeste Form setzen. Fertig ist er, sobald ein Messer mühelos in das Fruchtfleisch hineingleitet. Sie können ihn bereits 1–2 Tage im Voraus vorbereiten oder während des Vorheizens. Sobald der Kürbis weich und abgekühlt ist, schabt man das Fruchtfleisch mit einem Löffel heraus und schneidet die größeren Teile in etwa walnussgroße Stücke, um sie über der Pizza zu verteilen.

ERGIBT eine Pizza à 30 cm Ø

1 Kugel Teig

115 g roher Bacon, in 3–4 cm lange Stücke geschnitten

4–5 Salbeiblätter

15 g Pecorino Romano

120 g Mozzarella di Bufala oder Fior di Latte, in ca. 8 mm dicke Scheiben geschnitten

Olivenöl Nativ Extra

140 g gerösteter Butternut-Kürbis, in walnussgroße Stücke geschnitten

1 Ist der Teig gekühlt, diesen etwa 1–1 ½ Stunden vor dem Backen aus dem Kühlschrank holen. Den Pizzastahl oder -stein auf der mittleren Schiene in den Backofen schieben und 45 Minuten lang auf 290 °C vorheizen.

2 Die Baconstücke gleichmäßig in einer mittelgroßen Pfanne verteilen und bei mittlerer Temperatur halb durchgaren. Der Bacon wird erst beim Backen auf der Pizza knusprig. Auf einem Stück Küchenrolle abtropfen lassen. Bis auf etwa 2 EL das Bratfett aus der Pfanne entfernen und den Rest bei mittlerer Temperatur erwärmen, bis kleine Bläschen aufsteigen, sobald man ein Salbeiblatt hineinlegt. Die Salbeiblätter knusprig braten, etwa 1 Minute, und auf einem Stück Küchenrolle abtropfen lassen. Den Pecorino mittelfein reiben. Verwendet man Büffelmozzarella, diesen mit einem Stück Küchenrolle trockentupfen.

FORTSETZUNG NÄCHSTE SEITE

PIZZA MIT BUTTERNUT-KÜRBIS, FORTSETZUNG

3 Die Arbeitsfläche leicht mit Mehl bestauben. Die Pizzaschaufel bereitlegen und ebenfalls leicht bemehlen. Die Salbeiblätter zerkrümeln und zusammen mit dem Bacon, dem Käse, dem Olivenöl und dem Kürbis bereitstellen. 10 Minuten vor Einschieben der Pizza die Grillfunktion zuschalten.

4 Den Teig auf die bemehlte Arbeitsfläche legen und einmal wenden, um beide Seiten leicht mit Mehl zu bedecken. Den Teig mithilfe einer der beiden Ausziehtechniken (neapolitanisch oder New-York-Style, Seiten 98–101) formen. Den Teigfladen auf die Pizzaschaufel legen. Mit dem Handballen am Rand entlangdrücken, damit der Teig sich entspannt, dabei Falten glätten.

5 Vor dem Belegen der Pizza vier bis fünf feine Streifen Olivenöl über den Teig träufeln und dann in folgender Reihenfolge mit der Hälfte des Bacons, den Kürbisstücken, den zerkrümelten Salbeiblättern, dem geriebenen Pecorino und dem übrigen Bacon belegen. Der Mozzarella kommt erst nach der Hälfte der Backzeit darauf. Die Grillfunktion ausschalten und den Fladen vorsichtig auf den Pizzastahl oder -stein schieben. Den Backofen schließen und die Pizza bei 290 °C 4 Minuten backen, bis der Rand gerade goldbraun zu werden beginnt. Mithilfe einer Küchenzange die Pizza auf einen großen Teller ziehen.

6 Den Mozzarella gleichmäßig auf der Pizza verteilen. Diese zurück auf den Pizzastahl oder -stein legen und weitere 1–2 Minuten backen. Erneut die Grillfunktion zuschalten und die Pizza fertig backen, bis der Käse geschmolzen und die Kruste goldbraun mit dunkleren bis schwarzen Sprenkeln ist, etwa 2 Minuten (nach 1 Minute zur Sicherheit prüfen). Mithilfe einer Küchenzange oder Gabel die Pizza auf einen großen Teller geben. Als Ganzes oder in Stücke geschnitten servieren.

PIZZA MIT ARTISCHOCKE UND BACON

Wer schon mal eine Zeitlang in Rom oder Venedig oder irgendeiner anderen italienischen Stadt gelebt hat, weiß, dass man dort gerne auf Freiluftmärkten einkauft. Dort erhält man bereits von Hand freigelegte Artischockenböden zu einem relativ günstigen Preis. Man braucht sie nur mit nach Hause zu nehmen und zuzubereiten. Überall sonst auf der Welt bleibt einem nichts anderes übrig, als Artischocken im Ganzen zu kaufen und das Freilegen selbst zu übernehmen. Die Herzen werden in Scheiben geschnitten und kurz in etwas Olivenöl gebraten, bevor man sie auf die Pizza legt. Viele bevorzugen es, Artischockenherzen aus der Dose zu kaufen, und ich muss gestehen, dass ich die eingelegten Herzen tatsächlich selbst ganz gerne verwende. Für welche Variante Sie sich auch entscheiden, die Kombination mit den beiden Käsesorten, der Zitronenzeste und dem Bacon ergibt eine unfassbar leckere Pizza.

ERGIBT eine Pizza à 30 cm Ø

1 Kugel Teig

75 g roher Bacon, in 3–4 cm lange Stücke geschnitten

15 g (1 EL) Olivenöl Nativ Extra

1 Zitrone (ungespritzte Bioqualität)

55 g Provolone, gerieben

4 Artischockenherzen aus der Dose, geviertelt

55 g frischer Ziegenkäse

frisch gemahlener schwarzer Pfeffer

1 Ist der Teig gekühlt, diesen 1–1 ½ Stunden vor der Weiterverarbeitung aus dem Kühlschrank holen. Den Pizzastahl oder -stein auf oberer Schiene in den Backofen schieben, maximal 20 cm unter dem Grill. Den Ofen 45 Minuten lang auf 290 °C vorheizen.

2 Die Baconstücke gleichmäßig in einer Pfanne von 22–25 cm Durchmesser verteilen und auf mittlerer Stufe nicht ganz durchgaren. Der Bacon wird erst auf der Pizza während des Backens kross. Auf Küchenpapier abtropfen lassen.

3 Die Arbeitsfläche leicht mit Mehl bestauben. Die Pizzaschaufel bereitlegen und ebenfalls leicht bemehlen. Das Öl, die Zitrone, den Käse und die Artischockenviertel bereithalten. 10 Minuten vor Einschieben der Pizza die Grillfunktion zuschalten.

4 Zum Formen des Fladens die Teigkugel auf die bemehlte Arbeitsfläche legen und einmal wenden, damit beide Seiten leicht bemehlt sind. Mithilfe einer der Ausziehtechniken (neapolitanisch oder New-York-Style, siehe Seiten 98–101) formen. Den Teigfladen auf die Pizzaschaufel legen. Mit dem Handballen am Rand entlangdrücken, damit sich der Teig entspannt, dabei Falten glätten.

FORTSETZUNG NÄCHSTE SEITE

PIZZA MIT BUTTERNUT-KÜRBIS, FORTSETZUNG

5 Etwas von dem Olivenöl in Streifen über den Teig träufeln. Die Schale von der Hälfte der Zitrone mit dem Zestenreißer möglichst gleichmäßig direkt auf die Pizza schälen. Die andere Hälfte für nach dem Backen aufheben. Erst den geriebenen Provolone, dann die Artischockenviertel, die Baconstücke und den Ziegenkäse in sechs bis acht Klecksen (mithilfe eines Löffels oder der Finger) ebenfalls darauf verteilen. Mit schwarzem Pfeffer abschmecken.

6 Die Grillfunktion ausschalten und den Fladen vorsichtig auf den Pizzastahl oder -stein schieben. Den Backofen schließen und die Pizza bei 290 °C 5 Minuten backen, bis der Rand goldbraun ist. Die Grillfunktion wieder zuschalten und die Pizza fertig backen, bis der Käse geschmolzen und die Kruste goldbraun mit dunkleren bis schwarzen Sprenkeln ist, etwa 2 Minuten (nach 1 Minute zur Sicherheit prüfen). Mithilfe einer Küchenzange oder Gabel die Pizza auf einen großen Teller geben. Das übrige Olivenöl streifenförmig darüberträufeln und die restliche Zitronenzeste darübergeben. Als Ganzes oder in Stücke geschnitten servieren.

PIZZA MIT PFIFFERLINGEN UND KNOBLAUCH

Unmittelbar nach den ersten regenreichen Tagen im Herbst, für gewöhnlich Anfang Oktober, tauchen bei uns im Ken's Artisan Pizza und in der Trifecta Tavern & Bakery die ersten Pilzsammler auf. Sie bringen Pfifferlinge aus den umliegenden Wäldern, die ganz plötzlich aus dem Boden schießen, auch auf den Speisekarten vieler Restaurants in der Stadt. Ich weiß noch gut, wie mein mittlerweile leider verstorbener Freund und zeitweiliger Mentor, Robert Reynolds, seine Mentorin Josephine Araldo zitierte, die gesagt haben soll, Pilze ohne Knoblauch zuzubereiten sei »keinen Hasenfurz wert«. In seiner Fundgrube von einem Buch *An Excuse to be Together* konnte ich diese Weisheit leider nicht finden, aber ich halte eisern daran fest, weil ich mir sicher bin, dass es stimmt, auch wenn es nirgendwo schriftlich fixiert ist. Ich jedenfalls habe meine Lehre daraus gezogen: Pilze bereite ich grundsätzlich mit Knoblauch zu, und bei diesem Rezept verwendete ich Knoblauch sogar in rauen Mengen.

Der kräftige Geschmack des Ziegenkäses bildet die perfekte Grundlage für die fleischigen Pilze und den knackigen Knoblauch. Der Pecorino verleiht dem Ganzen eine herzhaft-salzige Note, und der Thymian ist nicht nur optisch ein Hingucker, sondern auch schön frisch. Zu dieser Pizza gönnt man sich am besten einen guten Schaumwein oder ein frisches Pils, sodass die feinen Aromen lange nachwirken.

ERGIBT eine Pizza à 30 cm Ø

1 Kugel Teig

225 g frische Pfifferlinge, von Hand in feine Streifen zerpflückt

3 Knoblauchzehen, gehackt

50 g Olivenöl Nativ Extra

feines Meersalz

6–8 Zweige Zitronenthymian (oder eine andere Sorte), zur Hälfte ganz, zur Hälfte Blättchen abgezupft

70 g frischer Ziegenkäse

8 g (2 EL) geriebener Pecorino Romano

frisch gemahlener schwarzer Pfeffer

1 Ist der Teig gekühlt, diesen 1–1 ½ Stunden vor der Weiterverarbeitung aus dem Kühlschrank holen. Den Pizzastahl oder -stein auf oberer Schiene in den Backofen schieben, maximal 20 cm unter dem Grill. Den Ofen 45 Minuten lang auf 290 °C vorheizen.

2 Die Pfifferlinge zusammen mit dem Knoblauch in eine Schüssel geben, mit Olivenöl beträufeln und mit der Hand durchmischen. Die Pilze sollten leicht mit Öl benetzt sein. Mit etwas Meersalz abschmecken und abermals durchmischen. Die Pilze und den Knoblauch zusammen mit den ganzen Thymianzweigen in eine Gusseisenpfanne geben und 8–10 Minuten in den vorgeheizten Ofen stellen, nach 5 Minuten nachsehen, da der Ofen sehr heiß ist. Sobald die Pilze gar sind, diese aus dem Ofen holen und beiseitestellen.

3 Die Arbeitsfläche leicht mit Mehl bestauben.

Die Pizzaschaufel bereitlegen und ebenfalls leicht bemehlen. Die vorbereiteten Knoblauch-Pilze, beide Käsesorten, den Pfeffer und den Thymian bereithalten. 10 Minuten vor Einschieben der Pizza die Grillfunktion zuschalten.

4 Zum Formen des Fladens die Teigkugel auf die bemehlte Arbeitsfläche legen und einmal wenden, damit beide Seiten leicht bemehlt sind. Mithilfe einer der Ausziehtechniken (neapolitanisch oder New-York-Style, siehe Seiten 98–101) formen. Den Teigfladen auf die Pizzaschaufel legen. Mit dem Handballen am Rand entlangdrücken, damit sich der Teig entspannt, dabei Falten glätten.

5 Den Pizzateig mit traubengroßen Klecksen vom frischen Ziegenkäse gleichmäßig belegen. Den geriebenen Pecorino darüberstreuen, dann die Pilz-Knoblauch-Mischung darauf verteilen und mit frisch gemahlenem schwarzem Pfeffer abschmecken.

6 Die Grillfunktion ausschalten und den Fladen vorsichtig auf den Pizzastahl oder -stein schieben. Den Backofen schließen und die Pizza bei 290 °C 5 Minuten backen, bis der Rand goldbraun ist. Die Grillfunktion wieder zuschalten und die Pizza fertig backen, bis der Käse geschmolzen und die Kruste goldbraun mit dunkleren bis schwarzen Sprenkeln ist, etwa 2 Minuten (nach 1 Minute zur Sicherheit prüfen). Mithilfe einer Küchenzange oder Gabel die Pizza auf einen großen Teller geben. Als Ganzes oder in Stücke geschnitten mit einigen frischen Thymianblättchen bestreut servieren.

TOMMY-HABETZ-PIZZA

Tommy Habetz ist, zusammen mit seinen Freunden und Geschäftspartnern Nick Wood und Matt Brown, Miteigentümer und Mitbegründer von Bunk Sandwiches und der Bunk Bar in Portland, Oregon. Tommys Karriere begann in New York, wo er als Koch in Bobby Flays Mesa Grill, als Sous-Chef in Mario Btalis Po und als Co-Sous-Chef im Lupa in Greenwich Village arbeitete.

Tommy und ich saßen eines Abends im August bei einem Glas Brunello in meiner Küche und fachsimpelten über Pizza, als wir zusammen dieses herrliche Sommerrezept ersannen, belegt mit marinierten Kirschtomaten, leicht angebratenen süßen Zwiebeln und Soppressata aus der Chop Butchery & Charcuterie in Portland. Als Käse verwenden wir in erster Linie Mozzarella di Bufala, mit einer winzigen Beigabe von frisch geriebenem Pecorino Romano, der das gewisse Etwas liefert und die Pizza raketenmäßig auf einen anderen Planeten befördert. Tommys genialer Beitrag bringt diese Pizza schließlich in die Stratosphäre, das i-Tüpfelchen, das auf vielen Jahren Erfahrung im Zaubern großartiger Gerichte gründet. Ich präsentiere Ihnen hiermit diese Wahnsinnspizza, mit freundlicher Genehmigung meines Freundes Tommy Habetz, nach dem sie benannt ist.

ERGIBT eine Pizza à 30 cm Ø

1 Kugel Teig

12 reife Kirschtomaten

Olivenöl Nativ Extra

ca. ¼ TL Rotweinessig (oder ein anderer geschmacksintensiver Essig)

½ Gemüsezwiebel, in feine Scheiben geschnitten

60 g Soppressata (oder eine vergleichbare Stangensalami), in 12–15 dünne Scheiben geschnitten

115 g frischer Mozzarella di Bufala oder ein anderer Vollmilch-Mozzarella (Fior di Latte), in 1 cm dicke Scheiben geschnitten

7 g Pecorino Romano, gerieben

1 Ist der Teig gekühlt, diesen 1–1 ½ Stunden vor der Weiterverarbeitung aus dem Kühlschrank holen. Den Pizzastahl oder -stein auf oberer Schiene in den Backofen schieben, maximal 20 cm unter dem Grill. Den Ofen 45 Minuten lang auf 290 °C vorheizen.

2 Die Kirschtomaten halbieren und in eine Schüssel geben. 30 g (2 EL) Olivenöl sowie den Essig darübergeben, von Hand durchmischen und beiseitestellen. Die Zwiebeln auf mittlerer Stufe in etwas Öl leicht anschwitzen, sodass sie noch nicht durchsichtig werden. In einem Schälchen beiseitestellen. (Wer mag, kann die Zwiebeln vorab für 10 Minuten in kaltem Wasser einlegen, das lässt ihren Geschmack etwas milder werden.)

FORTSETZUNG NÄCHSTE SEITE

TOMMY-HABETZ-PIZZA, FORTSETZUNG

3 Die Arbeitsfläche leicht mit Mehl bestauben. Die Pizzaschaufel bereitlegen und ebenfalls leicht bemehlen. Die vorbereiteten Tomaten, die Zwiebeln, die Salami und die beiden Käsesorten bereithalten. 10 Minuten vor dem Einschieben der Pizza die Grillfunktion zuschalten.

4 Zum Formen des Fladens die Teigkugel auf die bemehlte Arbeitsfläche legen und einmal wenden, damit beide Seiten leicht bemehlt sind. Mithilfe einer der Ausziehtechniken (neapolitanisch oder New-York-Style, siehe Seiten 98–101) formen. Den Teigfladen auf die Pizzaschaufel legen. Mit dem Handballen am Rand entlangdrücken, damit sich der Teig entspannt, dabei Falten glätten.

5 Etwas Olivenöl über die Pizza träufeln und mit den Kirschtomaten, den Zwiebeln, der Salami und den Mozzarellastücken belegen, in dieser Reihenfolge. Dann den geriebenen Pecorino darüberstreuen.

6 Die Grillfunktion ausschalten und den Fladen vorsichtig auf den Pizzastahl oder -stein schieben. Den Backofen schließen und die Pizza bei 290 °C 5 Minuten backen, bis der Rand goldbraun ist. Die Grillfunktion wieder zuschalten und die Pizza fertig backen, bis der Käse geschmolzen und die Kruste goldbraun mit dunkleren bis schwarzen Sprenkeln ist, etwa 2 Minuten (nach 1 Minute zur Sicherheit prüfen). Mithilfe einer Küchenzange oder Gabel die Pizza auf einen großen Teller geben. In Stücke geschnitten servieren.

PIZZA AUS DER GUSSEISENPFANNE

Diese erstaunlich einfache, kinderleicht zuzubereitende Pizza aus der Gusseisenpfanne gehört zu meinen absoluten Lieblingen – und ist so schlicht, dass sie nach der besten Qualität beim Teig, den Tomaten und dem Olivenöl verlangt. Dick mit Tomatensauce bestrichen und belegt mit getrocknetem Oregano und ein bis zwei Scheiben frischem Mozzarella in der Mitte, wird die Pizza mit einer großzügigen Menge besten Olivenöls beträufelt, sobald sie aus dem Backofen kommt. Die Aromen sind einfach nur verlockend. Ich liebe den Kontrast zwischen dem weißen Zentrum aus geschmolzenem Mozzarella und der roten Sauce. Gerne dürfen Sie die Pizza nach dem Backen zusätzlich nach Herzenslust mit Sardellen belegen.

Bei Verwendung einer Teigkugel von 275 g ist eine Pfanne mit einem Durchmesser von 25 cm ideal. Wer nur eine Pfanne von 22 cm Durchmesser besitzt, verwendet 220 g Teig. Sie wollen mehr als nur eine Pizza zubereiten? In der Regel passen zwei Gusseisenpfannen nebeneinander auf einen Standardpizzastahl oder -stein. Wenn Ihre Gusseisenpfanne schon lange in Verwendung ist, brauchen Sie sie nicht zu fetten, bevor Sie den Teig hineinlegen. Der Boden wird knuspriger, wenn Sie diese Pizza auf einem vorgeheizten Pizzastahl backen statt auf einem gewöhnlichen Ofenblech. Wer keinen Pizzastahl oder -stein besitzt, backt die Pizza auf einem Blech auf unterster Schiene. Nach 10 Minuten Backzeit sollten Sie den Boden mithilfe einer Küchenzange überprüfen.

ERGIBT eine Pizza à 30 cm Ø

1 Kugel Teig (275 g)

115 g Tomatensauce

2 g (1 TL) getrockneter Oregano

50 g frischer Vollmilch-Mozzarella (Fior di Latte) oder Mozzarella di Bufala, in Lake

Olivenöl Nativ Extra

Meersalz

Chiliflocken

1 Ist der Teig gekühlt, diesen 1–1 ½ Stunden vor der Weiterverarbeitung aus dem Kühlschrank holen. Den Pizzastahl oder -stein auf oberer Schiene in den Backofen schieben, maximal 20 cm unter dem Grill. Den Ofen 45 Minuten lang auf 290 °C vorheizen. 10 Minuten vor dem Einschieben der Pizza die Grillfunktion zuschalten.

2 Die Arbeitsfläche leicht mit Mehl bestauben. Die Pizzaschaufel bereitlegen und ebenfalls leicht bemehlen. Die Sauce, den Oregano, den Käse und das Olivenöl sowie einen Spatel oder großen Löffel bereithalten.

FORTSETZUNG NÄCHSTE SEITE

PIZZA AUS DER GUSSEISENPFANNE, FORTSETZUNG

3 Zum Formen des Fladens die Teigkugel auf die bemehlte Arbeitsfläche legen und einmal wenden, damit beide Seiten leicht bemehlt sind. Mithilfe einer der Ausziehtechniken von den Seiten 98–101 formen. Die Pizza etwas kleiner formen als die übliche Ofenpizza, etwa 22–25 cm im Durchmesser, je nach Pfannengröße. Den Teigfladen in die Pfanne legen. Der Teig sollte gerade bis zum Rand reichen, nicht an den Pfannenrändern hochdrücken, sonst wird die Pizza außen zu teigig.

4 Die Tomatensauce auf dem Fladen verteilen und mit dem Löffelrücken glatt streichen. Den getrockneten Oregano gleichmäßig darüberstreuen und den Mozzarella in die Mitte legen. Den Rand leicht mit Olivenöl beträufeln.

5 Die Pfanne auf den vorgeheizten Pizzastahl oder -stein stellen. Den Backofen schließen und die Pizza bei 290 °C etwa 15 Minuten backen, nach 10–12 Minuten kontrollieren.

6 Die Pfanne über der Arbeitsfläche neigen und die Scheibe mithilfe einer Küchenzange herausziehen. Die Pizza sollte mühelos herausgleiten, ohne festzukleben. Auf einen Teller legen, großzügig mit Olivenöl beträufeln und mit Meersalz und Chiliflocken bestreuen. Als Ganzes oder mit der Küchenschere in Scheiben geschnitten servieren.

PIZZA HAWAII

Der Großteil der Ananas, die es auf dem amerikanischen Festland zu kaufen gibt, stammt aus Costa Rica oder Mexiko, und doch ist und bleibt sie das fruchtige Symbol für den Inselstaat Hawaii, wo die Dole Pineapple Company einst die Insel Lanai in eine Ananasplantage verwandelte. Die Pizza Hawaii ist in den USA ein moderner Klassiker. Ich mochte die Kombination aus Schinken und süßer Frucht auf Pizza schon immer, aufgepeppt mit Chiliflocken und verfeinert mit dem Röstaroma von Zwiebeln. Ich gebe gerne einige Kleckse Bacon-Bratfett auf den Teig, ehe ich die Sauce auftrage, für eine zusätzliche Geschmacksnuance. Diese Pizza ist nicht ganz so käselastig wie viele andere, weil ich sie ein wenig leichter bevorzuge.

Rösten Sie die gewürfelte Ananas vorab ein wenig an, das intensiviert den Geschmack und setzt ein wenig von der Flüssigkeit frei, bevor man sie auf die Pizza gibt. Dies können Sie tun, während der Pizzastein im Backofen vorheizt, sobald die gewünschte Temperatur erreicht ist. Diese Pizza schmeckt übrigens besonders köstlich mit einem Glas Riesling aus dem Elsass.

ERGIBT eine Pizza à 30 cm Ø

1 Kugel Teig

1 ganze Ananas

½ milde Gemüsezwiebel (bevorzugt Torpedo oder Maui, alternativ Vidalia oder Walla Walla)

15 g (1 EL) Olivenöl Nativ Extra

feines Meersalz

Chiliflocken

15 g (1 EL) ausgelassenes Baconfett (optional)

90 g Tomatensauce

15 g Pecorino Romano, fein gerieben

50 g Delikatess-Kochschinken, mitteldicke Scheiben, in 5–7 cm lange Streifen geschnitten

40 g feuchtigkeitsarmer Vollmilch-Mozzarella, grob gerieben

1 Ist der Teig gekühlt, diesen 1–1 ½ Stunden vor der Weiterverarbeitung aus dem Kühlschrank holen. Den Pizzastahl oder -stein auf oberer Schiene in den Backofen schieben, maximal 20 cm unter dem Grill. Den Ofen 45 Minuten lang auf 290 °C vorheizen.

FORTSETZUNG NÄCHSTE SEITE

PIZZA HAWAII, FORTSETZUNG

2 Die Ananas mit einem scharfen Messer schälen, dann das Fruchtfleisch vom Strunk abschneiden. In 1 ½ cm große Würfel schneiden. Die Zwiebel vertikal in 1 ½ cm lange Streifen schneiden. Die Ananaswürfel und die Zwiebelstreifen in einer Schüssel mit Olivenöl benetzen und mit feinem Meersalz bestreuen, dann nach Belieben mit Chiliflocken abschmecken. Die Mischung in eine Gusseisenpfanne geben und im vorgeheizten Ofen bei 290 °C 10 Minuten rösten. Die Ananas sollte auf der Unterseite schön karamellisiert sein. 100 g von der Ananas-Zwiebel-Mischung als Topping für die Pizza zurückbehalten, den Rest sofort als Snack genießen.

3 Die Arbeitsfläche leicht mit Mehl bestauben. Die Pizzaschaufel bereitlegen und ebenfalls leicht bemehlen. Das Baconfett, die Tomatensauce, den Pecorino, den Schinken, die Ananas-Zwiebel-Mischung und den Mozzarella sowie einen Spatel oder großen Löffel bereithalten. 10 Minuten vor Einschieben der Pizza die Grillfunktion zuschalten.

4 Zum Formen des Fladens die Teigkugel auf die bemehlte Arbeitsfläche legen und einmal wenden, damit beide Seiten leicht bemehlt sind. Mithilfe einer der Ausziehtechniken (neapolitanisch oder New-York-Style, siehe Seiten 98–101) formen. Den Teigfladen auf die Pizzaschaufel legen. Mit dem Handballen am Rand entlangdrücken, damit sich der Teig entspannt, dabei Falten glätten.

5 Die Scheibe mit etwas Baconfett bestreichen, dann die Tomatensauce darauf verteilen und mit dem Löffelrücken glatt streichen. Die Pizza in folgender Reihenfolge belegen: Pecorino, Schinken, Ananas und Zwiebeln und zum Schluss Mozzarella.

6 Die Grillfunktion ausschalten und den Fladen vorsichtig auf den Pizzastahl oder -stein schieben. Den Backofen schließen und die Pizza bei 290 °C nur 5 Minuten backen, dann den Backfortschritt prüfen. Die Grillfunktion wieder zuschalten und die Pizza fertig backen, bis der Käse geschmolzen und die Kruste goldbraun mit dunkleren bis schwarzen Sprenkeln ist, etwa 2 Minuten. Mithilfe einer Küchenzange oder Gabel die Pizza auf einen großen Teller geben. Als Ganzes servieren.

RACLETTE-PIZZA

Als ich Steve Jones nach seiner Lieblingspizza aus seiner Serie von wöchentlichen Pizzaabenden in der Cheese Bar in Portland fragte, war klar, dass seine Wahl auf etwas fallen würde, das genau das Gegenteil des üblichen Käseuniversums aus frischem, milchigem Mozzarella war. Steve liebt Käse mit einzigartigem Charakter und mit ein wenig Pfiff. Also Bühne frei für die Raclette-Pizza. Nur damit wir uns nicht missverstehen, diese Pizza ist nicht nur was für Käsefans mit schrägem Geschmack: Kulinarisch gesehen ergibt das Ganze durchaus Sinn, mit seiner Mischung aus in Bier geschmortem Lauch, den gerösteten Kartoffeln und, wenn man will, luftgetrocknetem Schinken. Ihr Zuhause wird riechen wie ein Chalet in den Schweizer Alpen, wenn Sie dieses wohlig wärmende Gericht aus dem Ofen holen!

ERGIBT eine Pizza à 30 cm Ø

1 Kugel Teig

1 große Lauchstange (oder 2 mittelgroße)

15 g (1 EL) Butter

250 g Bier (eine milde Sorte mit wenig Bitterkeit, zum Beispiel ein Farmhouse Ale oder Saison Dupont)

35 g Bauchspeck oder Pancetta, in 2–3 cm lange Stücke geschnitten (optional)

1 gekochte mittelgroße gelbe Kartoffel, zerkrümelt und scharf angebraten

125 g Raclettekäse, gerieben

1 Ist der Teig gekühlt, diesen 1–1 ½ Stunden vor der Weiterverarbeitung aus dem Kühlschrank holen. Den Pizzastahl oder -stein auf oberer Schiene in den Backofen schieben, maximal 20 cm unter dem Grill. Den Ofen 45 Minuten lang auf 290 °C vorheizen.

2 Den Lauch in 1 ½ cm breite Scheiben schneiden und diese mit der Butter auf mittlerer Stufe in einer Pfanne schwenken, bis sie ein wenig Farbe nehmen. Mit dem Bier ablöschen und leise köcheln lassen, bis nur noch ein dünner Film von dem Bier übrig ist, ungefähr 5–10 Minuten. Deckel auflegen und auf niedriger Stufe köcheln lassen, bis der Lauch fast schon streichbar ist, ungefähr weitere 20 Minuten. Den Speck auf mittlerer Stufe auslassen, bis er halb durchgegart ist, ungefähr 3 Minuten. Er wird erst auf der Pizza kross.

3 Die Arbeitsfläche leicht mit Mehl bestauben. Die Pizzaschaufel bereitlegen und ebenfalls leicht bemehlen. Den vorbereiteten Lauch, den Speck, die Kartoffelstücke und den Käse bereithalten. 10 Minuten vor Einschieben der Pizza die Grillfunktion zuschalten.

4 Zum Formen des Fladens die Teigkugel auf die bemehlte Arbeitsfläche legen und einmal wenden, damit beide Seiten leicht bemehlt sind. Mithilfe einer der Ausziehtechniken (neapolitanisch oder New-York-Style, siehe Seiten 98–101) formen. Den Teigfladen auf die Pizzaschaufel legen. Mit dem Handballen am Rand entlangdrücken, damit sich der Teig entspannt, dabei Falten glätten.

5 Den Lauch gleichmäßig auf der Scheibe verteilen, gefolgt von den Kartoffelkrümeln und dem Käse. Die Grillfunktion ausschalten und die Pizza vorsichtig auf den Pizzastahl oder -stein schieben. Den Backofen schließen und die Pizza bei 290 °C 5 Minuten lang backen, bis der Rand goldbraun ist. Die Grillfunktion wieder zuschalten und die Pizza fertig backen, bis die Kruste goldbraun mit dunkleren bis schwarzen Sprenkeln ist, etwa 2 Minuten (nach 1 Minute zur Sicherheit kontrollieren). Mithilfe einer Küchenzange oder Gabel die Pizza auf einen großen Teller geben. In Stücke geschnitten servieren.

UMRECHNUNGSTABELLEN

VOLUMEN

Umrechnung

1 TL = 4,93 ml

1 EL = 14,79 ml/3 TL

1 Cup = 236,59 ml/16 EL

1 l = 202,88 TL/67,63 EL/4,23 Cups

US	IMPERIAL	METRISCH
1 EL	½ fl oz	15 ml
2 EL	1 fl oz	30 ml
¼ Cup	2 fl oz	60 ml
⅓ Cup	3 fl oz	90 ml
½ Cup	4 fl oz	120 ml
⅔ Cup	5 fl oz (¼ Pint)	150 ml
¾ Cup	6 fl oz	180 ml
1 Cup	8 fl oz (⅓ Pint)	240 ml
1 ¼ Cups	10 fl oz (½ Pint)	300 ml
2 Cups (1 Pint)	16 fl oz (⅔ Pint)	480 ml
2 ½ Cups	20 fl oz (1 Pint)	600 ml
1 Quart	32 fl oz (1 ⅔ Pints)	1 l

GEWICHT

Umrechnung

1 Unze = 28,35 g

1 Pfund = 453,59 g/16 Unzen

1 kg = 2,2 Pfund

US/IMPERIAL	METRISCH
½ oz	15 g
1 oz	30 g
2 oz	60 g
¼ lb	115 g
⅓ lb	150 g
½ lb	225 g
¾ lb	350 g
1 lb	450 g

LÄNGEN

Umrechnung

1 Inch = 2,54 cm

1 Fuß = 0,3 m/12 Inches

1 cm = 0,39 Inch

1 m = 3,28 Fuß/39,37 Inches

US/IMPERIAL	METRISCH
¼ Inch	6 mm
½ Inch	1,25 cm
¾ Inch	2 cm
1 Inch	2,5 cm
6 Inches (½ Fuß)	15 cm
12 Inches (1 Fuß)	30 cm
¾ lb	350 g
1 lb	450 g

TEMPERATUR

Umrechnung

9/5 °C + 32 = °F

(°F-32) × 5/9 = °C

FAHRENHEIT	CELSIUS
250 °F	120 °C/Gasstufe ½
275 °F	135 °C/Gasstufe 1
300 °F	150 °C/Gasstufe 2
325 °F	160 °C/Gasstufe 3
350 °F	175 oder 180 °C/ Gasstufe 4
375 °F	190 °C/Gasstufe 5
400 °F	200 °C/Gasstufe 6
430 °F	220 °C/Gasstufe 7
450 °F	230 °C/Gasstufe 8
475 °F	245 °C/Gasstufe 9
500 °F	260 °C

DANKSAGUNG

Gerade mal drei Monate nach Eröffnung der Trifecta Tavern kam ich auf die irrwitzige Idee, dieses Buch zu schreiben. Ein Projekt, das ich ohne die glänzende Arbeit, die mein Team im Trifecta, in Ken's Artisan Bakery und in Ken's Artisan Pizza tagtäglich leistet, nie im Leben fertiggebracht hätte. Meine hoch qualifizierten Mitarbeiterinnen und Mitarbeiter sind stolz auf die Qualität der Produkte, die sie in unseren Restaurants servieren dürfen, etwas, das sie jeden Tag aufs Neue motiviert. Deshalb ein herzliches Dankeschön euch allen.

Die größte Freude haben mir alle die bereitet, die mir Einblick in ihre tägliche Arbeit gewährt haben – sie waren so freundlich, mich ihnen bei der Herstellung ihrer Pizza, ihres Büffelmozzarellas oder ihres Mehls über die Schulter schauen zu lassen. Mein ganz besonderer Dank gilt Fred Mortati von Orlando Foods und John Magazino von Chef's Warehouse, die mich mit den Produzenten in Italien bekannt gemacht und mir die Tür zur Region Kampanien geöffnet haben, wo ich die eigentliche Seele der Pizza gefunden habe. Ein von Herzen kommendes Dankeschön geht auch an Costantino Cutolo von Compagnia Mercantile D'Oltremare, Bernardino De Vita von Agricola Casearia Lupara und Mauro und Antimo Caputo von Antico Molino Caputo in Neapel.

Zwei der größten *Pizzaioli* Italiens, Enzo Coccia und Franco Pepe, haben mir vermittelt, welch hohe Stellung die Pizza in Kampanien einnimmt; sie beide haben ihr Leben der Weiterentwicklung des Handwerks verschrieben, das schon ihre Väter und Großväter von Berufs wegen ausübten. Der Stolz, ihre Professionalität, ihr Können und ihre schlicht großartigen Pizzen haben mich zutiefst beeindruckt.

Alan Weiner hat so viele grandiose Fotos für dieses Buch geschossen, dass es eine ziemliche Herausforderung war, sie zu platzieren und zu entscheiden, welche von ihnen eine besondere Stellung verdienten. Ein riesiges Dankeschön an Alan, ein echtes Ausnahmetalent unter den Fotojournalisten.

Danke an Kat Merck für die erste unverzichtbare Überarbeitung des Manuskripts und das Testen der Rezepte.

Zu guter Letzt gilt mein besonderer Dank dem Team bei Ten Speed Press. Ich bin sehr stolz, für dieses Haus als Autor zu arbeiten. Meine Layouterin Kara Plikaitis hat Text und Bilder zu einem wunderschönen Design vereint, und meine Lektorin Clancy Drake hat dafür gesorgt, dass meine Worte nicht zu sehr ausuferten und sich stets an der Wahrheit orientierten. Vor allem aber verfügte meine Verlegerin Emily Timberlake über die magische Fähigkeit, mich immer wieder zu inspirieren und anzuleiten, zu ermuntern und sogar über meine grenzwertigen Witze zu lachen.

Alles Liebe für euch. Vor allem für Gomez, der nie einen schlechten Tag hat.

REGISTER

U/V

W

Z

IMPRESSUM

Verantwortlich: Sonya Mayer
Übersetzung aus dem amerikanischen Englisch: Karin Weidlich (Seite 7–106) & Bettina Spangler (Seite 109–250)
Korrektur: Judith Bingel
Covergestaltung: Regina Degenkolbe, unter Verwendung einer Fotografie von Shutterstock/Hanzi-mor
Satz: Martin Feuerstein, wigel
Herstellung: Anna Katavic

Text & Rezepte: Ken Forkish
Fotografie: Alan Weiner
Design: Kara Plikaitis

★★★★★

Sind Sie mit diesem Titel zufrieden? Dann würden wir uns über Ihre Weiterempfehlung freuen. Erzählen Sie es im Freundeskreis, berichten Sie Ihrem Buchhändler, oder bewerten Sie bei Onlinekauf. Und wenn Sie Kritik, Korrekturen, Aktualisierungen haben, freuen wir uns über Ihre Nachricht an: Christian Verlag, Postfach 40 02 09, D-80702 München oder per E-Mail an lektorat@verlagshaus.de.

Unser komplettes Programm finden Sie unter: www.christian-verlag.de

Alle Angaben dieses Werkes wurden vom Autor sorgfältig recherchiert und auf den neuesten Stand gebracht sowie vom Verlag geprüft. Für die Richtigkeit der Angaben kann jedoch keine Haftung übernommen werden, weshalb die Nutzung auf eigene Gefahr erfolgt. Sollte dieses Werk Links auf Webseiten Dritter enthalten, so machen wir uns die Inhalte nicht zu eigen und übernehmen für die Inhalte keine Haftung.

In diesem Buch wird aus Gründen der besseren Lesbarkeit das generische Maskulinum verwendet. Weibliche und anderweitige Geschlechteridentitäten werden dabei ausdrücklich mitgemeint, soweit es für die Aussage erforderlich ist.

Die Deutsche Nationalbibliothek verzeichnet diese Publikation in der Deutschen Nationalbibliografie; detaillierte bibliografische Daten sind im Internet über http://dnb.d-nb.de abrufbar.

Die amerikanische Originalausgabe mit dem Titel *The Elements of Pizza: Unlocking the Secrets to World-Class Pies at Home* erschien erstmals 2016 bei Ten Speed Press, einem Imprint von Random House in der Penguin Random House LLC.

Printed in Türkiye by Elma Basim

ISBN 978-3-95961-734-5